# Abenteuer Afrika!
## Wüste, Pisten, Dschungel...

Leonie & Torsten Schopbach

# Abenteuer Afrika!

## Wüste, Pisten, Dschungel...

World Around Verlag

Reisen Abenteuer Erleben

Bibliographische Information der Deutschen Bibliothek:
Die Deutsche Bibliothek verzeichnet diese Publikation in der Deutschen Nationalbibliothek.

**Coverbilder:**
Titelbild: *Anfahrt zum Katavi NP, Tansania*
Seite 2: *Die Autoren und Hobbes*
Rückseite:
Unten links: *Cedarberge, Südafrika*
Unten rechts: *Camp in den Simien-Bergen, Äthiopien*

**Text, Bilder:** Leonie & Torsten Schopbach
**Karte:** Torsten Schopbach
**Zeichnungen:** Stefanie Kenkmann
**Lektorat:** Hannelore Bernhart-Haag
**Druck:** Brandenburgische Universitätsdruckerei und Verlagsgesellschaft Potsdam mbH 14476 Potsdam
**Papier:** matt gestrichenes Bilderdruckpapier 115 g/m²

Printed in Germany

**ISBN-13: 978-3-9815042-1-7**


2. Auflage 2014



**www.world-around-verlag.de**

# Inhalt

## Der Traum

Was bringt zwei eigentlich ansonsten ganz normale Menschen dazu, ein Jahr in rollenden sechs Quadratmetern auf übelsten Pisten, in Sand oder Schlamm festgefahren, zwischen weit über 40°C oder auch unter 0°C bibbernd im Schlafsack draußen zu verbringen – und das Ganze dann auch noch in Afrika, inmitten von Tsetsefliegen, Malaria, Dürre, Hunger und Armut?

Uns beiden steckt das Reisefieber und das Fernweh seit jeher im Blut. Unabhängig voneinander reifte daher der Gedanke, Afrika auf eigene Faust zu erkunden. 2007 lernten wir uns kennen, und der gemeinsame Traum konkretisierte sich: eine Tour mit dem eigenen Expeditionsfahrzeug rund um Afrika.

Torsten besaß bereits einen zu diesem Zweck erworbenen weißen Landrover, der quasi in der Nacht leuchtete und vor jedem Hintergrund herausstach. Der Gedanke lag nahe, ihn in ein Zebra zu verwandeln. Eine Freundin meinte dann aber abfällig: „Ein Zebra ist ein Opfer - mach‘ einen Leoparden oder Tiger daraus.“

Und so wurde unser Landy zum Tiger. Auf der Suche nach einer passenden Benennung gingen Torsten Namen wie Shirkan oder Baghira durch den Kopf - bis Leonie meinte:

„Nö, der heißt Hobbes.“

Es wurde, nach Abschluss von Leonies Studium, eine berufliche Auszeit von einem Jahr ins Visier genommen, Hobbes wurde nach und nach umgebaut, Landkarten wurden studiert, Fernreisetreffen besucht und Visa beantragt - dann stand dem Traum nichts mehr im Weg. Am 15.09.2010 sollte es losgehen.

Letztendlich keine ganze Runde um Afrika, was uns in nur einem zur Verfügung stehenden Jahr dann doch als zu stressig erschien, aber wenigstens einmal längs durch sollte es sein, nach dem Motto „Von Schornsheim nach Kapstadt“.

Und dann stürzte Torsten bei den letzten Arbeiten an unserem Hobbes äußerst unglücklich von der Motorhaube, schlug rücklings auf der Deichsel des Anhängers auf und versuchte diese wohl zu verbiegen...

Die folgende Woche verbrachte er mit gebrochenen Querfortsätzen der Lendenwirbel zwei bis vier im Krankenhaus!

Jeder der Ärzte meinte: „Die Reise können Sie vergessen! Frühestens in einem Jahr können Sie sich wieder Gedanken darum machen!"

Lediglich eine Physiotherapeutin machte uns Mut. Wir trainierten ins Auto einzusteigen, Treppen zu steigen usw. Und am Ende des Krankenhausaufenthaltes meinte sie: „Fahren Sie nur! Wenn die Wirbelsäule meint, dass Sie eine Pause machen sollen, glauben Sie mir, das tut so weh, dass Sie dann auch Pause machen – aber passieren kann nichts mehr."

**Abfahrt**

Am Freitag dem 15.10.2010 ging's dann endlich los: nicht zu früh aufgestanden, gut gefrühstückt und dann den restlichen Kram im Auto verstaut. Die komplette Woche davor hatten wir bereits gepackt und umgeräumt, ausgeräumt, anders sortiert und wieder gepackt. Auch nach der Abfahrt sollte das noch eine ganze Weile so weitergehen. Unterwegs packt man halt doch zweckmäßiger, den tatsächlichen Bedürfnissen angepasst. Wobei wir im Nachhinein feststellten, dass wir unsere Sachen ganz vernünftig reduziert hatten und fast alles auch tatsächlich benötigt hatten – Torsten hatte Recht - ich hätte das Auto wohl hoffnungslos überladen...

Beim Packen der letzten Utensilien bemerkte ich (Torsten) eine kleine feuchte Stelle unterm Auto, vorne am Kühler. Das fing ja toll an... War der Temperaturfühler am Kühler doch nicht dicht.

Also, Werkzeug raus, Motorhaube auf und losgelegt. Mit

selbstverschweißendem Dichtungsband bekam ich die Stelle am Kühlereinlass schnell dicht. Dann musste das System wieder entlüftet werden, was beim Landrover nicht ganz einfach ist. Zu dem Zweck hatte ich mir eine Heizkörper-Entlüftungsschraube anstelle der normalen Entlüftungsschraube montiert. Damit geht das im Handumdrehen.

Während ich so werkelte kamen noch fünf Arbeitskollegen zur spontanen Verabschiedung vorbei und wir verquatschten uns prompt. Nach einem weiteren Kaffee starteten wir endlich so gegen elf Uhr. Weit kamen wir allerdings nicht – nur bis nach Alzey zu einem Heizungsinstallateur...

Beim Schwätzchen mit den Arbeitskollegen hatte ich vergessen, die Entlüftungsschraube zu schließen – und in Alzey hatte sich die Temperaturanzeige dramatisch nach rechts dem roten Bereich genähert – dämliches Kurzzeitgedächtnis.

Wir wollten ursprünglich am ersten Tag noch bis nach Österreich fahren, aber aufgrund der Staus und des sehr schlechten Wetters kamen wir nur bis nach Passau, wo wir in der Nähe eines verlassenen Bauernhofes im strömenden Regen unser Lager aufbauten.

Nach einer wegen der nahen Autobahn mehr oder weniger ruhigen Nacht, fuhren wir dann anderntags weiter durch Österreich und am selben Tag noch nach Slowenien und Kroatien.

In Kroatien sind wir gleich bei der nächsten Ortschaft nach der Grenze von der Autobahn abgebogen und wollten in einem kleinen Seitental unser Lager aufschlagen. Der Weg war extrem steil und sehr schmal. Irgendwann, dachten wir, würden wir bestimmt alleine im Wald stehen - aber alle paar Meter kam doch wieder irgendwo ein Haus zum Vorschein. Also fuhren wir weiter und weiter die Schlucht entlang, bis wir vor einem Bauernhof in einer Sackgasse standen. So war das nicht geplant gewesen, von wegen einsames Plätzchen...

Mit Händen und Füßen klappte die Konversation mit dem Landwirt einigermaßen und wir konnten vor einem Schuppen unser Lager aufbauen. Kurz bevor es dunkel wurde, kam auch noch sein Nachbar mit seiner kleinen Tochter zu uns und lud uns zum Abendessen in sein Haus ein – was für eine Gastfreundschaft!

Leonie hatte der neue Wein gut geschmeckt, und so störte sie mein Schnarchen in dieser Nacht überhaupt nicht.

Nach einem gemeinsamen Frühstück mit unseren Gastgebern fuhren wir weiter durch Kroatien und dann durch Serbien. Kurz vor der bulgarischen Grenze wurde die Straße sehr schmal und kurvig. Rechts und links säumten Felsen aus weißem Kalkstein die Straße und einen malerisch dahinmäandernden kleinen Fluss. Kurz: traumhafte Landschaft – aber rasante Verkehrsteilnehmer, insbesondere Lastwagenfahrer, die sich in Grenznähe irgendwie auf wunderbare Weise zu vermehren schienen und am liebsten in uneinsichtigen Kurven überholen wollten.

In Serbien wurde an dem Wochenende gerade eine Meisterschaft im Offroad-Fahren ausgetragen und viele dachten, wir kämen von dort. Es wurde viel gewinkt und fotografiert und auf einem Rastplatz wurde Hobbes genauestens inspiziert. Witzig fand ich, als einer fragte, ob ich der „Taubenreuther", der Inhaber der gleichnamigen Firma für Ausrüstung von Expeditionsfahrzeugen, wäre.

Bulgarien ist, ebenso wie Kroatien und Serbien, ein sehr schönes Land und auf jeden Fall eine Reise wert. Wir waren diesmal aber nur auf der Durchreise und kommen sicherlich ein andermal zurück, um diese Länder näher kennen zu lernen.

## Türkei

An der Grenze zur Türkei passierten wir bestimmt 1.000 Lkws, die am Straßenrand in Kolonnen warteten, um weiter zur Grenze fahren zu können. Die Fahrer standen bereits fünf Kilometer vor dem Grenzübergang auf der Fahrbahn – arme Kerle. Das bedeutete bestimmt Aufenthalte von zwei, drei Tagen.

Wir hingegen wurden sehr schnell abgefertigt und konnten problemlos in die Türkei einreisen. Der erste Autobahnabschnitt ist auf 250 Kilometern perfekt ausgebaut und es gibt absolut keinen Verkehr. Rastplätze und Tankstellen sind wie leer gefegt und brandneu. Hier sieht man, dass die Türkei in den Startlöchern steht, um in die EU aufgenommen zu werden.

Je näher man allerdings Istanbul kommt, desto stressiger wird der Verkehr. Es wird links wie rechts überholt, Fahrbahnmarkierungen sind nur zur Verzierung der Straße da, und Ampeln haben nur untergeordnete Bedeutung... Aber wir kamen ohne Feindberührung durch. Zwar wollten wir ursprünglich die Altstadt von Istanbul und die Hagia Sophia besichtigen, aber bei diesem Verkehrschaos änderten wir schnell unsere Meinung und starteten durch, weiter gen Osten.

Irgendwann nach Istanbul in einem Tunnel meinte Leonie: „Komisch, mir ist das noch nie aufgefallen, dass Hobbes so einen Schatten auf den Lkw vor uns wirft." Das stimmte, mir auch nicht – der Lichtschalter war durchgebrannt und wir befanden uns gerade im Blindflug durch den Tunnel...

In einem Seitental übernachteten wir auf einem gemütlichen Wochenend-Grillplatz, wo wir auch direkt freudig von einem in einer einfachen Hütte lebenden älteren Mann begrüßt und zum Tee eingeladen wurden. Das ließen wir uns nicht entgehen und verbrachten einen netten Abend, auch wenn die Kommunikation nur extrem eingeschränkt möglich war – an ein Türkisch-Wörterbuch hatten wir zu Hause nicht gedacht, wir waren ja auch nur auf der Durchreise...

Anderntags fuhren wir zu einem Gewerbegebiet, das uns ein hilfreicher Türke empfohlen hatte und das nur aus Autowerkstätten bestand. In Nullkommanix hatten wir einen neuen Lichtschalter sowie einen Ersatzluftfilter und einen Ersatzölfilter eingekauft – das Ganze auch noch gemütlich bei Tee in einem der Läden sitzend, während der Lehrling alles für uns in den umliegenden Geschäften besorgte. Witzig war, als ich dem Elektriker meinen in der letzten Nacht notdürftig geflickten Schalter zeigte und dieser meinte: „Perfekt, genauso hätte ich den auch repariert. Kontakt durchgebohrt und mit Blindniete zusammengedengelt. Hält.“

Über ein Hochplateau sind wir dann mitten durch die Türkei nach Antalya gefahren. Hoch oben gibt es eine große Porzellanindustrie, alles gab es dort zu kaufen – von Kaffee- und Teeservices über Fleischplatten bis zu unseren Gartenzwergen!

## Festgefahren I

Irgendwo in der Walachei wollten wir dann in einem kleinen Kiefernwäldchen unser Nachtlager aufschlagen. Die Erde rundum war mittelprächtig feucht, aber es stand kein Wasser in Pfützen. Also bin ich von einer Schotterpiste links auf einen Erdweg abgebogen, der sich in einer langen Rechtskurve um einen kleinen Hügel zwischen lichtem Kiefernbestand und einem großen Acker wand. Plötzlich merkten wir, dass Hobbes eine gewisse Eigendynamik entwickelte und partout nach links in den Acker rutschen wollte. Trotz Gegenlenken und Gasgeben ging es ab in die Ackerfurche. Da halfen weder die groben Geländereifen noch der Allradantrieb und die Differentialsperren etwas. Die Erde war wie Schmierseife – feuchter Ton eben. Das Profil der Reifen setzte sich zu und wir rutschten quasi im Hundegang nach rechts in den Acker ab. Mit den Sperren schafften wir es noch, über eine wirklich winzige Böschung zu kommen, und dann ging gar nichts mehr. Na toll!

Der einzige brauchbare Baum für die Seilwinde befand sich natürlich genau auf Höhe der Beifahrertür. Das winzige

Kieferlein 15 Meter vor Hobbes hat die Winde dann auch ganz sauber herausgerupft. Auch die Sandbleche hätten hier auf die Schnelle nichts genutzt. Wir hätten eine Spur von locker 30 Metern zurücklegen müssen.

Kurzerhand hat sich Leonie mit dem Funkgerät, einer Taschenlampe und der kleinen Kamera – mit wohlweislich frisch geschossenen Bildern der Panne – bewaffnet auf den Weg ins etwa drei Kilometer entfernte Dorf gemacht, um einen Traktor zu organisieren. Ich habe derweil die Winde aufgespult und mit einem Spaten versucht, die Böschung etwas einzuebnen.

Da es schon dämmerig wurde, legte ich (Leonie) einen Zahn zu und kämpfte mich den Hügel zum Dorf nach oben. Dementsprechend kam ich wohl hochrot beim ersten Haus des Dorfes an und ging schnurstracks auf den erstbesten Menschen zu, den ich sehen konnte – einen sympathischen älteren Herrn, der inmitten seiner Hühnerschar stand. Mit meinen weniger als rudimentär vorhandenen Türkischkenntnissen, aber dafür umso mehr internationaler Gestik, Mimik und den aussagekräftigen Bildern (wie praktisch sind doch Digitalkameras – was hätte ich vor ein paar Jahren noch ohne so ein Ding gemacht?) sowie einer Zeichnung mit einem Stöckchen im weichen Boden konnte ich dem Mann, Herrn Seker, unser Problem schildern. Der wollte mich erst mal auf einen Tee nach drinnen bitten, aber ich war so aufgeregt, es wurde ja schon dunkel und Torsten saß mit Hobbes da unten im Schlamm fest.

Also holte er ein Handy (ja, auch mitten in der türkischen Pampa haben Mobiltelefone Einzug gehalten) und telefonierte mit seinem Sohn in Ankara. Der sprach Englisch, und so konnte ich das Problem via Fernübersetzung Englisch – Türkisch – Türkisch – Englisch genauer erklären. Letztendlich erreichte Herr Seker auch noch einen Freund aus dem Dorf, der einen kleinen Traktor besaß und wenig später mit ebendiesem vorm Haus stand.

Der Landwirt sprach sogar ein paar Worte Deutsch und so

herrschte gleich gute Stimmung auf der Traktorfahrt bergab. Der Traktor war nicht gerade groß und ich zweifelte schon, kaum dass ich ihn gesehen hatte, ob dieses kleine Ding Hobbes aus dem Schlamm ziehen würde...

Diese Zweifel wurden, kaum unten im Matsch angekommen, natürlich bestätigt! Nicht weit von Hobbes steckte jetzt also noch der kleine Traktor im Feld fest! Aber – alles kein Problem, wo es Handys gibt, gibt es auch 4x4-Traktoren. Eine Weile später kam der nächste Landwirt mit einem weitaus größeren Geschoss an, der dann Hobbes mit einem heftigen Ruck befreite.

Freude auf allen Seiten – und kaum zu fassen: Wir wurden zum Abendessen beim Landwirt eingeladen. Der wohnte im ersten Stock über dem Kuhstall mit seiner Frau, die uns auch herzlich empfing und der es scheinbar gar kein Problem bereitete, spontan drei Gäste zu bewirten – Herr Seker kam natürlich auch mit. Unser erstes, wirklich ländlich-türkisches Mahl: auf dem Boden mit Graupensuppe, Hühnchen, Gemüse, gegrilltem Brot und natürlich Chai – türkischem Tee. Bei ihm zu Hause war die Kommunikation dann etwas leichter, dank eines alten Türkisch-Deutsch-Wörterbuches, das der Landwirt noch von seiner Zeit bei Opel in den 1970er Jahren hatte.

Diese Nacht durften wir dann bei Herrn Seker im Hof campen und wurden von ihm sogar noch zum Frühstück eingeladen. Wir waren von der Gastfreundlichkeit überwältigt. Man stelle sich nur einmal vor, was in Deutschland passieren würde, wenn ein Ausländer mit seinem Auto in einem bewirtschafteten Feld stecken bliebe.

Tags darauf ging's zur Küste nach Antalya, wo wir zwei Nächte in einem Hotel unterkamen und noch Teile für den Computer und andere notwendige Ausrüstungsgegenstände besorgten. Anschließend fuhren wir zwei Tage lang auf der wunderschönen Küstenstraße entlang Richtung Syrien. Immer wieder kreuzten wir allerdings Baustellen, da genau dort eine Autobahn entstehen soll. Unterwegs besichtigten wir zwei alte

Burgruinen direkt am Mittelmeer und verbrachten eine Nacht am Strand unmittelbar neben einer solch traumhaften Kulisse.

## Syrien

Weiter fuhren wir zur Grenze nach Syrien. Das war die erste Grenze, an der wir mit etwas Stress gerechnet hatten. Aber vollkommen unbegründet – zumindest galt dies für uns noch im Oktober 2010. Die Ausreise aus der Türkei dauerte zirka zehn Minuten, die Einreise nach Syrien dank der Hilfe eines „Touristen-Managers“ inkl. Ausfüllen der Formulare, Stempeln der Pässe, Abschließen einer Versicherung für Hobbes, Bezahlung der Dieselsteuer, Abfertigung des Carnet-de-Passage (Zolldokument zur steuerfreien Ein- und verpflichtenden Ausfuhr des Fahrzeugs) und Kontrolle des Fahrzeuges etwa eine Stunde. Gut, ohne Hilfe wären wir ziemlich aufgeschmissen gewesen, denn sämtliche Schilder gab es nur auf Arabisch, und dann musste man zu den verschiedenen Schaltern in einer bestimmten Reihenfolge. Die Investition in den „Touristen-Manager“ hat sich auf jeden Fall gelohnt.

Und dann ging es rein ins Land: gute asphaltierte Straßen, alle Wegweiser auf Arabisch und Englisch, aber keine oder allenfalls nur angedeutete Fahrbahnmarkierungen.

Leonie meinte in der Stadt Aleppo: „Sind das jetzt drei Spuren? Da sind doch nur zwei Markierungen!“ „Nein - das sind drei Spuren, weil vier Fahrzeuge nicht nebeneinander passen.“ Fürchterlich! Aber auch hier kamen mir meine Erfahrungen aus Indien zu Hilfe. Nur nicht abdrängen lassen, jede Lücke nutzen, jedes Zögern der Anderen zum eigenen Vorteil ausnutzen – und unsere Hupe ist die lauteste!!!

So kämpften wir uns bis in die Altstadt vor und fanden auch einen Parkplatz. Wir besichtigten die imposante Zitadelle von Aleppo im Herzen der Stadt, verirrten uns fast im überdachten, verwinkelten Souk und wollten dann in irgendeiner Herberge Quartier beziehen. Leider blieb es bei dem Wunsch, weil ich mich nicht traute, Hobbes irgendwo auf einem freien Parkplatz unbewacht abzustellen. So fuhren wir wieder aus der Stadt heraus und beeilten uns, einen Standplatz zu finden. Stockfinster war es dort etwa eine halbe Stunde nach Sonnenuntergang und es gab, wie gesagt, fast keine Fahrbahnmarkierungen. Ihr könnt Euch nicht vorstellen, wie orientierungslos man da auf einer Schnellstraße herumeiert. Viele Pkws und Lkws hatten keine funktionierenden Scheinwerfer oder Rücklichter, und ganz scheußlich sind diese Kleinbusse, die voll besetzt vorüberziehen, bloß um ganz dicht vor einem einzuscheren und abzubremsen, weil sie einen Fahrgast aufnehmen oder absetzen wollen. Das kostete echt Nerven.

Unser Übernachtungsplatz war mehr schlecht als recht. Wir standen zwar waagerecht, aber in Hörweite zur Schnellstraße mit einer Steigung. Das bedeutete, bis etwa drei Uhr morgens pfiffen die Turbolader der Lkws die Straße rauf und dröhnten die Motorbremsen den Berg herunter. Zudem gab es hier Moskitos zuhauf, und irgendwo war unser Dachzelt nicht so dicht. Ich killte alleine in der Nacht 15 der Blutsauger, und Leonie sah am nächsten Morgen wie ein Streuselkuchen aus. Als wir dann in aller Frühe von Militär-Kommandos geweckt wurden, bemerkten wir, dass wir ganz in der Nähe einer Kaserne gezeltet hatten und machten uns so schnell wie möglich ohne Frühstück aus dem Staub...

## Crac des Chevaliers

Nach einem weiteren Besuch des Basars von Aleppo machten wir uns auf den Weg Richtung Libanon, wo wir eine Festung der Kreuzritter besichtigen wollten. Auf einem Parkplatz vor einem Restaurant trafen wir vor Ort vier deutsche Overlander in zwei Fahrzeugen, die ebenfalls auf dem Weg nach Afrika zu einer Mittelmeerumrundung unterwegs waren. Es war ein gemütlicher Abend direkt vor der Festung „Crac des Chevaliers“, die wir anderntags ausgiebig erkundeten.

Diese Festung gilt als die am besten erhaltene Kreuzritterburg im Orient. Ursprünglich wurde die Burg von einem Emir von Homs 1031 als Befestigung der Muselmanen errichtet, dann 1099 durch die Kreuzritter eingenommen und für einen recht kurzen Aufenthalt besetzt – zehn Tage später zogen sie bereits weiter Richtung Jerusalem. Danach war die Festung wieder in muslimischer Hand, bis 1110 ein normannischer Heerführer die Festung nach erbitterten Kämpfen besetzte.

Nach diversen Besitzerwechseln infolge von Erbschaften, konnte der letzte Erbe den Erhalt der Burg und der darunterliegenden Garnison nicht mehr finanzieren und verkaufte das Prachtstück an den Johanniterorden – im Jahr 1142.

Dumm war, dass nacheinander zwei Erdbeben die Burg komplett zerlegten und damit den Johannitern nur noch ein Berg von Baumaterial zur Verfügung stand. Die Burg, die jetzt zu bewundern ist, ist damit quasi ein „Neubau“, der erst Mitte des 13. Jahrhunderts „abgeschlossen“ wurde. 1271 eroberte schließlich wieder ein Sultan die Festung und der Crac wurde abermals muslimisch.

Die Burg ist ein gewaltiger Kalksteinbau von enormen Ausmaßen, in dem bis zu 2.000 Mann Platz finden konnten. Alleine die Dicke der Turmwände von acht Metern macht Eindruck. Der ganze Berg ist von Gängen und gemauerten Tunneln durchzogen. Es gibt riesige Hallen, man kann die Burgküche und die Feuerstelle sowie die Latrinenhallen besichtigen. Daneben gibt es mehrere Kreuzgänge, Gewölbehallen und eine Kapelle bzw. Moschee, je nachdem, wer den heiligen Raum eben gerade benutzte.

Nach einem ausgeklügelten System wurde jeglicher Niederschlag auf Plätzen und Dachterrassen in Rinnen geleitet und einem gemauerten Burggraben zugeführt – das Trinkwasserreservoir der Burg.

**Palmyra**

Nach der Burgtour fuhren wir straight ostwärts, der irakisch-syrischen Grenze entgegen. Dort befindet sich in einer Oase, etwa 200 Kilometer von der irakischen Grenze entfernt, das nächste UNESCO-Weltkulturerbe: Palmyra. Eine Stadt, die sich in der Wüste über mehrere Quadratkilometer ausgebreitet hatte. Sie wurde bereits 2000 v. Chr. unter dem heute wieder aktuellen Namen Tadmor erwähnt und entstand an einem Kreuzungspunkt zweier Handelsstraßen, wo sie im ersten und zweiten Jahrhundert vor allem durch den Handel zu Größe und Berühmtheit gelangte und sogar einen autonomen Sonderstatus innerhalb des Römischen Reiches genießen konnte.

In Palmyra entwickelte sich zudem im Schmelztiegel von römischen und parthischen Einflüssen eine einzigartige Kultur. Nach einem verlorenen Aufstand gegen die Römer wurde die Stadt Ende des dritten Jahrhunderts zerstört, verändert wieder aufgebaut und geriet dann nach und nach in Vergessenheit. 634 eroberten Araber die Stadt, und so lebten bis ins 20. Jahrhundert hinein Beduinen in den antiken Ruinen, die auch heute noch einen kolossalen Eindruck vermitteln.

Ebenfalls sehr beeindruckend ist die außerhalb vom Stadtzentrum gelegene Nekropole, eine Friedhofs-Stadt mit über 100 Turmgräbern und riesigen unterirdischen Grabkammern für die wohlhabenden Familien. In einer Gruft, die wir besichtigten, hatten über 200 Tote Platz gefunden, sie war aber nie vollständig belegt, und die letzte Belegschaft ist in ein Museum umgezogen...

Zum Übernachten fanden wir direkt neben dem Baal-Tempel einen kleinen Campingplatz, der mit seinem Olivenhain recht viel Schatten bot. Der Besitzer Mohammed versuchte immer wieder, Leonie davon zu überzeugen, dass sie sich doch wunderbar als Frau eines syrischen Campingplatzbesitzers eignen würde, hat es aber mit seiner etwas klebrigen Art zum Glück doch nicht geschafft. Bei der anderen blonden Frau, die

Gast auf dem Campingplatz war, hätten die Chancen vielleicht besser gestanden: verheiratet aber alleine mit den Rad unterwegs durch Syrien.

Wir lernten auch den zweiten Gast kennen: Peter, ein Brite, der alleine mit seinem Suzuki Jimny ebenfalls auf dem Weg nach Südafrika war. Der erste, dem wir auch unterwegs immer wieder begegnen sollten und zu dem sich durch weite gemeinsame Strecken und Erlebnisse eine Freundschaft entwickelt hat. Peter ist und bleibt für uns das Paradebeispiel, dass so eine Reise auch quasi ohne Planung machbar ist. In nur zwei Wochen hatte er es geschafft, die Entscheidung zu treffen, auf unbestimmte Zeit nach Afrika zu fahren, von der Idee, mit dem Motorrad zu reisen, Abstand zu nehmen (nachdem das Motorrad bereits angeschafft und die Ausrüstung vorhanden war) und auf den Kleinwagen umzusteigen - und dann auch noch einen gesamten Dachgepäckträger mit medizinischen Büchern für einsame Hospitäler mit Moskitonetzen und anderen potentiell nützlichen Gegenständen zum Verschenken auszustatten. Das Innere des Fahrzeugs war ein einziges Kisten-Chaos mit sehr rudimentärer Ausstattung, was den Reisekomfort angeht... Zelt, Isomatte, Schlafsack, Campinggaskocher und jede Menge haltbare Lebensmittel, da er keinen Kühlschrank hatte.

Nun ja. In Palmyra jedenfalls hat er das erste Mal auf unserem Dreibein-Gästehocker mit am Tisch gesessen und den frisch gemahlenen Kaffee genossen. Bis sich unsere Wege schließlich in Uganda ein letztes Mal trennen sollten, verbrachten wir immer wieder erfrischend ehrliche, schöne, anstrengende und komische gemeinsame Momente, Stunden und Tage. Peter scheint irgendwie echt keinem Fettnäpfchen aus dem Weg zu gehen. Auch schwierigen Situationen begegnet er mit seinem schwarzen britischen Humor, sodass wir nur darauf warten, dass er mal seine Afrikaerlebnisse zu Papier bringen möge.

## Jordanien

Nach zwei Tagen, netten Abenden und vielen phantastischen Fotomotiven in Palmyra ging's für uns weiter durch die Wüste nach Damaskus, wovon wir eigentlich nur das Internetcafé und natürlich den einzigen und absolut überteuerten Campingplatz kennen gelernt haben. Kurz vor unserer Ankunft war dieser auch noch einer Invasion holländischer Wohnmobilfahrer und Roteltours zum Opfer gefallen – woraufhin wir es vorzogen, nach einer Übernachtung das Weite zu suchen.

Hier schnell eine kurze Erläuterung für Menschen, die Roteltours nicht kennen sollten: ein Bus voller Deutscher, die sich freiwillig im Urlaub in Sardinenbüchsen zum Schlafen quetschen, früh morgens aufstehen, um anderen den Kaffee zu kochen, selbst abspülen und dann auch noch eine Stange Geld dafür bezahlen, um von unfreundlichen Busfahrern durch die Gegend kutschiert zu werden und die die Bedeutung der Worte „Privatsphäre“, „Ruhe“ und „Gemütlichkeit“ wahrscheinlich vollkommen verdrängen. Kurz und gut: Sie wurden unsere „Lieblingsnachbarn“ auf diversen Campingplätzen, die zu unserer großen Freude weiter südlich in Afrika von ähnlich funktionierenden Overland-Truck-Touristen abgelöst wurden. Deren spezielle Eigenart war es, nach nächtelangen Partys um 5.30 Uhr aufzustehen, zu packen und lautstark abzureisen.

Von Damaskus aus ging es direkt weiter zur jordanischen Grenze, mit problemlosem Übertritt, auch wenn so manche Tax nicht wirklich verständlich war. Warum muss man zum Beispiel bezahlen, um überhaupt ausreisen zu dürfen? Nun ja, von den Lebenden kann man's ja nehmen.

In Jordanien fuhren wir so weit, wie wir an dem Tag noch kommen konnten, es wurde ja seit der Zeitumstellung schon gegen 17 Uhr dunkel. Etwas hinter Madaba, in einem kleinen und engen Tal mit ausgetrocknetem Bachlauf, hinter ein paar Kiefern auf einem abgeernteten Acker schlugen wir unser idyllisches Lager auf. Am nächsten Morgen wurden wir mitten beim Frühstücken von einer Schafherde mit Schäfer und mindestens acht Hunden begrüßt, die uns neugierig beäugten – und wir sie zurück.

Weiter ging es auf dem Kings Highway, einer sehr schönen bergigen Strecke, bis nach Petra, der berühmten Stadt der Nabatäer. Unterwegs beeindruckten uns die tiefen Wadis, die den Grand Canyon beinahe in den Schatten stellen.

Wer überhaupt alles in den Schatten stellte, war Sami, ein verrückter Kerl, der nach acht Jahren bei der Airforce weit in der Weltgeschichte herumgekommen war und ein Café am Rand des Wadi Mujib aufgemacht hatte: das „Sami Grand Canyon“ mit dem weltbesten Kaffee und einer interessanten Teeauswahl. Sami zeigte uns sein Reich - inklusive der spektakulären Toilette mit Freiluft-Panoramablick bis ins etwa 500 Meter tiefer gelegene Wadi.

Er hätte eigentlich gerne Hobbes gegen sein Reich getauscht, doch das mussten wir zunächst ablehnen - vielleicht auf dem Rückweg, wenn wir wieder vorbeikommen sollten. Die Einladung zum Kaffee und Tee konnten wir aber nicht ausschlagen. Und das sagte er nicht nur so, er lud uns tatsächlich ein, „because you are my first guests today“, ich frag‘ mich, wie der sein Geld verdient, wenn er alle Leute einlädt.

## Petra

Das Weltkulturerbe Petra war dann auch der Hammer. Zunächst einmal hatten wir aber das Pech, am 31.10. genau zehn Minuten zu spät am Visitorcenter angekommen zu sein – ab 1.11. sollten sich die Eintrittspreise nämlich fast verdoppeln und leider war die Kasse seit kurzem geschlossen... Sonst hätten wir noch ein 3-Tages-Ticket zum günstigeren Tarif erstehen können.

Nun ja, teurer Spaß, aber was zahlt man nicht alles, wenn man, wie ich, schon seit zehn Jahren unbedingt mal diese Königsstadt der Nabatäer sehen wollte. Und Torsten musste dann halt einfach mit. Aber auch er war von den Überresten der über 2000 Jahre alten Stadt beeindruckt, deren Wurzeln sogar bis ins neunte Jahrtausend vor Christus zurückgehen, vielleicht aber noch mehr von den Felsformationen, die das Ganze so elegant einbetten. Natürlich fielen auch wir auf die Tourifalle „Ritt vom Eingang zum Stadttor“ herein - das war plötzlich alles im Eintrittspreis inklusive. So ein Teil von unbequemem Sattel hatte ich noch nicht erlebt, und zu Fuß hätten wir nicht nur weniger Schmerzen gehabt, sondern auch mehr gesehen, wären schätzungsweise schneller gewesen und hätten auf das dann doch irgendwie „obligatorische“ Bakschisch verzichten können. Trotz all unserer Reiseerfahrungen waren wir hier noch eindeutig in der Stufe „Anfänger“ zu finden.

Wir kraxelten also zwei Tage munter die Berge rauf und runter, genossen die Aussicht von oben und von unten in tolle Wadis und sahen in jeder Richtung irgendwelche in Fels gehauenen Grabmäler, Gebetsecken, Höhlen oder Überreste von Tempeln, Straßen, Häusern und Kirchen. Wow. Wir waren echt platt – so wie unsere Füße am Ende des Tages.

Nach dem ersten Tag wünschten wir uns vor allem eine Dusche. Also fuhren wir zu dem idyllisch gelegenen Campingplatz bei Little Petra, den wir am Vorabend schon gesehen hatten und wo wir leider keinen gefunden hatten, der uns hätte sagen können, was das Ganze hier kostet.

Man verlangte dann dort dermaßen horrende Preise, dass wir doch spontan auf unsere Dusche verzichteten und uns an die gleiche Stelle verzogen, an der wir schon die Nacht zuvor gestanden hatten. Im Windschatten von Hobbes begnügten wir uns mit einer Katzenwäsche. Es windete heftig, und auf fast 1.000 Höhenmetern wird es auch in Jordanien Anfang November nach Sonnenuntergang ziemlich schnell kalt.

Von unserem Stellplatz aus hatten wir eine schöne Aussicht, die uns besonders im Licht der untergehenden Sonne beeindruckte, als die Schatten der Berge die tiefen Schluchten plastisch hervorhoben und die Felsen in warmen Orangetönen leuchteten.

Pünktlich zum Sonnenuntergang begann dann auch der Muezzin der nahen Moschee zum Gebet zu rufen – wir waren beide entzückt! Das war endlich einmal ein Muezzin, der ausgesprochen gut singen konnte. Durch die steilen Felswände ringsum wirkte sein Gesang dann auch noch wie in einer Arena oder einem Amphitheater – mit natürlich verstärkter Akustik. Dieses Phänomen hat der Muezzin sehr elegant in seinen Ruf einbezogen, denn nach jeder Strophe machte er eine lange Pause, bis das Echo aus den Bergen zurückkam und verklungen war. Wirklich klasse - das war eines der schönsten Freiluftkonzerte, die wir auf der Reise erleben durften.

Nur der permanente Wind war sehr lästig! Er kam in Böen und hat mehrmals die Richtung gewechselt. Es windete so stark, dass Torsten mitten in der Nacht aufstand und Hobbes mit dem aufgeklappten Dach (unter dem ich lag!) um 180° drehte, damit uns nicht auch noch das Dach fortwehen sollte. Mir war etwas mulmig bei dem Manöver zumute, da der Abgrund steil und der Wendeplatz nur sehr begrenzt war.

**Wadi Rum**

Nach den zwei schönen, aber auch anstrengenden Petra-Tagen ging es über den Kings-Highway weiter zum Wadi Rum, im Süden von Jordanien gelegen. Das ist eine faszinierende Wüstenlandschaft mit irren Felsformationen! Wadi heißt übersetzt „trockenes Flussbett“, und trocken war das hier allemal, ein Fluss allerdings wohl schon lange nicht mehr. Entstanden vor etwa 30 Mio. Jahren, sind dort auf einer Fläche von über 70 Quadratkilometern rötliche Sandstein- und dunkle Granitfelsen in ein Meer aus feinem, orangefarbenem Sand eingebettet. Wenn es denn mal regnet, saugt sich der Sandstein voll und bewässert langsam das in den Winkeln am Fuße der Felswände wachsende Grünzeug.

Hier konnten wir zum ersten Mal richtig Offroad fahren – ein richtiger Sandkasten für große Jungs – dank GPS auch nicht ganz ohne Orientierung. Und wie wir das ja schon von unserer Safari 2010 her kannten – da wo viele Autos stehen, gibt's was zu sehen – fanden auch wir die berühmten Natursteinbrücken, die von uns natürlich begeistert erklommen wurden.

In einer Felsnische schlugen wir vor Sonnenuntergang dann unser Nachtlager auf. Es war so romantisch, wie man sich das in der Wüste erträumt: mit ein paar kleinen Büschen, die genug abgebrochene Zweige herumliegen ließen für ein kleines Feuerchen unter den zigtausend Sternen am Himmel.

Am nächsten Tag fuhren wir noch eine ganze Weile durchs Wadi, bis wir auf die asphaltierte Straße nach Al Aquaba kamen, wo wir mit der Fähre nach Nuweiba (Sinai) übersetzen wollten.

Ein bisschen umständlich wurde dies durch die Tatsache, dass man am Ticketschalter der Fähre kein Ticket kaufen konnte, sondern mitten ins Stadtzentrum zu einem Reisebüro fahren musste. Das zu finden war natürlich keine einfache Angelegenheit. Also wählten wir die „Touristen-Option“ Taxi. Wir wollten mit der Überfahrt nicht noch bis zum nächsten Tag warten und uns auch nicht den Stress des Verkehrschaos einer arabischen Innenstadt mit Hobbes geben. Aber im Taxi waren mal wieder unsere Verhandlungskünste gefragt...

Nachdem wir dann endlich stolze Besitzer der Tickets für uns und Hobbes waren und pünktlich kurz vor Abfahrt des Schiffs zurück am Hafen waren, ging es um die Kunst, so platzsparend wie möglich im Bauch der Fähre einzuparken. Dazu stehen an der Rampe zur Auffahrt immer vier bis fünf Personen, die einem durch irgendwelche Zeichen zu verstehen geben, wo man sein Vehikel bitteschön parken soll. Man achtet natürlich immer auf denjenigen, der am wenigsten zu melden hat – und handelt sich dann einen Anschiss vom Chef ein.

Und es ist auch klar, dass das Carnet bei der Ausreise natürlich nicht abgestempelt war...

## Ägypten

So richtig nervig wurde es dann aber erst in Ägypten. Der Zoll war nicht zu finden, denn es gab keine Hinweisschilder und keine Fahrbahnmarkierungen auf der Quadratkilometer großen Betonfläche. Wir dachten besonders schlau zu sein und fuhren in der Hoffnung auf „Insiderwissen" einem Fahrzeug mit arabischem Nummernschild hinterher – aber weit gefehlt – nach ein paar Runden auf dem Gelände wurde es uns zu bunt und wir versuchten es auf eigene Faust. Irgendwie schafften wir es unter eine Überdachung zu fahren, unter der Waren ein- und ausgepackt wurden – das sah eindeutig nach Zoll aus. Einen Uniformträger fanden wir dann auch, und dank dessen Hilfe, natürlich gegen Bakschisch, kamen wir mit vier Stunden Bürokratie noch richtiggehend flott durch. Von anderen hörten wir später, dass sie acht Stunden für die Einreise nach Ägypten gebraucht hatten. Danach hatten wir auch ein ägyptisches Nummernschild über dem deutschen hängen, ägyptische Fahrzeugpapiere, eine ägyptische Versicherung, einen „Kurzzeitführerschein" sowie ein Permit zum Übernachten in der Wüste – jaja, so was gibt's tatsächlich.

Von Dahab hatten wir gehört, dass das ein netter Ort zum Relaxen und Schnorcheln wäre – genau das Richtige nach drei Wochen Unterwegssein. Also fuhren wir in die Dämmerung hinein in Richtung Dahab. Auf dieser Fahrt machten wir das erste Mal Erfahrung mit Fahrzeugen die uns ohne Licht entgegenkamen und dann auch noch aufblendeten, wenn man selbst sein Licht nicht ausmachte. Später sollten wir erfahren, dass Beduinen der Meinung sind, bei Nacht sehr gut sehen zu können und vom entgegenkommenden Licht geblendet zu werden. Ob die ganzen Autowracks am Straßenrand allerdings von den geblendeten oder doch von den nachtblinden Beduinen stammten, blieb ungeklärt.

Dank hilfreicher Ägypter fanden wir in Dahab das Hotel, in dem wir absteigen wollten. Ein billiges, etwas nach Katze muffelndes Doppelzimmer gab's noch für uns. Hier wollten wir mindestens zwei Nächte bleiben, um etwas Wäsche zu waschen, das Internet zu nutzen und eine Pause vom Reisen zu machen. Daraus wurden dann drei Übernachtungen, mit Schnorcheln – auch Torsten hat sich getraut und sich dabei gründlich die Nebenhöhlen gespült – und mal wieder lecker essen gehen.

Aber dann war uns der Touristenrummel dort auch schon wieder zu viel und weiter ging es durch die karge Steinwüste des Sinai, durch tolle Wadis mit steilen Schluchten und Offroad im trockenen Flussbett. Wir fuhren über 60 Kilometer hoch zum Katharinenkloster am Fuß des Mount Sinai, dem höchsten Berg auf der Halbinsel. Klasse Strecke. Nur das griechisch-orthodoxe Kloster rund um Moses‘ brennenden Dornbusch war sonntags geschlossen. Wir hatten natürlich vorher nicht in den Lonely Planet geschaut - zu dumm. Aber eine Runde ums Kloster laufen tat es auch, mit einem anschließenden guten Mittagessen, auf das wir allerdings gut eine Stunde warten mussten.

Wir waren also in Afrika angekommen. Zum Bleiben war es uns noch zu früh, also fuhren wir noch eine Weile weiter, bis wir in einem Seitental einen schnuckeligen Nachtplatz, umgeben von Felsbrocken jeglicher Größe und Form fanden. Der Sternenhimmel war so grandios, dass Leonie vor lauter Euphorie das Sternbild der Niere erfand (ganz klar und deutlich war eine Niere zu erkennen), das aber seitdem leider nicht mehr auszumachen war – vielleicht gibt es das eben nur auf dem Sinai. Wo brennende Dornbüsche sprechen, können ja vielleicht auch Nieren am Himmel erscheinen…

Am nächsten Morgen fuhren wir recht früh los, da wir diesmal eine weite Strecke vor uns hatten. Durch das Sinai-Gebirge ging es in gewundenen Wadis immer weiter bergab. Wir durchquerten eine Oase, und plötzlich waren wir nicht mehr von schroffem Fels, sondern von Palmen, Gärten, ein paar Häusern und Menschen umgeben – und schwuppdiwupp, eh man sich versah, waren wir auch wieder draußen. Phantastisch und irgendwie fast surreal.

Zurück am Roten Meer, fuhren wir entlang der Industrieküste. Das war dann nicht mehr so schön, wie auf der anderen Seite des Sinai. Durch einen Tunnel ging es unter dem Suezkanal durch, von dem wir dadurch leider nichts sehen konnten, und auf der anderen Küstenseite, wieder durch Industriegebiet, immer weiter Richtung Süden, um dann irgendwann in die Wüste abzubiegen und Richtung Gizeh zu fahren. Wir wollten möglichst wenig vom Kairoer Verkehr mitbekommen und haben das auch, soweit möglich, erfolgreich zustande gebracht. Unser Navi kannte nur leider die Straße nicht, in der laut GPS-Koordinaten der einzige Campingplatz in der Nähe von Kairo zu finden gewesen wäre. So gurkten wir bestimmt 45 Minuten im Viertel herum, bis wir den Eingang fanden.

Auf dem Platz waren bereits ein paar andere Overlander: zwei Familien aus Schweden, dann je ein irisches, ein britisches, ein italienisches, ein schweizerisches, ein spanisches und ein belgisches Paar. Also gingen wir erst einmal daran, Kontakte zu knüpfen und die Lage zu checken. Ansonsten war unser Abend kurz, da die Fahrt doch auch anstrengend gewesen war.

Leonie ärgerte sich noch eine ganze Weile über ihr wortwörtlich in den Sand gesetztes Omelette. Da hatten wir so eine tolle Campingpfanne mit Klappgriff – bis Torsten jedoch herausfand, dass man den Griff mit dem „Lock“-Schieber arretieren kann, dauerte es eine Weile... Zu dämlich!

Am nächsten Tag wollten wir eigentlich die Pyramiden besichtigen, aber Leonie machte ihre erste „Tourista" durch und verbrachte den Tag mit Pendeln zwischen Matratze und Toilettenhäuschen.

Also machte sich wenigstens Torsten nützlich und besorgte Verpflegungsnachschub, auch wenn er leicht angesäuert zurückkam und sich über die unverschämte Gemüsehändlerin beschwerte. Die wollte doch tatsächlich 20 ägyptische Pfund, ca. drei Euro, für vier Tomaten haben und weigerte sich partout, Torstens Angebot von fünf Pfund, was für dortige Verhältnisse immer noch überteuert gewesen wäre, anzunehmen. Dann halt nicht, wäre eh an dem Tag nicht die richtige Aufbaukost für Leonie gewesen.

Nachmittags zeigten die Belgier Torsten ihre Version von „Tracks for Africa" – das unserer Meinung nach beste Navigationsprogramm für Afrika-Traveller. Er machte sich umgehend auf in ein Internetcafé - und seitdem zeigte uns unsere „Tussi" auch Übernachtungsplätze, Einkaufsmöglichkeiten, Tankstellen und etliche Straßen mehr an. Wow, das Programm ist Gold wert und jedem Afrikareisenden nur zu empfehlen!

## Gizeh

Am Tag darauf ging es Leonie besser, also beschlossen wir die Pyramiden von Gizeh zu besichtigen. Hier bestätigte sich mal wieder, dass man sich am besten auf gar keinen Touri-Kram einlassen sollte. Die beiden Italiener, Alex und Karla, nannten uns den Preis, zu dem sie am Vortag bis zu den Pyramiden kamen. Das Wissen nutzten wir und kamen per Taxi zu einem noch besseren Preis dort an. Dachten wir. Wir wollten eigentlich zum Haupteingangstor, aber an einer Kreuzung stieg ein Herr zu uns in den Wagen, der sich als professioneller Touri-Fänger erwies. Zunächst lotste er uns zu seinem Etablissement, und dort verklickerte er uns, dass alle Touristen mit Kamelen, Pferden oder Kutschen die Pyramiden besuchen würden, denn es wäre ja viel zu weit zu laufen und so weiter.

Eigentlich hatten wir auf so etwas gar keine Lust. Aber einmal in den Fängen von so einem Kerl, kommt man so schnell nicht wieder raus. Ziemlich fiese Masche – wir hatten unser GPS natürlich nicht dabei und somit keine Ahnung, wo genau wir waren. Immerhin bezahlten wir nur gut ein Drittel des ursprünglich von ihm genannten Preises und verzichteten in der anschließend organisierten Verkaufsveranstaltung darauf, Parfüms, Massageöle oder Papyrusrollen mit unseren Namen in altägyptischen Hieroglyphen bemalt zu kaufen. Ich kam mir vor wie auf einer dieser Kaffeefahrten, auf denen aller mögliche Kram an die Mitreisenden vertickt wird.

Die Kutschfahrt erwies sich als absolut lächerlich. Nach etwa 20 Minuten Fahrt durch das staubige Wohnviertel und über seine Müllhalde kamen wir zum hinteren Eingang des Geländes. Eine kleine Runde hoch zur Cheopspyramide (die größte der Pyramiden) und dann zum Haupteingang mit der Sphinx nach unten, das war's. Für stolze 17 Euro Kutschfahrt plus 20 Euro Eintritt. Da uns das natürlich nicht reichte, stapften wir den ganzen Weg zurück und noch viel weiter, um anständig die Pyramiden von allen Seiten begutachten zu können. Ins Innere wollten wir dann doch nicht, nachdem wir die Warteschlange und die dazugehörenden Preise gesehen hatten. Schon schön das alles, aber eindeutig viel zu viele Leute, die da herumlaufen.

Torsten versuchte Bilder der Pyramiden zu knipsen, ohne viele Touristen auf den Fotos zu haben – ein echt schweres Unterfangen. Und zu allem Unglück lief prompt ein Beduine mit seinem Kamel ins Bild und verlangte dafür noch Geld...

Vor allem die Schülergruppen fingen irgendwann an zu nerven. Als mich der fünfte oder sechste Teenie fragte, ob er ein Bild von mir machen dürfte, verlangte ich halt auch mal 20 Pfund, und damit war die Sache dann gegessen.

Auch die „Touristenpolizei“, die auf dem Gelände mehr in schattigen Ecken herumlungerte, als sonst irgendetwas zu tun, hätte gerne ein Bakschisch gehabt, und zwar dafür, dass sie uns dazu nötigten, diese dämlichen Fotos voneinander zu schießen, auf denen einer die Pyramiden festhält und so. Man kommt aus dem Staunen nicht heraus: Die Ägypter sind das einfallsreichste Volk, wenn es darum geht, für irgendetwas Bakschisch zu verlangen. Zumindest in den von Touristen überlaufenen Gegenden.

Nach einer interessanten Taxifahrt zurück zum Campingplatz, auf der der Fahrer am Ende mehr als den ausgehandelten Preis haben wollte, da er sich verfahren hatte (war das unser Problem?!?), machten wir uns, wie auch die Belgier und Spanier auf eine abenteuerliche Fahrt auf die andere Seite von Kairo ins Einkaufsparadies namens „Carrefour“. Hier gibt es alles, was einem Europäer das Herz höher schlagen lässt, bei Torsten wohl am meisten die Auswahl der Metzgerei, die nach europäischem Standard aussah, nicht so wie in ortsüblichen Metzgereien, wo manchmal mehr Fliegen als Fleisch zu sehen war. Das langersehnte Barbecue sollte also mit den neuen Freunden am Abend stattfinden. Zunächst aber ließ es sich im klimatisierten Einkaufszentrum gut aushalten, und das Zeitgefühl verschwand...

Die Rückfahrt erwies sich durch die mittlerweile hereingebrochene Dunkelheit als noch mal abenteuerlicher. Jeder fährt in Kairo, wie es ihm gerade passt. Aus vier eingezeichneten Spuren werden durchgängig sechs reelle Spuren; Blinker braucht kein Mensch und Licht ja eigentlich auch nicht, es gibt ja die Straßenbeleuchtung. Die Hupe ist das wichtigste Utensil eines Fahrzeugs - und je lauter, desto wichtiger. Zum Glück war Hobbes Kompressorhorn extrem gut zu hören.

Nach den Erfahrungen in Aleppo und überhaupt rund um mittelgroße bis große Städte ab der Türkei, lavierte Torsten sich mittlerweile souverän durch das Chaos. Ich war tatsächlich beeindruckt. Und dabei blieb er so was von gelassen, Wahnsinn. Ab und zu schüttelte es ihn vor Lachen, und einmal meinte er: „Das ist wie bei Taxi-Scharia aus SWR 3, huuuuuuup!“

Das Barbecue im Anschluss an diese Expedition war fantastisch und dauerte bis spät in die Nacht!

Am Morgen des nächsten Tages verabschiedeten wir uns von allen anderen Overlandern. Inzwischen war wieder so eine höchst suspekte Roteltour-Gruppe eingetrudelt, und wir machten uns auf den Weg nach Süden, wo wir erst mal die älteste Pyramide Ägyptens in Saqqara sowie die darum herumliegenden Gräber besichtigen wollten.

Ein selbsternannter Guide, der von uns dreimal darauf hingewiesen worden war, dass wir keinen Guide brauchten, ließ trotzdem nicht von uns ab und erklärte uns hier und da auch mal was Interessantes. Besonders bemerkenswert fand ich, dass er uns ausdrücklich erlaubte im Inneren der Gräber zu fotografieren, obwohl überall plakatiert stand, dass dies verboten sei und im gleichen Atemzug ein anderer Tourist eben darauf hingewiesen wurde. Aber wir seien ja „friends“. Aha, so geht das. Mit dem anschließend in der Höhe von uns selbst gewählten Bakschisch war er eindeutig nicht zufrieden, aber das war sein Pech. Diesmal blieben wir stur.

Die Gräber waren schon interessant - mit den typischen altägyptischen Reliefs und Zeichnungen, teilweise sogar noch farbig. Und einmal ins Innere einer Pyramide zu krabbeln, und zwar im wahrsten Sinne des Wortes, war auch mal spannend. Die mussten ziemlich klein gewesen sein, die alten Ägypter.

## Nil und Wüste

Weiter ging es im Niltal nach Süden und später nach Westen, durch Felder und Dörfer, auf einer winzig kleinen Straße, die aber immerhin geteert war, manchmal aber abenteuerlich Richtung Kanal abbrach. Ziel war der Quarun-See, ein Wüstensee, an dem wir die Nacht verbringen wollten.

Einen ruhigen Lagerplatz zu finden, erwies sich als nicht wirklich einfach, aber schließlich gelang es uns noch vor

Sonnenuntergang, weit genug entfernt von Häusern und Straßen direkt am Ufer zwischen einem kleinen Acker und wüstem Gewächs zu campieren. Kaum stand das Zeltdach, bekamen wir auch schon Besuch von einem netten Mann, der plötzlich aus dem Nichts auftauchte. Mittels „Kauderwelsch-Arabisch“ konnten wir so halbwegs kommunizieren – immerhin kamen ein paar Floskeln und Nettigkeiten zustande. Der Besucher war dann heilfroh, als wir ihm versicherten, dass wir verheiratet seien und dass es deswegen auch gar kein Problem sei, in so einem kleinen Dachzelt gemeinsam zu übernachten. Ansonsten wäre das ja auch ein Ding der Unmöglichkeit… Daraufhin verschwand er so schnell, wie er aufgetaucht war.

Am nächsten Tag fuhren wir durch den Ruwayan Nationalpark, in dem zwei sehr malerische Wüstenseen liegen. Umgeben von irgendwie unwirklichen Felsen und Sanddünen sind die zwei Seen durch einen kleinen Wasserfall miteinander verbunden.

Mangels Schatten hielten wir uns nicht übermäßig lange in der Idylle auf, und irgendwann verdunkelte sich auch noch die Sicht, sodass wir nur noch etwa 15-20 Meter weit sehen konnten. Wir dachten, in einen Sandsturm geraten zu sein, bis wir bemerkten, dass die Fenster beschlugen – Nebel! Mitten in der Wüste - auch nicht schlecht. Okay, wir waren ja zwischen Wüste und Feuchtgebiet, aber trotzdem hätten wir damit wirklich nicht gerechnet.

Da unser Dieseltank nicht mehr furchtbar voll war und wir dummerweise die Ersatzkanister nicht gefüllt hatten, da bisher alle naselang Tankstellen zu finden waren, verzichteten wir auf ein paar sicher interessante Offroad-Tracks und hofften, zurück auf dem Highway eine Tanke zu finden, was glücklicherweise auch so war – so leer war unser Tank bis dahin noch nie gewesen!

Den Rest des Tages ging es über die Wüstenstraße immer weiter Richtung Süden, mit einem Abstecher ins Niltal, da wir hungrig waren und keine Lust auf einen knalligen Sonnenplatz für unser Picknick hatten. Da es nach dem leckeren Grillhähnchen wieder zurück in die Wüste gehen sollte, beschlossen wir, noch mal vollzutanken. Man weiß ja nie, wann die nächste Gelegenheit kommt.

Und dann füllte uns der Depp doch glatt Benzin statt Diesel in den Tank ein. Und das, obwohl wir vorher mehrmals „Diesel" gesagt hatten – auch der Begriff „mazut", der laut Wörterbuch „Diesel" bedeutet, schien nicht verstanden worden zu sein. Zum Glück bemerkte Torsten den Fehler. Aber als der Tankwart das Ganze übergehen und den nächsten Kunden bedienen wollte, platzte Torsten der Kragen und er machte dermaßen Rabatz, dass der Chef gelaufen kam. Wir ließen den kompletten Tank leerlaufen, und der Tankwart füllte das Diesel-Benzin-Gemisch schamlos wieder in den Dieseltank im Erdboden. So viel zur Spritqualität in Ägypten. Von dem Gemisch tankten wir nachher nur noch so viel, wie nötig war, um zur nächsten Tankstelle zu kommen. Dort konnte der Tankwart sogar Englisch, und ab da wussten wir wenigstens, was Diesel auf ägyptisch-arabisch heißt: solar.

Nach dem ganzen hin und her kamen wir natürlich nicht mehr weit in die Wüste hinein und parkten hinter einem Hügel, nicht weit vom Flughafen von Asyut entfernt. Torsten zählte ganze drei Flugzeuge in der Nacht, aber ich hab' dermaßen gut geschlafen, dass ich kein einziges davon mitbekommen habe.

Ein weiterer Wüstentag sollte uns durch die Oase El Kharga führen, doch die Sehenswürdigkeiten, die man dort hätte sehen können, waren entweder wegen Baumaßnahmen geschlossen oder eindeutig zu teuer für das, was wir von der Straße aus erahnen konnten. Also weiter, die Wüste genießen. Die Oase selbst fanden wir mäßig schön, sie ist mittlerweile eine mittelgroße Stadt, mit Feldern drum herum, und bei weitem nicht so romantisch, wie man sich eine Oase gemeinhin vorstellt.

**Festgefahren II**

Aus Felsen und Geröll wurde hinter der Oase immer mehr Sand. Au ja, rein ins Vergnügen, dachte ich und wollte so gerne ein tolles Dünenfoto. Hm, dumm gelaufen, schon steckten wir tief im Sand. Die Befreiungsaktion kostete uns eine Menge Schweiß, Nerven, Kraft und insgesamt etwa 90 Minuten und zwei Liter mittlerweile lauwarme Sprite sowie einen Liter Wasser. Wir brauchten alles: die Sandbleche, Schaufeln und den Wagenheber an allen vier Ecken von Hobbes. Er hatte sich so tief eingegraben, dass alle Achsen und der komplette Unterboden fest auf dem Sand aufsaßen. Typischer Anfängerfehler – man fährt halt nicht voll beladen mit 3,5 Bar Druck auf den Reifen in den Sand. Und wenn man merkt, dass man sich eingräbt, nutzt man halt auch nicht die beiden Diff-Sperren. Damit kommt man nur noch tiefer...

Hinterher waren wir beide platt und wie gerädert. Also nichts wie ein kühles Plätzchen finden – weiter zur Oase Dhakla. Das dauerte noch gut anderthalb Stunden, aber Torsten hielt sich tapfer hinterm Steuer. Da der angegebene Campingplatz leider keinen Schatten hatte, verzichteten wir darauf, dafür auch noch 50 Pfund auszugeben und suchten lieber erst mal ein schattiges Restaurant, in dem uns noch eine andere Örtlichkeit zum Campen genannt wurde. Ein Internetcafé fanden wir ebenfalls, um die jeweiligen Mütter zu beruhigen, und dann ging es schnell zu genanntem Platz, einem See, mitten in der Oase. Dort entstand zwar gerade ein Hotel, das aber erst im Bau war und wir konnten abgeschieden auf der gegenüberliegenden Seite des Teiches gemütlich zwischen kleinen Palmen stehen bleiben und uns ausruhen, was nach diesem Tag echt notwendig war.

Vor Sonnenaufgang weckten uns die lauten Schreie der unzähligen Reiher und Enten, die hier ein Spektakel abzogen, wie wir es noch nicht erlebt hatten. Toll! Wir genossen das „Ohne-Muezzin-geweckt-werden“ und starteten wie immer früh in den Tag. Da wir nicht zu spät in der Woche in Assuan sein wollten, beschlossen wir, uns langsam auf den Weg Richtung Niltal zu machen. Der Tag ging wieder durch die Wüste, schwarze Basaltfelsen, rote Sandsteinfelsen, Sanddünen, Schotterwüste, so gut wie alles im Angebot. Noch einmal durch die El Kharga Oase, diesmal aber Richtung Süden, da ist sie ein wenig schöner und ländlicher - und endlich konnte Leonie das gewünschte Foto „Sanddüne mit Palmen“ knipsen. Aufgrund der Erfahrung vom Vortag starteten wir diesmal keine großartigen Sanddünen-Experimente und blieben bei unseren Offroad-Exkursionen auf eher sicherem Boden. Auf nochmaliges Schaufeln hatten wir beide gerade keine Lust.

Selbst in der Wüste, an Stellen, wo nichts als Sand weit und breit ist, gibt es Polizeikontrollen. Grob geschätzt alle 80 bis 100 Kilometer. Wir waren für die armen Wachdienst schiebenden Polizisten die einzige Abwechslung. Dort passiert ansonsten absolut nix.

Immer dieselbe Frage: „Wo kommt ihr her? Wo geht ihr hin?“ Irgendwann meinte Torsten zu einem Polizisten: „We are going to Cape-Town.“ Und der staunte: „What? Today????“

Ein anderes Mal mussten wir warten, bis ein Polizeiauto uns durch einen „gefährlichen“ Wüstenabschnitt eskortieren konnte. Es sprangen drei Polizisten auf die Ladefläche eines Pickups und einer klemmte sich hinters Steuer – und dann ging es mit Höchstgeschwindigkeit über die Piste. Nicht mit uns, Freunde! Bei Hobbes ist bei 100 km/h Schluss. Entweder fahrt ihr langsamer oder es trennen sich unsere Wege. So kam es, dass der Abstand zum Pickup immer größer wurde. Weg waren sie.

Wir fuhren über die nächste Kuppe und sahen sie weit voraus stehen. Als wir aufschlossen, diskutierten sie heftig gestikulierend mit einem Fahrradfahrer aus Europa, der ohne Polizeischutz hier unterwegs war. Wir betrachteten uns das eine Zeit lang und gingen davon aus, dass sie das Fahrrad mitsamt Gepäck auf den Pickup werfen und weiter fahren würden – es passierte aber nix. Irgendwann hupte Torsten und die drei

Polizisten fuhren wie von der Tarantel gestochen herum und musterten uns. Daraufhin kam nur die Antwort: „Was macht ihr hier? Fahrt gefälligst weiter!!!“ Das verstehe wer will.

Es geht das Gerücht um, dass es in Ägypten keine Arbeitslosen gäbe. Wer keine Arbeit habe, bekäme eine Uniform und würde zur Tourismuspolizei in ganz entlegene Gebiete Ägyptens verbannt. Das würde natürlich einiges erklären...

## Luxor

In Luxor quartierten wir uns auf dem einzigen Campingplatz der Stadt ein. Ein begrünter Hof neben dem Swimmingpool eines Hotels. Dort trafen wir auf drei Quadfahrer, die auf Weltreise mit super ausgestatteten Quadbikes von Yamaha waren. Die hatten an nix gespart – nur an Werkzeug. Daher waren sie froh, dass wir aushelfen konnten. Torsten ist ja begeistert von diesen Teilen. Als er allerdings so mitbekam, wie anfällig die Dingelchen sind, dämpfte das seine Begeisterung ganz erheblich.

Die drei wurden von etlichen Firmen gesponsert und brauchten diese Hilfe auch regelmäßig – alleine der Reifenverschleiß ging ganz schön ins Geld – keine 1.000 km mit einem Satz Reifen! „Auf meiner Motorradweltreise vor Jahren brachte es ein Hinterradpneu auf 24.000 Kilometer, und auf Hobbes fahren wir die BF-Goodrich immer über 70.000 Kilometer“, erklärte Torsten den staunenden Australiern.

Nach und nach füllte sich der Campground mit den Travellern aus Kairo. Jeroen und Els aus Belgien, Jorge und Yolanda aus Spanien, Rob, „the drunken Irish“ (jaja, so schnell hat man seinen Ruf weg) mit Freundin Marcella sowie Kevin und Ann aus England und die beiden schwedischen Familien mit ihren insgesamt 4 Kindern. Es war eine super Stimmung am Abend. Später kamen noch drei Radler aus Deutschland, Österreich und Serbien angerollt – Verrückte! Eindeutig Verrückte!

Der Serbe schoss den Vogel ab. Er war schätzungsweise um

die 60 Jahre alt, durchtrainiert und bestand nur aus Muskeln und Sehnen. Er hatte seinen Benzinkocher irgendwie falsch bedient und dabei sein Zelt und seinen Schlafsack abgefackelt und sich zudem schwerste Verbrennungen an den Schienbeinen und Unterarmen zugezogen. Jetzt wollte er hier in Luxor ein neues Zelt vom Campingplatz-Besitzer erwerben, hatte jedoch kein Geld dafür – und zu allem Übel sprach er ausschließlich Serbisch.

Unsere Sightseeing-Touren beschränkten sich auf die frühen Morgen- und späten Abendstunden. Nachmittags lagen wir alle wie erschlagene Fliegen rund um die Fahrzeuge – es waren niederschmetternde 35 °C!

Wir besichtigten mehrere Tempelanlagen. Der Tempel von Karnak, mit seinen riesigen Säulenhallen und tollen Reliefs, hat uns davon am besten gefallen. Später ging's auf die andere Seite des Nils, ins Tal der Könige und Tal der Königinnen. Ich weiß nicht mehr wie viele Gräber es im Tal der Könige gibt – und es werden immer noch welche entdeckt. Mit dem Eintrittspreis erkauft man sich die Möglichkeit, drei Gräber zu besichtigen – wobei nicht alle für Besucher zugänglich sind und das berühmteste, das von Tutanchamun, nur gegen eine Extra-Gebühr angesehen werden darf – aber das soll auch nicht das schönste sein. Unsere Auswahl war auf jeden Fall lohnenswert.

Kein Grab ähnelt auch nur ansatzweise dem anderen. Zu vielfältig sind die Hieroglyphen und Wandmalereien. Es ähnelt auch kein Eingang dem anderen. Einige sind ebenerdig in den Felsen gehauen, andere im Erdboden versenkt und über viele Stufen zu erreichen und wieder andere nur über einen abenteuerlichen Kletterparcour hoch oben in der Schlucht.

Nur eines haben sie alle gemeinsam: KEINE Lüftung! Die Luft ist dementsprechend zum Schneiden, denn tagtäglich strömen tausende von Besuchern den Berg hinauf in das Tal, bei 35 °C und mehr, und anschließend drücken sie sich dicht gedrängt in die Gräber. Auch eine Methode, die Aufenthaltsdauer der

Touristen in der jeweiligen Grabkammern zu reduzieren: – Sauerstoffmangel.

Nur so als Tipp: Als besonders stickig hat sich für uns die Grabkammer von Tuthmosis III herausgestellt, da man da erst mal einige schweißtreibende Treppenstufen erklimmen muss und dann so richtig gebadet in der unterirdischen Sauna landet.

## Der Unfall

So. Und dann war es passiert. Wir hatten unseren ersten Feindkontakt auf der Straße.

Das war wirklich dumm gelaufen. Wir sind nach drei Tagen von Luxor aus aufgebrochen. Da für die Moslems Neujahr war, war auf den Straßen absolut kein Verkehr. Wir wollten in Richtung Edfu, direkt am Nil gelegen, auf der westlichen Route fahren und uns vor Einbruch der Dunkelheit einen Lagerplatz in der Wüste suchen.

Auf dem Weg hat man eine gute Aussicht über den Nil, das gegenüberliegende, mit Palmen gesäumte Ufer und direkt dahinter die steilen, beigefarbenen Sanddünen. Wirklich klasse.

Torsten: Wir sind also einige Kilometer am Fluss entlanggefahren und ich sah eine Brücke über den Kanal auf eine Insel führen, auf der ein Weg über Sandsteinfelsen hinauf zu einer Moschee führte. Dort wollten wir hin und ein paar Bilder machen.

Wie bei uns zu Hause üblich, setzte ich den Blinker, ordnete mich an der Mittellinie der Fahrbahn ein, bremste ab und wollte gerade abbiegen, als ich von so einem dämlichen Kleinbus, voll besetzt mit Passagieren, mit locker 100 Stundenkilometern überholt wurde.

Sehr schön spiegelten sich die Scherben seines zerfetzten Rücklichtes im Schein der untergehenden Sonne. Ich war mit meiner linken vorderen Ecke an seinem rechten Heck hängen geblieben - oder umgekehrt. Bei uns gab es nur einen kurzen Ruck, den anderen hatte es aber in der Spur versetzt, was ihn jedoch nicht daran hinderte weiterzufahren.

Wir stiegen aus und betrachteten uns den Schaden. Hobbes hat seitdem auch im linken Kotflügel eine Beule wie eine halbe Pampelmuse und das Lenkrad steht beim Geradeausfahren etwas gegen den Uhrzeigersinn verdreht. Mit vereinten Kräften von hilfsbereiten Fußgängern bogen wir die Stoßstange, die bis zum Träger im rechten Winkel nach vorne wegragte, wieder in Form und machten uns umgehend auf die Suche nach einer Werkstatt.

In der nächsten Ortschaft wurden wir auch gleich fündig. Wir wurden zu einem Schlosser gelotst, 100 Pfund wechselten den Besitzer und jeder von uns beiden bekam einen Tee. Nach einer Stunde war die Stoßstange notdürftig wieder gerichtet, gebogen und geschweißt. Mit einer Schnur vermassen wir grob die Spur von Hobbes und setzten danach unsere Reise wieder fort. Hobbes fuhr immer noch geradeaus, und die Stoßstange hält bis heute (der kleine Knick hat bisher noch keinen gestört). Dem Unfallgegner wünsche ich mindestens eine zänkische Ehefrau!

An dem Unfall war ich aber, im Nachhinein betrachtet, selbst schuld gewesen. Zum Abbiegen fährt man in Ägypten nämlich frontal, so weit es eben geht, in den Gegenverkehr und nutzt jede Lücke.

Nicht so. Sondern so!

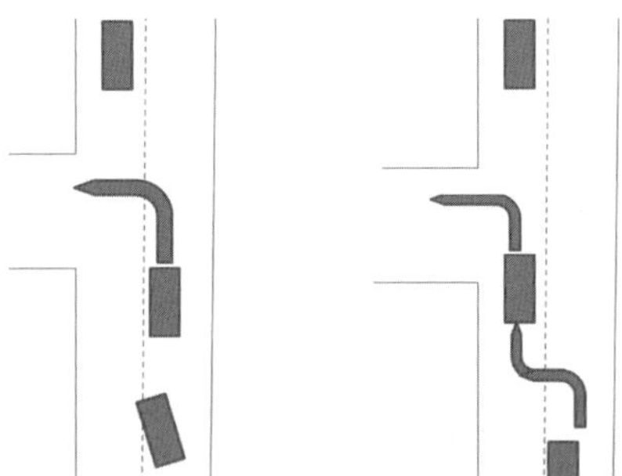

Dadurch kann kein Ururenkel der Pharaonen auf die Idee kommen, einen noch zu überholen. Überhaupt gibt es in Städten aus dem Grund keine Möglichkeit links abzubiegen. Man muss gerade aus über die Kreuzung hinwegfahren, macht dann irgendwo einen U-Turn, fährt zurück und biegt dann rechts ab – auch auf der Autobahn! Kein Witz!

## Assuan

Nach zwei weiteren Tagen, immer mit Abstechern in die Wüste und zu diversen Tempeln und Pyramiden, erreichten wir Assuan, den einzig offenen Grenzübergang für internationale Fahrzeuge in den Sudan, für den eine Fährüberfahrt über den Nasser-Stausee gebucht werden musste. Auf dem Weg haben wir Doro und Jupp kennen gelernt – deren laubfroschgrüner Mercedes-Kurzhauber stand am Straßenrand und wir hielten an. Prompt gab's Kaffee und ein netter Smalltalk entwickelte sich. Die beiden waren auch auf dem Weg zur Fähre, zusammen mit einem holländischen Pärchen, das ebenfalls mit solch einem Lkw in den Sudan wollte. Eieiei, das würde ganz schön voll und eng werden!

Nach einer Nacht auf dem Parkplatz des Nubian-House-Restaurants mit atemberaubender Aussicht auf das Niltal bei Sonnenuntergang, fanden sich am nächsten Morgen um acht Uhr 22 Overlander im Büro von Mr. Sala von der Nile Ferry Company, der einzigen Fährgesellschaft über den Nasser-Stausee nach Wadi Halfa in den Sudan, ein. Mr. Sala selbst erschien erst um halb zehn. Jetzt begann der Spaß. Alle wollten natürlich ein Ticket für die nächste Fähre, die nur einmal in der Woche ablegt. Die Fahrt in der Woche vorher war wegen des islamischen Neujahrsfestes ganz ausgefallen, weswegen quasi doppelt so viele Fahrzeuge auf eine Überfahrt warteten. Es war schon nicht einfach, nach Ägypten einzureisen – aber gegen die Ausreise war das ein Kinderspiel gewesen.

Da auf dem Ponton nur maximal 18 Fahrzeuge Platz haben, ging gleich im Büro ein Hacken und Stechen der feinsten Art los. Neuerdings kann man per Mail einen Platz „reservieren", muss dann aber dennoch rechtzeitig bei Sala im Büro stehen.

Wir hatten nicht reserviert und pokerten daher mit Unschuldsminen. Normalerweise hätte ich Sala weisgemacht, dass ich bereits vor vier Wochen reserviert hätte und er es wohl versäumt hätte richtig zu notieren. Telefoniert hatten wir ja miteinander, mein Name klingelte in seinen Ohren – leider klappen solche Manöver jedoch nur, wenn Leonie anderweitig beschäftigt ist. Sie ist einfach zu ehrlich für so was. Pokern klappte also nicht – und die Fähre wollte fast ohne uns fahren.

Glücklicherweise gab es aber noch andere Overlander, die ebenfalls nicht reserviert hatten und es wie wir doch noch irgendwie schafften, auf die ominöse „Liste" des Mr. Sala zu gelangen, allerdings handgeschrieben und ganz unten. Und so fand sich die Möglichkeit, am Tag darauf auf der Gepäck-Barge der Fähre die Fahrzeuge abzustellen. Unsere Überfahrt war gerettet.

Jetzt begann jedoch der bürokratische Teil:

Zunächst mussten wir mit unserer noch gültigen Fahrerlaubnis zum Verkehrsgericht und uns dort einen Wisch für die Verkehrspolizei abholen. Auf dem Schreiben wurde notiert, dass wir keine offenen Rechnungen für Unfälle oder Geschwindigkeitskontrollen in Ägypten hinterließen. Das klingt ja noch ganz einfach. Aber in Ägypten ist ein Gericht nicht ohne weiteres als ein offizielles und repräsentatives Gebäude der Regierung zu erkennen. Das Verkehrsgericht befand sich in einer Wohnung in einem Hochhaus, vor dem direkt neben der Mülltonne am Eingang ein Mann auf einem Drehstuhl ohne Rückenlehne saß, der uns ein Formular ausstellte, die Pässe und Fahrerlaubnisse irgendwo im Haus gegenüber kopieren ließ und uns dann, nach Kassieren der Stempelgebühr von zehn Pfund die Treppe hinaufscheuchte.

So „betreut" machten wir mit etwa zwölf anderen Travellern die dortigen Büros unsicher, bis wir im vierten Stock denjenigen fanden, der die Zettel ausstellte. Leider war bis dahin Mittag und der Herr machte Pause von 12:00 – 14:00 Uhr.

Nach der Ausstellung des Schreibens mussten wir umgehend in Salas Büro erscheinen, wo wir die Plätze für die Fähre bezahlen sollten. Leider konnten dies nur die Personen, deren Fahrzeuge schon auf dem Ponton Platz gefunden hatten – für Leonie und mich war hier Ende. Wir durften anderntags wieder erscheinen, was er uns aber erst sagte, nachdem er alle anderen „abgearbeitet" hatte. Wir saßen also stundenlang bangend herum, ob wir denn nun wirklich das Fährticket erhalten würden...

Also ging's abends zurück zum Restaurant, auf dessen Parkplatz wir weiterhin stehen durften. Am Abend zuvor hatte es mit der Bestellung hervorragend geklappt. Alles kam so, wie bestellt, und alles gleichzeitig. An diesem Abend war's dagegen echt afrikanisch. Nach dreimaligem: „We don't have," folgte von mir die Frage, was sie denn haben würden – woraufhin die Bedienung zum vierten Mal in die Küche trabte, um nun zu fragen, was es denn geben könnte.

Okay. Statt der Meatballs mit Rice kamen dann zunächst Pommes (Fries...), und nach Torstens Nachfrage bezüglich der Meatballs, kam etwa eine halbe Stunde später ein sehr blutiges Hühnchen auf dem Teller aus der Küche... So nicht, Freunde!

Überhaupt hatten wir so langsam von den Ägyptern genug. So oft hatten wir das Gefühl, dermaßen über den Tisch gezogen worden zu sein - und dann tragen sie die Nase so hoch, weil sie davon ausgehen, dass sie alle von den Pharaonen abstammen... Naja, Torstens Meinung nach wohl eher von den Grabräubern.

An einem Abend in Assuan machten wir zum Beispiel die Bekanntschaft mit einem gewieften Fahrer einer Pferdekutsche. Wir wollten, ziemlich müde und abgelatscht, von Downtown am Nil wieder rauf zu Hobbes vor dem Nubian House Restaurant und winkten einen Kutschfahrer herbei, weil alle Taxen schon besetzt waren.

Wir beschrieben ihm den Weg, nannten das Restaurant und verhandelten den Preis. Dann ging die Fahrt los und endete nach nicht einmal der Hälfte der Strecke. Der Weg wurde so steil, dass eine Kutschfahrt per Schild verboten war. Okay, aber das hätte er uns auch sagen können.

Daher wollten wir auch nur den halben Preis bezahlen, was bereits zu schwierigen Diskussionen führte. Letztendlich gaben wir ihm einen 50-Pfund-Schein, da wir den neu vereinbarten Preis nicht passend hatten. Natürlich konnte er nicht wechseln. Also gaben wir ihm alles an Kleingeld, was wir hatten, und er gab uns den 50er-Schein zurück. Dabei fluchte er immer noch und verschwand. Es hätte uns jedoch stutzig machen sollen, dass er quasi „freiwillig" auf ein paar Münzen verzichtet hatte.

Anderntags an der Tankstelle tankten wir Hobbes voll, weil wir keine ägyptischen Pfund im Sudan gebrauchen konnten. Der Tankwart verlangte 49 Pfund und Leonie gab ihm den 50er-Schein vom Abend zuvor. Daraufhin meint der Tankwart: „Das reicht aber nicht. Das sind nur 50 Dinar!" Da hat uns dieser Kutschfahrer aber so richtig übers Ohr gehauen! Es gibt in Ägypten nämlich Scheine, die nur ein halbes Pfund wert sind und auf den ersten Blick den 50-Pfund-Scheinen ziemlich ähnlich sehen – erst recht im Dunkel der Nacht!

Wie dem auch sei. Wir und Hobbes sollten ja am übernächsten Tag das Land der schlitzohrigen Ägypter verlassen.

Wir speisten zweimal bei McDonald's. Nicht, dass Leonie besonders viel Wert drauf gelegt hätte, aber es waren die letzten klimatisierten Aufenthaltsräume bis Khartum und das letzte amerikanische „Nobelrestaurant" überhaupt bis Südafrika. Anschließend schlenderten wir über den Souk und kamen uns vor wie im Kino: alles irgendwie unwirklich, aber wir waren mittendrin und wurden von allen Seiten belagert und angequatscht: „I don't know what you are looking for, but I have it" oder „Hallo Heidi, kommen 'se rein, können 'se rausgucken." Alles kein Problem, solange man das Ganze mit Humor nimmt und nicht wirklich vorhat, irgendetwas - oder schlimmer noch: etwas Bestimmtes zu kaufen. Dafür gab es ja die Reisegruppen der Nilkreuzfahrtschiffe. Deren Führer arbeiten garantiert mit den Shop-Besitzern zusammen: „Sehen Sie nur, diese schöne Wasserpfeife kostet in Europa oder anderswo auf der Welt umgerechnet mindestens 1.000 Pfund, hier bekommen Sie sie für nur 500!“ Und es gab wirklich Touristen, die so ein Teil danach kauften.

## Die Fähre

Frühmorgens am Tag, an dem die Fähre nachmittags um 16 Uhr ablegen sollte, fuhren wir im kleinen Konvoi der Wagen, die es nicht am Vortag auf den Fahrzeug-Ponton geschafft hatten, zur Zulassungsbehörde, wo wir diverse Formulare ausfüllen mussten und dann unsere ägyptischen Nummernschilder abgeben konnten. Danach ging es mit Polizeischutz, wir waren jetzt ja nicht mehr angemeldet, zum Hafen.

Zusammen mit den drei Fahrzeugen der Italiener und einem Sudanesen stürmten wir den Zollbereich. Die Zöllner haben dort eine besondere Einnahmequelle erkannt und schöpfen diese optimal aus. Die Brüder wissen nämlich, dass man bereits für die Fähre, die quasi in Sichtweite beladen wird, bezahlt hat. Sie wissen auch, dass du noch einiges an Papierkram erledigen musst und dass besagte Fähre gegen 16 Uhr ablegen wird – egal ob du darauf bist oder nicht.

So zieht sich die Kontrolle der Fahrzeuge zunächst in die Länge, bis der entscheidende Satz fällt: „What do you pay me for not searching your luggage?“ Torsten versuchte, drum herumzukommen: „Go ahead, we have nothing to hide!“ „Are you sure? You might miss your ferry...“ Tja, soviel zu dem hehren Ansatz, keine Korruption zu unterstützen – JEDER zahlt hier. Immerhin konnten wir gemeinsam dann doch den Preis etwas senken.

Dann ging es weiter zu den Papieren. Das Carnet musste

abgestempelt werden und dann beide Reisepässe. Dummerweise musste das Carnet zusammen mit den Pässen vorgelegt werden, so dass wir uns hier nicht an den zwei Warteschlangen gleichzeitig anstellen konnten. Aber auf diese Weise hatte man genügend Zeit, seine Mitreisenden besser kennen zu lernen.

Zusammen mit zwei Italienern und dem Sudanesen checkte ich das Fahrzeug aus, als ein weiterer Italiener, dessen Motorrad vor uns abgefertigt wurde, mit zwei Formblättern in den Händen zu seinen Landsmännern trabte – die mussten nämlich VOR der Passkontrolle ausgefüllt werden. Nett, er hätte mir ja auch eines noch mitbringen können. Leider kämpfte sich Leonie gerade durch den weiteren Schalter-Dschungel, um herauszubekommen, welche Reihenfolge für die nächsten Schritte angesagt war, und war daher unauffindbar.

In der Schlange zur Abfertigung der Pässe trafen wir auch Kevin und Anne aus Großbritannien wieder. Kevin, so ein kompaktes Muskelpaket mit keinem Gramm Fett am Leib, kochte vor Wut. Die Zöllner hatten festgestellt, dass Annes Reisepass bei der Einreise nicht abgestempelt worden war und verlangten nun von Kevin, dass sie zusammen wieder zum Hafen von Kairo fahren und das dort klarstellen lassen sollten. Ihr Auto stand im Übrigen seit dem Vortag auf dem Ponton und war abfahrtbereit in Richtung Wadi Halfa.

Kevin und ich verstanden uns wortlos – sofort hatten WIR alle Zeit der Welt und blockierten die beiden Passschalter: Hier sollte jetzt gerade mal gar nichts mehr abgestempelt werden – auch nicht die Pässe der Sudanesen und der Ägypter – bis das hier und jetzt geklärt ist oder dein Vorgesetzter erscheint - Ruckzuck war der Stempel im Pass, nachdem der Tumult der anderen Wartenden immer lauter geworden war.

Nach mehreren Stunden, die bis dahin vergangen waren, kamen wir endlich durch zur Fähre. Leonie ergatterte schnell mit leichtem Gepäck ein Plätzchen auf dem „Sonnendeck“, während ich mit Hobbes noch auf den Startschuss wartete, auf die Gepäckfähre zu fahren, die noch mit Kühlschränken, riesigen Reisekisten und allem sperrigen Gepäck der Reisenden beladen wurde.

Für die Fähre hatte man beim Ticketkauf die Wahl zwischen erster und zweiter Klasse. Die erste Klasse bestand aus winzigen, nicht gerade sauberen und furchtbar stickigen Zweibett-Kajüten im Schiffsinneren zum fast doppelt so hohen Preis, wohingegen das Ticket der zweiten Klasse zum Aufenthalt unter Deck in einem Raum mit Holzbänken, ähnlich einem dichtbesetzten, alten Bahnhofswartezimmer, berechtigte. Alternativ konnte man es sich für beide Tickets draußen auf dem Stahlboden „gemütlich“ machen. Wir konnten von Glück sagen, dass die erste Klasse ausverkauft gewesen war, bis wir an unsere Tickets kamen; wir hätten bestimmt mit dem Gedanken gespielt, uns die „luxuriösere“ Variante zu gönnen. Aber im Schiffsinneren dröhnte es furchtbar laut, und zusätzlich stank es dermaßen nach Diesel, dass sich jeder lieber über Deck aufhielt...

In einer Ecke befestigten wir zwischen Reling und Lichtmast unser Sonnensegel und richteten uns auf unseren Decken und Schlafsäcken, die wir noch aus Hobbes herausgeholt hatten, halbwegs gemütlich ein. Schatten war sehr rar, so dass wir sehr schnell Gesellschaft von Kevin und Anne, Doro und Jupp, Peter, dem Jimny-Fahrer aus Palmyra, und anderen Reisenden hatten.

Gegen 15 Uhr konnte dann auch Hobbes die Gepäckbarge erklimmen und Leonie filmte die Auffahrt von der danebengelegenen Fähre aus. Ganz schön steil war die Auffahrt – zwei Bretter hoch auf das Blechdach des Bootes, man sah nach vorne überhaupt nichts und musste sich voll auf den Einweiser verlassen. Zum Glück hatte Torsten vorher mit einem von denen gesprochen und ihm laut und deutlich klargemacht, dass er nur auf IHN achten würde. Dort oben standen nämlich fünf dieser Helfer und winkten alle möglichen Kommandos.

Danach kehrte Ruhe ein. Alles war erledigt, wir saßen unter dem Sonnensegel auf der Fähre, kein Stress mehr. Als die

Fähre dann gegen 16 Uhr ablegte, kühlte zusätzlich der leichte Fahrtwind und wehte den Dieselqualm über das Deck hinweg. Wir machten es uns so gemütlich wie es eben ging. Kevin hatte sich einen Logenplatz in seiner Hängematte zwischen Reling und Rettungsboot ergattert und alle schauten neidisch auf seine Schaukel mit Panoramablick. Nachts sollte er aber arg frieren, da er voll im Fahrtwind hing – und zudem wird es nach Einbruch der Nacht empfindlich kalt in der Wüste.

Nach Sonnenuntergang wurde unser Sonnensegel zum Windschutz umgestaltet. Das kam auch den Moslems zugute, die auf dem Deck ihr Gebet abhielten. Viele Ägypter und Sudanesen waren durch die islamischen Feiertage der vorangegangenen Woche nicht an Bord, dafür umso mehr Europäer – nicht nur mit dem eigenen 4x4-LKW oder PKW, sondern auch Motorradfahrer, Radfahrer und Backpacker. Man schnappte hier und da Gesprächsfetzen auf: „Weihnachten sind wir in Mombasa…“, „…bis nach Südafrika…“, „… Safari in Tansania“, „…visiting friends in Kenia…“ - Es ist eine ganz eigene Stimmung, wie man sie zu Hause nur auf den Fernreisetreffen erleben kann.

Irgendwann war alles ruhig und nur noch der Dieselmotor brummte. Jeder schlief irgendwo irgendwie mehr oder weniger bequem, mehr oder weniger Dieseldämpfe einatmend. Aber der ständig vibrierende Stahlboden wurde auf Dauer doch recht hart, trotz Decke. Und so entdeckten wir in der Nacht die angestrahlte Tempelanlage von Abu-Simbel und weckten die anderen – selbst aus der großen Entfernung waren die Bauwerke grandios anzusehen.

Zum Sonnenaufgang kamen die Moslems wieder zum Gebet herauf. Auch wir begrüßten die Sonne, die die Eiseskälte der Nacht vertrieb – bis wir kurz darauf wieder unter dem Sonnensegel saßen.

Oben: *Festgefahren I*

Unten: *Eingang zum Crac des Chevaliers*

Oben: *Sami Grand-Canyon*

Links: *Monastry, Petra*

Unten: *Wadi Rum*

Oben: *Festgefahren II*

Links: *Bushcamp, Wadi Rum*

Unten: *Assuan, Nil*

Oben: *Der Nil in Ägypten*
*Frachtponton, Nasser-Stausee*

Rechts: *Pyramiden von Meroe, Sudan*

Unten: *Tempel von Karnak, Luxor*

Oben: *Simien NP, Camp, Äthiopien*

*Gelada-Pavian, Wali-Ibex*

Unten: *Abfahrt ins Tigray*

## Wadi Halfa

Dann brach Hektik aus. Es hatte ein Polizeiboot bei uns angelegt und zwei Beamte kamen an Bord – die Zollformalitäten begannen vor dem Anlegen in Wadi Halfa.

Nach dem Zoll-Hickhack in Ägypten schwante uns Schlimmes vor dem Sudan. Aber letztendlich waren wir ja bis dahin schon etwas in Übung, was Grenzübertritte anbetraf, und die ganze Prozedur lief verhältnismäßig professionell ab, afrikanisch betrachtet.

Die Zollformalitäten für Personen wurden in einem Raum unter Deck erledigt, der nur eine Tür hatte, durch die dann jeder der Passagiere rein- und rausmusste. Das Gedränge und Chaos kann man sich vorstellen, denn vor der Tür gab es nur einen schmalen Schiffskorridor und es stellte sich natürlich niemand in einer Reihe an, sondern jeder versuchte nach vorne zu stürmen. Die Carnets für die Fahrzeuge hingegen wurden von einem Beamten eingesammelt und mit der Passnummer versehen. Da wurde Torsten erst mal ganz bange, denn von dem Dokument wollte er sich eigentlich nicht trennen. Aber alle anderen Carnet-Besitzer gaben ihres auch ab, also schien das hier so üblich zu sein.

Am Hafenausgang wurden wir in ein bereits wartendes Taxi verladen, das uns in das wohl neueste Hotel Wadi Halfas brachte. So einen Service hatten wir wirklich nicht erwartet. Wir waren echt beeindruckt und die Sudanesen hatten direkt einen Sympathie-Vorsprung. Das Taxi war übrigens ein Landrover Serie II, Baujahr 1960, der zum Starten noch vorne angekurbelt wurde – zur großen Freude von Torsten.

Wir verschlonzten den Nachmittag mit Siesta, einem Bummel durch Wadi Halfa – einem nicht wirklich sehenswertem Ort, aber mit sehr leckerem Fuhl (dem sudanesischen Bohnen-Nationalgericht) im Open-Air-Restaurant - und wurden am frühen Abend noch einmal mit den Italienern abgeholt. Das Gepäckschiff war bereits im Hafen eingetroffen und wir konnten unsere Fahrzeuge herunterfahren. Welch eine Freude!

Hobbes hatte die Überfahrt überlebt, keine Verluste waren zu vermelden, und bis Sonnenuntergang stand er bereits auf dem Trockenen – jedoch zu spät für die Zollabwicklung, die am nächsten Tag erfolgen sollte.

Die Nacht im Hotel war mittelprächtig – recht heiß, trotz Deckenventilatoren. Die Matratzen hatten wir auf den Boden gelegt, da die Bettroste dermaßen durchhingen, dass wir eh fast auf dem Boden lagen.

Am nächsten Morgen tigerten wir erst einmal zur Touristenregistrierungsstelle und zur Immigration, da diese Behörden bei unserer Ankunft am Vortag bereits geschlossen waren. Die Büros waren nicht weit von unserem Hotel entfernt, zu Fuß erreichbar und in verschiedenen Gebäuden untergebracht – natürlich ohne Hinweisschilder, die Auskunft geben konnten wo sich welches Office genau befand. Das war erst einmal ein Chaos – wir mussten von Hinz zu Kunz, bestimmte Formulare ausfüllen, von wichtigen Männern unterschreiben und abstempeln lassen, bezahlen und dann wieder zurück an einen anderen Tisch in einem anderen Gebäude, um die Stempel und Bescheinigungen zu erhalten, die man als Tourist im Sudan eben so braucht... Aber letztendlich schafften wir alles gerade noch so bis zur Abfahrt des „Abholservice“ vom Hotel zum Hafen, wo wir Hobbes nach etwa zwei Stunden reiner Wartezeit aus dem Zollbereich abholen und losfahren konnten.

Wir hatten letztendlich keinen Zeitverzug zu den Kollegen, deren Fahrzeuge einen Tag vor unserer Abreise verschifft wurden, denn deren Zollformalitäten konnten ebenfalls erst an diesem Tag abgearbeitet werden. Und sie benötigten, wie wir auch, ganze vier Stunden für das gesamte Prozedere, bei dessen Ablauf ein Mitarbeiter des Customs, dem nebenbei auch das Hotel gehörte, in dem wir übernachtet hatten, hilfreich zur Seite stand. Er nickte die einzelnen Gebühren ab und schob jeden einzelnen seiner Gäste zu den entsprechenden Beamten, um die Stempel zu kassieren.

## Der Sudan

Der Sudan war, zumindest in den Gebieten, durch die wir gefahren sind, ein sehr sicheres Land. Hier muss man anmerken, dass wir vor dem Referendum zur Unabhängigkeit des Südsudans im Januar 2011 im Land unterwegs waren und das Gebiet um Darfur gemieden haben. So viel vorweg.

Die Landschaft ist für einen Wüstenstaat doch sehr abwechslungsreich. Vom Niltal geht es durch sagenhafte Wadis und tiefe Schluchten in die Wüste, die sich mal steinig, mal sandig und mit sehr schönen Dünen präsentiert. Pisten gibt es noch einige, doch durch die nigelnagelneuen (chinesischen) Asphaltstraßen werden sie immer weniger genutzt und in Stand gehalten. Manche waren nur noch auf unserer Karte eingezeichnet und de facto nicht mehr vorhanden. Aber dank unseres GPS fanden wir auch abseits des Asphalts immer den richtigen Weg.

Die Sudanesen sind durchweg sehr freundlich und zurückhaltend. Es werden keine überzogenen Preise von Ausländern verlangt, lediglich bei Besichtigungen von Kulturdenkmälern muss man als Tourist zehn US$ löhnen – im Gegensatz zu den Einheimischen, die kostenlos reindürfen. Da allerdings nur an den berühmtesten sudanesischen Pyramiden von Meroe überhaupt Kassiererinnen saßen, konnten wir die anderen antiken Stätten ohne Touristenrummel in Ruhe und umsonst genießen. Was eine Wohltat nach den überlaufenen ägyptischen Touristenmagneten! Überhaupt genossen wir die Ruhe und Einsamkeit – auch bei unseren schönen Wüstencamps, wo uns nie jemand belästigte.

Einmal campten wir in einer Steinwüste weitab von der Piste und wunderten uns über die vielen Löcher und Erdhügel. So weit das Auge reichte hatte jemand alle paar Meter mit einer Schaufel ein Loch gegraben und den Abraum danebengeschüttet.

Wir schlugen unser Lager auf und Leonie begann Tee zu kochen. Etwa 100 Meter entfernt bemerkte ich dann einen

Einheimischen, der uns beobachtete. Ich ging hin, um mich mit ihm zu unterhalten. Es hätte ja sein könne, dass wir ihn störten. Ich erklärte ihm, woher wir kamen und dass wir in dem merkwürdigen Landrover hier übernachten wollten. Das war überhaupt kein Problem für ihn – er kam dann sogar auf einen Tee mit zum Auto. Ich fragte ihn dann, was das denn für Löcher hier seien – da strahlte er übers ganze Gesicht. Die hätte er gegraben. Ja, und wofür? Da strahlte er noch mehr und langte in seine Hosentasche. Heraus holte er eine kleine Handvoll Silbernuggets! Die suchte er hier mitten in der Wüste. Er war professionell mit einem Metalldetektor ausgestattet und verkaufte die Nuggets an einen Schmuckhändler, der alle paar Wochen aufkreuzte. Wir waren mächtig beeindruckt.

Um noch einmal auf die antiken Stätten des Sudan zurückzukommen: Dort gibt es, meist in relativer Nähe zum Nil, mehrere Tempelanlagen und auch Pyramiden, die als Königsgräber genutzt wurden. Die Pyramiden im Sudan sind sehr viel kleiner als die ägyptischen, nur 10-30 Meter hoch, und sie haben selten über 18 Meter Seitenlänge. Ganz so alt, wie die ägyptischen Pyramiden sind sie auch nicht – sie werden auf etwa 300 v. Chr. bis 300 n. Chr. datiert. Sie sind teilweise sehr gut erhalten, teilweise jedoch auch kaum noch zu erkennende Steinhaufen in der Wüste. Die größte Pyramidenansammlung ist in Meroe, ca. 200 Kilometer nordöstlich von Khartum gelegen. Auf einer Fläche von einem halben Quadratkilometer verteilen sich 900 dieser Pyramiden, von denen allerdings nur ca. 80 besichtigt werden können. Das Gelände erstreckt sich über mehrere Felshügel und Sanddünen und wird grob in drei Friedhöfe eingeteilt. Die besser erhaltenen Pyramiden haben faszinierende Reliefs im Innern. Durch die Anerkennung als UNESCO-Weltkulturerbe konnten einige Pyramiden gut restauriert werden, sodass man sie auch von innen besichtigen kann. Wegen der Sanddünen ist die Instandhaltung keine leichte Aufgabe, da die Pyramiden, wie wir bei weniger gepflegten Exemplaren sehen konnten, fast ganz im Sand versinken können...

Neben den antiken Stätten wollten wir uns auch noch auf den Weg zu einem Natur-Highlight machen: den Nilfällen. Tja, nur leider gibt es diese durch den Merowe-Staudamm seit etwa 2009 nicht mehr. Sie wurden durch den 40 Meter hohen Stausee mittlerweile komplett geschluckt. Sehr schade, aber das Land braucht, wie jedes afrikanische Land, mehr und mehr Energie – und die Chinesen waren und sind hier sehr „hilfreich".

Wir brauchten den Nil natürlich auch zu anderen Zwecken. Mit Nilwasser und Waschpulver in unserer Waschtonne bestückt, bretterten wir einen Tag lang über Pisten und fuhren zweimal zum Nilufer zurück, um frisches Spülwasser zu bunkern. Danach war unsere komplette Wäsche blitzsauber und hing zum Trocknen über Nacht zwischen Hobbes und einer Felswand.

Das Waschen an sich klappte ja von selbst, aber an das Wasser zu kommen war eine andere Sache. Der Nil führte kein Hochwasser, daher war der Fluss sehr tief eingeschnitten und hatte ein sehr steiles Ufer. Leonie hängte sich mit der leeren Wassertonne bewaffnet an den Haken der Seilwinde und zog Richtung Fluss. Zum Glück hatten wir 50 Meter Seil auf der Trommel. Das hat gerade so gereicht. Das volle Wasserfass wog locker 40 Kilo und Hobbes hat es zusammen mit Leonie wieder hoch gezogen. Wir haben's gefilmt.

Nach ein paar Tagen Kultur und Natur in der Wüste ging es der Hauptstadt Khartum entgegen. Diese ist für jeden Overlander ein Wegpunkt, mit größeren Einkaufsmöglichkeiten, klimatisierten Cafés und gegebenenfalls notwendigen Behörden. Da jeder in Wadi Halfa mit derselben Fähre angelegt hatte, traf man sich des Öfteren auf dem Weg und fuhr ein Stück gemeinsam, verlor sich bei Sehenswürdigkeiten oder an unübersichtlichen Stellen wieder und traf sich eventuell erneut – oder auch andere bekannte Gesichter.

Der Verkehr war dabei so spärlich, dass man auf den hervorragenden Straßen über Minuten hinweg nebeneinanderher fahren und sich durchs offene Fenster unterhalten konnte.

Je näher man der Hauptstadt kam, desto schlechter wurden jedoch die Straßen und die Mautstationen häuften sich. Der Sudan wurde scheinbar von der Hauptstadt aus erschlossen, das heißt, dass die Straßen dort auch die ältesten sind. Die Qualität der chinesischen Baumeister zeigte sich dort. Man brauchte offensichtlich dringend Geld, um diesen „Schlangenlinien-Asphalt“, so genannt wegen der „geradlinigen“ Fahrweise um die Schlaglöcher herum, zu sanieren.

Khartum ist eigentlich eine ganz angenehme Stadt, wenn man bei afrikanischen Großstädten überhaupt von „angenehm“ sprechen kann. Sie ist angeblich sogar die sicherste Hauptstadt der Welt. Wenn nur das schwülheiße Klima nicht wäre – und dabei waren wir zur kühlsten Jahreszeit dort. Ich will gar nicht wissen, wie das im Sommer ist!

Am angenehmsten fanden wir beide die frühen Morgenstunden. Ab elf Uhr konnte man es draußen in der Sonne nicht mehr aushalten und verzog sich am besten in ein klimatisiertes Einkaufszentrum, zum Beispiel die Afra Shopping Mall, oder ein Internetcafé. Dort verabredeten wir uns auch mit Jacques, einem senegalesischen Freund und ehemaligen Arbeitskollegen von Leonie. Er arbeitete zum Teil in Khartum und zum Teil im Südsudan für das Rote Kreuz als Berater in Sachen Brunnenbau und Sanitäranlagen und meinte: „Im Sommer schmilzt selbst mir das Hirn hier! Da geht ohne Klima-Anlage gar nichts.“ Und er ist die Hitze aus dem Senegal ja wirklich gewohnt!

Leonie hatte von 2003 bis 2006 in mehreren Projekten für „Ärzte ohne Grenzen“ gearbeitet und Jacques in Guinea kennen gelernt, wo beide für unterschiedliche Organisationen im gleichen Flüchtlingslager aktiv waren. Für Leonie waren die Treffen alter Bekannter auf unserer Reise immer besondere Highlights, da dies meist liebe ehemalige Kollegen waren, die sie seit der Zeit in Afrika nicht mehr gesehen hatte.

Ansonsten machten wir einen netten Ausflug mit einem TukTuk - diesen motorisierten Dreirädern - auf Tuti Island, eine grüne Insel im Nil inmitten Khartums, von der aus man den Zusammenfluss des Weißen und Blauen Nils sehen kann. Warum die beiden Nile so heißen, weiß der Geier, ich hätte sie eher Braunen und Grünen Nil genannt, das kommt der tatsächlichen Flussfarbe doch erheblich näher. Die beiden Ströme brauchen ein paar Kilometer, auf denen sie parallel nebeneinander fließen, bis sie sich tatsächlich mischen. Auf jeden Fall machte uns die grüne Insel und die rasante Fahrt durch dschungelähnliche Gebiete viel Spaß. Und ganz im Gegensatz zu seinen Kollegen auf dem Festland, überzog der Fahrer auch nicht den vorher vereinbarten Preis und führte uns sogar zu Fuß die letzten Meter, da der Pfad dann doch irgendwann zu schmal wurde.

Auf unseren Fahrten zwischen dem Tourist-Campground und der Shopping-Mall mussten wir jedes Mal zäh den Preis verhandeln... Von der Campsite zur Mall zahlten wir immer ein und denselben Preis. Auf dem Rückweg verhandelten wir auch immer diesen Preis – aber jedes Mal versuchten die Fahrer mehr Geld zu kassieren. Immer mit denselben Argumenten - es sei viel weiter als der Preis… nur bis hierher und nicht weiter… das kostet Aufschlag… Und als einer tatsächlich fast handgreiflich wurde, hatte Torsten schon die Hand am Abzug des Pfeffersprays – zum Glück kamen aber zwei dort stationierte TukTukfahrer und der Pförtner der Campsite und klärten den Sachverhalt. Danach hatte Torsten die Faxen dick von TukTuks in Khartum.

Der Abschied von Khartum fiel uns nach einem Strafzettel wegen einer (tatsächlich) überfahrenen roten Ampel und unmöglichen Internetverbindungen nicht wirklich schwer.

Es ist, wie in Ägypten, auch in Khartum nicht wirklich üblich, auf die Farben der Ampeln zu achten. Bei Rot muss man zwar anhalten, aber sobald der querende Verkehr abbremst, wird losgefahren. Und da sich niemand an eine Haltelinie hält, fahren die ersten bereits so weit in die Kreuzung hinein, dass sie keine Ampel mehr erkennen können. Sollte dann nicht sofort losgefahren werden, provoziert man ein wahres Hupkonzert herauf. Mit dieser Einstellung standen wir an einer roten Ampel und wollten nach links auf den Zubringer der Schnellstraße abbiegen. Plötzlich hupte es von hinten und die Karawane setzte sich in Bewegung – wir auch - nur, wir wollten ja links abbiegen!

Uns kamen diverse Fahrzeuge entgegen und getreu dem Motto: „Unsere Hupe ist lauter als eure!“ bahnten wir uns einen Weg durch den Verkehr. Nun, wir hatten damit ganz schön Verwirrung gestiftet. Zu dumm war, dass das ein Polizist am Straßenrand beobachtet hatte. Er trillerte sich fast die Lunge aus dem Leib und „zwang“ uns zum Anhalten – wir hätten auch weiterfahren können, waren aber quasi in Sichtweite der Mautstation für die Schnellstraße. Spätestens da wäre Schluss gewesen.

Glücklicherweise hielt mit uns auch ein Taxifahrer an. Der Herr konnte Deutsch und war Taxifahrer in Berlin gewesen! Er übersetzte uns das Kauderwelsch des Polizisten, zehn US$ wechselten den Besitzer und wir konnten weiterfahren.

Auf dem Weg zur äthiopischen Grenze fanden wir einen superschönen Übernachtungsplatz an einem Nil-Seitenarm unter einem riesigen Baum, inmitten zum Glück getrockneter Kuhfladen.

Am nächsten Morgen wurden wir nicht nur von Vögeln geweckt, sondern waren bereits mitten auf Safari – am anderen Flussufer kam eine Affenfamilie vorbei, wahrscheinlich Meerkatzen. Toll, so hab‘ ich mir das immer vorgestellt, das Bushcampen in Afrika. Die Strecke zur Grenze sah auch schon richtig afrikanisch aus, mit Rundhütten, langsam zunehmender Vegetation und Hügeln aus Felsansammlungen.

Damit lag die Sahara und auch alles, was irgendwie mehr arabisch als afrikanisch aussah, hinter uns. Die landschaftliche Idylle wurde aber leider durch die immer schlechter werdende Straße mit plötzlich auftauchenden Schlaglochphasen und einen Streit über Leonies Fahrstil gestört. Torsten hatte irgendwie etwas dagegen, Hobbes spontan mitten in der Pampa dem Elchtest zu unterziehen... Es kam so weit, dass Leonie zwischenzeitlich überlegte, auszusteigen und weiterzulaufen – nur war die Grenze leider doch noch etwas zu weit weg...

## Äthiopien

Der Ärger verflog mit dem für uns bisher einfachsten Grenzübergang – was nur der Fall ist, wenn man gut darauf vorbereitet ist...

Wir wussten, dass das Carnet-de-Passage in Äthiopien nicht akzeptiert wird und hatten im Sudan erfahren, dass man es zur Einreise mit seinem Fahrzeug dennoch brauche und zusätzlich ein Schreiben der eigenen Botschaft in Äthiopien benötige. Aus dem Schreiben mussten die Daten von Person und Fahrzeug hervorgehen, und es musste erklärt werden, dass der Fahrer das Land mit demselben Fahrzeug verlassen würde. Das Schreiben wurde uns auf Antrag per Mail von der deutschen Botschaft zum Ausdrucken zugesandt – deswegen brauchten wir die längeren, nervenaufreibenden Internetsitzungen in Khartum. Die Kosten für das Schreiben, 20 Euro, sollte man dann beim nächsten Besuch in der deutschen Botschaft in Addis Abeba begleichen – ansonsten kommt irgendwann der Zwangsvollstrecker zu Hause vorbei.

Nun, für uns lief alles wie am Schnürchen, und so kamen wir endlich nach Äthiopien, in das Land, das Leonie schon seit ein paar Jahren unbedingt bereisen wollte.

Nicht furchtbar weit nach der Grenze hielten wir aus Müdigkeit bereits am Nachmittag an und campten von der Straße aus unsichtbar neben einem Weg im Gebüsch. Kein Mensch weit und breit – so dachten wir zumindest. Doch kaum hatten wir das Dach aufgeklappt und uns gemütlich eingerichtet, kam auch schon der erste neugierige Ziegenhirte, ein etwa 6-jähriger Junge, und beobachtete uns aus sicherem Abstand.

Mit der Zeit wurden es mehr und mehr Jungs, mit Schafen, Ziegen und Rindern, die uns belagerten, aber doch einen kleinen Sicherheitsabstand wahrten. Als Torsten uns ein Duschzelt aufgebaut hatte, verscheuchte er sie durch penetrantes Zurückstieren, und somit konnten wir dann doch von Blicken ungestört Staub und Schweiß loswerden und dann zu Abend essen. Danach wollten wir noch etwas den schönen Sternenhimmel bestaunen und saßen im Dunkeln. Doch ein seltsames Geräusch aus dem Gebüsch hinter uns störte uns dabei.

So wie es knackte und schnaubte, musste es ein großes Tier sein. Nur was? Auf die Kühe wurde doch recht gut aufgepasst. Ein wildes Tier? Nach einiger Zeit des Lauschens knipste Torsten die Taschenlampe an. Es war nichts zu sehen und das Geräusch verstummte. Seltsam!

Das war uns nicht so ganz geheuer und wir verzogen uns doch lieber ins Innere von Hobbes und lauschten weiter. Lange nichts, dann wieder ein Knacken, bis irgendwann galoppierende Huftritte zu hören waren. Wir knipsten die Außenbeleuchtung an und konnten den Unruhestifter identifizieren: ein Esel. Die laufen beziehungsweise stehen in Äthiopien nämlich oft einfach so herum. Puh, aber mit der plötzlichen Adrenalinschwemme musste man ja auch umgehen können.

## Gonder

Am nächsten Tag fuhren wir stetig bergauf, mit teilweise wunderschönen Aussichten, bis wir auf etwa 2.100 Höhenmetern Gonder, die ehemalige Hauptstadt und Sitz des Königs von Abessinien erreichten.

Auf einem Parkplatz wurden wir sofort von Jugendlichen in Beschlag genommen, die sich als Führer für uns oder als Bewacher für Hobbes anboten.

Gut, einen Führer, der uns eine Bank, ein Restaurant und die obligatorische Versicherung für Hobbes zeigen konnte, fanden wir schon sinnvoll. Wir pickten uns also aus der Menge einen Studenten heraus und er zog mit uns ab.

Nach dem Besuch bei der Bank gab's unser erstes traditionell äthiopisches Mittagessen. Leonie fand es köstlich – Injera mit verschiedenen Saucen. Injera ist ein säuerliches Fladenbrot aus Teff, einer Hirseart, die eigentlich nur in Äthiopien angebaut wird. Darauf werden verschiedene mehr oder weniger scharfe Soßen sowie Kartoffeln, Linsen, Gemüse und auch Fleisch serviert, und das Ganze wird mit den Fingern gegessen. Jedes Mal schmeckte es ein bisschen anders. Torsten konnte Injera nicht ganz so viel abgewinnen – er kam zum gleichen Schluss, wie unser Freund Peter: „Injera – oh, you mean this sort of smoked carped foam?"- also so etwas, wie der klebrige graue Schaumstoff, der am Boden haften bleibt, wenn man einen Teppich entsorgt.

Die erste Versicherung sah sich außer Stande, uns einen Schutz für Hobbes anzubieten – wir müssten zur staatlichen Versicherungsgesellschaft, die allerdings erst um 15 Uhr wieder öffnen würde. Ähnlich wie bei uns die Grüne Karte, die in sämtlichen Mittelmeer-Anrainer-Staaten gilt, gibt es für das östliche Afrika auch so eine Karte – ganz kreativ „Yellow-Card" genannt. Damit spart man sich den Ärger, jedes Mal in einem neuen Land eine Versicherung abschließen zu müssen – die im Fall des Falles sowieso nichts zahlen würde!

So besichtigten wir zunächst die königlichen Palastanlagen aus dem 17. bis 19. Jahrhundert. Das ist ein sieben Hektar großes Gelände, auf dem ein paar gut erhaltene Paläste sowie mehrere Palastruinen auf den Wiesen zwischen sehr alten Bäumen zu besichtigen sind. Die Paläste könnten auch irgendwo in Europa stehen und passen so gar nicht in unser Bild von Afrika und afrikanischer Kultur beziehungsweise Architektur...

König Fasilides gründete 1636 die Stadt Gonder und ließ sich dann wohl von Portugiesen und anderen Ausländern in Sachen Palastbau beraten. Da sich jeder spätere König seinen eigenen Palast bauen ließ – schöner, größer, phantastischer – gab es recht viel auf dem großzügigen Gelände zu besichtigen. Wir nahmen hier ausnahmsweise mal einen Guide, der uns sogar in gutem Deutsch ziemlich viel zu den einzelnen Königen, den Intrigen und Königsmorden sowie sonstige interessante Geschichten zu erzählen wusste.

Bis 1991 wurde in den Käfigen auf dem Gelände wohl tatsächlich eine seltene Art Löwen gehalten, bis der letzte von ihnen anscheinend ausgebrochen ist und von der Polizei erschossen werden musste. Schade. Dafür erfuhren wir, dass es angeblich von diesen „schwarzen“ Löwen noch wenige Exemplare in einem Nationalpark irgendwo im Süden geben sollte. Wir sahen sie jedenfalls nicht – in keinem der im Süden besuchten Parks.

Unsere Besichtigungstour führte uns anschließend noch zum Wasserschloss, das mitten im königlichen Schwimmbad gelegen ist, welches allerdings nur einmal jährlich zum Geburtstag von König Fasilides Mitte Januar (auch heute noch) mit Wasser gefüllt wird. Dafür boten die tollen Würgefeigen rund um das etwa 30 x 50 Meter große Freibad tolle Fotomotive – irgendwie hatte das Ganze was von Dornröschens verwunschenem Schloss...

Abgelatscht vom vielen Besichtigen suchten wir eine Bleibe für die Nacht und begingen den Fehler, mitten in Gonder auf dem Parkplatz eines Hotels zu campen. Das Hotel war mit Abstand das siffigste, das wir je gesehen hatten. Es gab ausgerechnet an dem Tag kein Wasser und dummerweise war am Abend auch noch in ganz Gonder Stromausfall – Ihr könnt euch nur vage vorstellen, welche Sauerei in den Toiletten herrschte. Die Dusche war natürlich auch abgesagt.

Das war mit Abstand die schlimmste Nacht seit Aleppo!

Äthiopien ist ja bekanntlich ein christliches Land, in dem die äthiopisch-orthodoxe Glaubensrichtung gelebt wird, die der koptischen Kirche nahesteht. Wir waren in der Adventszeit in Gonder, und dann muss auch noch irgendein kirchlicher Feiertag gewesen sein. Die Priester sangen zumindest in mehreren Kirchen ihren eintönigen, jammernden Singsang – Stunde um Stunde. Eine dieser Kirchen war ganz in unserer Nähe, und der Singsang wurde dann auch noch durch Megaphone verstärkt, damit auch der Letzte in der hintersten Ecke Gonders die Stimme des Predigers noch vernehmen konnte. Und es hörte und hörte nicht auf – die ganze Nacht durch!

Ab dieser Nacht waren uns die Muezzine der muslimischen Länder richtig sympathisch: Die hörten wenigstens irgendwann wieder auf zu singen!

Ohropax half nur bedingt. Und dann stellte sich gegen Mitternacht noch ein Lkw so press neben uns, dass wir nicht mehr hätten aussteigen können, wenn Torsten nicht lautstark dem Parkplatzwächter zugerufen hätte.

Derselbe Truck machte gegen vier Uhr morgens dann seinen Motor an und ließ ihn laufen, ohne abzufahren. Die Abgase stanken natürlich direkt in unser Fenster rein. Torsten ist bald Amok gelaufen, sprang, wie von einer Tarantel gestochen von Hobbes runter und zog, da der Fahrer unauffindbar war, dann einfach den Zündschlüssel ab. Unglaublich.

Eine Gruppe von extrem seltsamen Belgiern, die wir aus Luxor ein wenig kannten, schien sich auch lautstark nächtens auf der anderen Seite neben uns zu amüsieren. Bis heute ist es für uns rätselhaft, wer denn da so quiekte und wie es dazu kam, dass ihre Dachzeltleiter irgendwann zusammenbrach…

Also, um es kurz zu sagen, wir taten kaum ein Auge zu und zogen morgens sofort los nach Gorgora, an den Tana-See, von wo wir erfahren hatten, dass es dort ein von Holländern gemanagtes Paradies zum Campen geben würde.

## Bei Tim & Kim

Nach knapp zwei Stunden erreichten wir das nur etwa 60 Kilometer entfernte „Tim & Kim Village“, auf dessen Wiese wir ein paar bekannte Landrover und Toyotas sowie die drei Quads wieder trafen. Deren Besatzung war allerdings allesamt gerade am Packen und wollten die Weiterfahrt antreten. So ist das. Man trifft sich immer mal wieder – es waren ja auch genug Leute auf der Fähre von Assuan nach Wadi Halfa und alle fuhren ungefähr in die gleiche Richtung.

Rob, „the drunken Irish“, wie wir ihn nannten, war der Letzte des Konvois, der aufbrach mit dem Ziel, in zwei Wochen in Mombasa am Strand Weihnachten zu feiern. Er kam zu uns und meinte: „Check your bill! I never have had 72 Beer in three days!“ Oh doch mein Lieber, das ist bei Deinem Konsum durchaus glaubhaft!

Er war ein schräger Vogel, nicht direkt unsympathisch, aber irgendwie nicht für so eine Reise gemacht. Er hatte viel Geld, das konnte man sehen, und er hatte ein Alkoholproblem. Später erfuhren wir dann, dass er Designer für Yachten gewesen war und ein eigenes Planungsbüro dafür gehabt hatte. Seine Frau hatte Selbstmord begangen und er hatte daraufhin alles an den Nagel gehängt. Seine weibliche Begleitung hatte er erst kurz vor der Abreise zufällig auf einer Party kennengelernt, und da sie arbeitslos war, kam sie einfach mit...

Tim und Kim hatten in nur drei Jahren ein Paradies für Overlander, Touristen und Ruhebedürftige direkt am See geschaffen. Wir parkten Hobbes unter dem riesigen Baum und genossen ab da vier Tage und Nächte der Ruhe. Es kamen während unseres Aufenthalts immer wieder Bekannte vorbei, also gab es auch das eine oder andere gemütliche Schwätzchen. Wir feierten einen sehr entspannten Geburtstag von Torsten, für den Kim eine Geburtstags-Pfannkuchen-Torte und abends ein Ziegen-Barbecue zauberte und an dem wir einen schönen Spaziergang über Hügel zu den dort lebenden Pavianen machten.

Das war schon auch spannend. Paviane sind ja recht große Affen, vor denen wir durchaus Respekt hatten – zu dem Zeitpunkt waren wir auch noch keine stolzen Steinschleuder-Besitzer! Wir hielten also Ausschau, wo denn nun die Paviane wären. Und dann sahen wir sie. Unten auf einer Wiese tummelten sich fünf oder sechs. Und etwas davon entfernt saß ein mächtiges Männchen und hielt die Umgebung im Auge. Durch das Fernglas konnten wir es sehr schön beobachten – und dann drehte es den Kopf und sah uns direkt in die Augen… Uuups.

Sollten wir weitergehen oder doch so langsam den Rückzug antreten? Eine ganze Weile beäugten wir uns gegenseitig und wir entschieden uns weiterzugehen. Zu unserer Erleichterung waren die Paviane doch recht scheu und zogen den Rückzug an. Das war uns dann doch lieber. Unangenehme Paviankontakte sollten wir später noch erleben...

Am anderen Tag machte Leonie dann, von einer Schar Kinder begleitet, einen Spaziergang ins Dorf, in dem sie die berühmte Klosterkirche besichtigte, die ein paar hundert Jahre alt sein soll und innen wunderschön bemalt ist. Einige grausame Szenen aus der Bibel sind natürlich auch abgebildet – so richtig gruselig, mit Steinigungen, der Köpfung von Johannes und den Qualen im Höllenfeuer. Irgendwie faszinierend sind vor allem die Abbildungen der Bösen, die alle nur ein Auge haben. Von außen ist diese Kirche fast unscheinbar und ähnelt einer etwas größeren Rundhütte.

Ansonsten genossen wir das Höhenakklimatisieren mit Nichtstun, Lesen, Waschen und das Auto vom Staub der letzten Wochen zu befreien – was sich zwar als nötig, aber letztlich als Sisyphus-Arbeit herausstellte, da wir kurz hinter Gonder wieder sehr lange auf Pisten unterwegs sein sollten, auf denen alles genauso wieder einstauben sollte.

Torsten werkelte natürlich auch am Auto, da sich das Aufstelldach schlecht zusammenfaltete, während ich versuchte, das Moskitonetz dicht zu machen, das uns oben beim Schlafen von den im Auto befindlichen Störenfrieden trennen sollte.

Und nebenbei konnte ich meine pflegerischen Fähigkeiten an Tims Auge unter Beweis stellen, das bei Holzarbeiten einen Splitter abbekommen hatte. Auf meine Anweisung hin musste er jedoch am nächsten Tag in die Augenklinik, um sich das widerspenstige Teil entfernen zu lassen.

Die vier Tage Ruhe am Tana See taten uns sehr gut und waren nach dem vielen Reisen auch wirklich notwendig. Danach sattelten wir aber wieder die Hühner, wir wollten ja auch noch mehr von dem schönen Land sehen. Wir fuhren zurück nach Gonder, besichtigten noch den Königinnenpalast und besorgten notwendige Lebensmittel, da unsere Reise noch ein paar Tage bis zum nächsten größeren Ort dauern sollte. Danach brachen wir wieder auf Richtung Nordosten nach Debark, auf einer grottenschlechten Piste, die phasenweise „under construction" – also noch schlechter als vorher – war.

Wir fanden kurz vor Debark ein hübsches Plätzchen zum Campen in einem Schirmakazienwald. Dort oben, auf über 2.000 Höhenmetern, sahen diese Bäume ganz anders aus als die in der Savanne, die wir schon von vorherigen Afrikaaufenthalten her kannten. Mit Flechten bewachsen, etwas krüppeliger und irgendwie urig. Kaum standen wir, wurden wir mal wieder umzingelt, doch die vier Jugendlichen hielten uns den folgenden Trupp Kinder wenigstens auf Abstand und verschwanden auch nicht lange nach Einbruch der Dunkelheit.

Sie hatten uns angeboten, nachts auf uns aufzupassen, da ja Hyänen in der Gegend wären. Wir bedankten uns für das Angebot und erklärten ihnen, dass uns die Hyänen wenig tun könnten, wenn wir oben in Hobbes schlafen. Abgesehen davon sind Hyänen ja auch sehr scheu, und Torsten meinte zum Schluss: „Ich esse die außerdem sehr gerne roh!" Wir hörten keine seltsamen Geräusche in der Nacht und schliefen wunderbar. Es wurde richtig kalt und wir waren froh, wärmere Schlafsäcke als ursprünglich geplant gekauft zu haben.

## Simien Mountains National Park

Am nächsten Tag ging es direkt zum Headoffice des Simien Mountain National Park in Debark. Die Simien Mountains sind bis auf über 4.000 Höhenmeter aus dem sowieso schon hügeligen Umland herausragende Berge mit schroffen Felsabbrüchen und somit spektakulären Ausblicken, die einige endemische, also nur dort vorkommende Tierarten und Pflanzen beherbergen.

Im Headoffice bezahlten wir für unseren Eintritt mit Auto für zwei Tage und eine Übernachtung (Camping) inklusive des obligatorischen Scouts, den wir noch hinter den Beifahrersitz quetschen mussten, gerade mal umgerechnet 25 Euro. Das ist kaum zu glauben, wenn man schon mal anderswo in Afrika in einem Nationalpark gewesen ist. So günstig sollte der Eintritt in kaum einem anderen Land mehr sein. Auch wenn wir eigentlich gerne auf den unangenehm riechenden Scout verzichtet hätten. Torsten meinte, als er zustieg: „Hmm, riecht nach angebrannter Ziege.“ Aber ansonsten war er ein netter Kerl.

Die Scouts sollen die Besucher vor den Gefahren des Nationalparks schützen. Welche Gefahren das sein sollen, wissen wir bis heute nicht. Der in den Simien Mountains heimische abessinische Wolf ist wohl extrem selten und außerdem sehr scheu – und noch dazu einem Fuchs ähnlicher als einem Wolf. Dennoch laufen alle Scouts mit Knarre herum.

Nebenbei wird der Nationalpark natürlich auch vor den Besuchern geschützt. Das leuchtete uns eher ein – wobei wir aber auf das Gewehr lieber verzichtet hätten. Aber Vorschrift ist Vorschrift und eine Knarre natürlich auch ein Statussymbol.

Unser Scout, dessen Namen wir uns keine zwei Minuten merken konnten, wich nicht von unserer Seite, auch als Leonie einen kleinen Spaziergang vom Camp aus in die Gegend machte. Wobei er dabei eindeutig den Gewissenskonflikt zu haben schien, dass er dadurch Torsten alleine im Camp zurücklassen musste, da wir die einzigen Gäste und er somit der einzige Scout im Camp war...

Man kann die Simien Mountains auch zu Fuß durchqueren, was die meisten Besucher wohl auch tun – nur, wo hätten wir solange das Auto untergebracht? Das Headoffice in Debark war uns nicht so vertrauenswürdig erschienen, Hobbes in voller Montur mehrere Tage dort stehen zu lassen. Außerdem fühlten wir uns nach acht Wochen vorwiegenden Sitzens nicht wirklich in der Lage, in diese Höhen zu kraxeln. Wir fuhren also auf der einzigen Piste durch den Park bis zum Camp Chennek, das auf 3.600 m NN liegt. Am nächsten Tag ging es noch auf den Pass auf 4.300 Höhenmeter und nach ein paar kalten und sauerstoffarmen Luftzügen, aber dafür mit grandioser Aussicht, wieder die gleiche Strecke zurück.

Unterwegs konnten wir die nur hier heimischen Gelada-Paviane in rauen Mengen beobachten. Das sind irre, nicht wirklich scheue Tiere. Da es im Park auch noch ein paar Dörfer gibt und die Einwohner Ackerbau und Viehzucht betreiben, sind sie Menschen gewöhnt.

Die Affen haben ein sehr dichtes Fell, eine richtige Löwenmähne, die ausgewachsenen Männchen zumindest, und einen roten, kahlen Flecken auf der Brust, der wie ein umgedrehtes Herz aussieht. Meistens sieht man sie Gras fressen - und einem den Rücken zuwenden. Sie haben's wohl satt, ständig begafft zu werden. Die Kleinen veranstalten aber, wie alle Affenbabys, ein richtiges Spektakel, das ist besser als jedes Kino.

Einen Walia Ibex, eine ebenfalls ausschließlich in den Simien Mountains vorkommende Steinbockart, konnten wir auch von ganz nah beobachten, als er sich mitten zwischen den Hütten neben dem Camp an einem Busch satt fraß. Sehr schick und fotogen – vor allem, wie er sich nach der Mahlzeit am steilen Felsrand zum Nickerchen niederließ und die spektakuläre Aussicht genoss.

Die Nacht im Camp war richtig frostig. Zum Glück konnten wir den Einheimischen etwas Holz abkaufen und ein Feuerchen machen. Damit ließ es sich zunächst aushalten. Später hatten wir aber doch nach dem Zwiebelprinzip sämtliche Klamotten übereinander angezogen. Wir hätten vielleicht doch noch Handschuhe und Mützen mitnehmen sollen. In der Nacht musste die Temperatur dann unter 0 °C gefallen sein, denn am nächsten Morgen konnten wir in den Pfützen noch das Eis glänzen sehen.

Torsten hat die Höhe leider nicht so gut vertragen – daher fuhren wir nach dem Besuch des Passes relativ zügig nach Debark zurück. In einem Hotel quartierten wir uns ein, und er verzog sich umgehend ins Zimmer, um seine Migräne auszukurieren.

Am Tag darauf ging es ihm wieder gut und wir fuhren auf einer sehr kurvenreichen Piste ins Tal weiter in Richtung Axum. Wir dachten, die knapp 260 Kilometer würden wir an einem Tag schaffen – weit gefehlt! Wir schafften gerade mal 140 Kilometer in etwa sieben Stunden Fahrzeit! Aber die Strecke war landschaftlich wirklich spektakulär – fast noch toller als in den Simien Mountains selbst.

Die Strecke fiel kontinuierlich um weitere geschätzte 2.000 Höhenmeter ab, in engen Serpentinen bis zum Tekeze Fluss auf etwas über 800 Höhenmeter. Wahnsinn, welche Ausblicke wir auf die Berge neben und hinter sowie die Schluchten unter uns werfen konnten! Hin und weg waren wir. Die Kurven waren ab und zu so eng, dass Hobbes quasi in drei Zügen wenden musste, um um die Ecke zu kommen – und das haarscharf an den Abbruchkanten (selbstverständlich ohne Leitplanken) vorbei. Je tiefer wir kamen, desto wärmer wurde es wieder.

Hütten gab es auf dieser Strecke nicht mehr so viele, aber streckenweise wurde an steilsten Hängen Teff angebaut, und kleine, uns zuwinkende Kinder hüteten Rinder, Schafe und Ziegen. Eine Meerkatzenfamilie konnten wir auch in einer bewaldeten Ecke beobachten.

Wir passierten etliche Baustellen und erkannten auch hier, dass man versuchte, mit chinesischer Hilfe die Straßen zu asphaltieren. Die Wartezeiten zogen sich in die Länge, denn die

Baustellen waren oft nur einspurig zu befahren und zudem noch mehrere Kilometer lang. Als wir etwa eine halbe Stunde an einer Baustelle gewartet hatten, um weiterfahren zu können, fragte Torsten den Arbeiter, der den Verkehrsfluss regeln sollte, wie lange das noch dauern würde. Daraufhin bekam er die Antwort: „Maybe exactly five minutes!“. Also gut, so lange waren wir noch bereit zu warten. Nach einer weiteren halben Stunde ohne Gegenverkehr beschlossen wir dann aber doch, etwas unterhalb der Baustelle, am Ufer eines trockenen Flussbettes und im Schatten eines Baumes unser Nachtlager aufzuschlagen. Natürlich winkte der Wimpelträger, kaum dass wir gut dort unten standen, den Verkehr durch. Aber jetzt wollten wir nicht mehr weiter.

Unglaublich, aber wahr, nur etwa eine halbe Stunde wurden wir von drei Jugendlichen beim Auspacken und Aufstellen des Zeltes beobachtet, danach waren wir allein – obwohl Hobbes von der Straße aus zu sehen war. Wir sind immer noch baff. Denn eigentlich kann man davon ausgehen, dass man in Äthiopien nie alleine ist. Kaum bleibt man mit seinem Fahrzeug irgendwo stehen, kommen neugierige Menschen, meistens Kinder und Jugendliche, aber auch Erwachsene, an und weichen nicht vom Fleck. Sie könnten ja etwas Spannendes verpassen. Das dort war die absolute Ausnahme und wir genossen die Ruhe, nachdem auch die Bauarbeiter fertig waren.

Weiter fuhren wir tags darauf bis nach Axum. Was waren wir froh, nach elendig langen Baustellenabschnitten und übelsten Pisten mal wieder auf Asphalt zu fahren!

In Axum fanden wir ein schnuckeliges Hotel mit schattigem grünen Innenhof und sehr ruhiger Lage – und das auch noch fast im Stadtzentrum. Wir waren begeistert von der bunten Vogelvielfalt, die sich da im Innenhof tummelte – von winzigen blauen und roten Vögelchen bis hin zu richtig großen schillernd bunten Staren.

## Axum

Axum liegt im Norden Äthiopiens und ist nur 50 Kilometer von der Grenze zu Eritrea entfernt. Die Stadt ist lange vor Gonder Residenz des großen axumitischen Königreiches gewesen, ungefähr die ersten 1000 Jahre n. Chr., und hat dementsprechend viele Bauwerke und ein Museum aufzuweisen.

Wir trabten also zum Tourismusbüro und ließen uns beraten. Clevererweise befindet sich das Büro in einem Gebäude nahe des Museums genau zwischen zwei Souvenir-Shops. Einer der Shops gehörte dann dem freundlichen Mitarbeiter des Tourismusbüros. Wir gehen davon aus, dass der andere Shop-Besitzer die zweite Schicht im Büro übernimmt...

Aber nichtsdestotrotz, die Beratung war hilfreich. Wir arbeiteten einen Plan aus, wann wir was besichtigen und wann wir auf einen Guide zurückgreifen wollten.

Es macht durchaus Sinn, so zu verfahren, denn die Sehenswürdigkeiten liegen über die Stadt zerstreut und sind, bis auf die noch stehenden Stelen mit ihren 20 Metern Höhe, zum Teil gut versteckt. Johannes, unser Guide, konnte uns auch richtig viel erklären und kannte wahnsinnig viele Storys, ob historischer oder legendärer Herkunft – egal, auf jeden Fall war die Tour genial. Zudem hatten wir das Gefühl, dass die Eintrittspreise mit Guide irgendwie günstiger waren als die ohne – kein Witz.

So erkundeten wir zuerst auf eigene Faust das Museum der Stadt und erhielten einen Eindruck über die Geschichte des Ortes. Hier wurden die Könige und Kaiser gekrönt – bis zum letzten Kaiser Haile Selassie 1941, dem 225. Nachfolger von König Salomon. Aha!

Im Anschluss daran nahmen wir an einer traditionellen Kaffee-Zeremonie teil. Kaffeepflanzen stammen ursprünglich aus Äthiopien und hier wurde auch irgendwann der erste Röstkaffee erfunden. Und der schmeckt hier einfach fantastisch!

In einer großen, dunklen Rundhütte, in deren Mitte auf dem mit Gräsern und Blumen geschmückten Boden mehrere schön verzierte Tonkrüge standen, nahmen wir auf einer Bank an der Wand Platz. Eine hübsche Äthiopierin fing an, Wasser zu kochen und grüne Kaffeebohnen in einer flachen Eisenpfanne auf einem Holzkohle-Feuer zu rösten. Die gerösteten Bohnen verströmten zusammen mit dem Holzkohlerauch einen sehr aromatischen Duft im Raum. Die Bohnen wurden anschließend in einem Mörser zerrieben und in einer Jabana, einem kugeligen Tongefäß mit langem Einfüllstutzen und Ausguss, auf dem Holzkohlefeuer überbrüht und zum Kochen gebracht – manchmal mit beigefügten Gewürzen, wie zum Beispiel Kardamom.

Der erste Aufguss ist nichts für Leute mit Herzproblemen. Torsten spricht gerne von „angefeuchtetem Kaffeepulver“... Der zweite Aufguss dagegen schmeckt hervorragend und der dritte wird dementsprechend dünner.

Ergänzend zum leckeren Kaffeeduft wurden von der Köchin von Zeit zu Zeit Weihrauch, Gewürze und Kräuter auf dem Feuer verbrannt, was zusätzlich ein sehr angenehmes Aroma im Raum verbreitete. So eine Zeremonie zieht sich über mindestens eine Stunde hin und wir können sie nur empfehlen – und den äthiopischen Kaffee sowieso!

Für den nächsten Tag hatten wir uns mit Johannes, dem Guide, verabredet, der uns mit einem Tuktuk zu verschiedenen Palastruinen außerhalb des Ortskerns chauffierte und uns so manche interessante Geschichte erzählte:

So waren wir zum Beispiel am unterirdischen Grab des Königs Bazen, der Balthasar, also der Schwarze der heiligen drei Könige gewesen sein soll. Außerdem kamen wir zu Palastruinen, die an der Stelle standen, an der der Palast der berühmten Königin Sheba vermutet wird. Sheba, oder auch Königin von Saba genannt, soll mit König Salomon aus Israel den großen äthiopischen König Menelik gezeugt haben. Und dann kommt vielleicht das Spannendste überhaupt: Menelik soll später die Bundeslade mit den Zehn Geboten nach Axum gebracht haben, wo sie bis heute in der St. Mary of Zion-Kirche unter Verschluss gehalten und von einem Mönch auf Lebenszeit bewacht wird. Soso. Alles geheim.

Abschluss der legendären Sightseeingtour war das berühmte Stelen-Feld mitten in Axum. Die Stelen sind Grabdenkmäler für Königsfamilien und reiche Fürsten des axumitischen Königreiches, unter denen teilweise große Gruften lagen. Je größer der König, desto größer die Stele...

Die höchste Stele wäre 33 Meter hoch und über 500 Tonnen schwer gewesen. Dummerweise zerbrach sie wahrscheinlich schon bei ihrer Errichtung und liegt in drei Teilen auf dem Friedhof. Die zweithöchste Stele ist 25 Meter hoch und bereits weit in der Welt herumgekommen. Das Teil wurde nämlich während der italienischen Besatzung 1937 zerlegt, nach Italien verfrachtet und in Rom wieder aufgebaut. Den Rückweg trat das gute Stück aufgrund äthiopischer Proteste 2005 an und wurde erst 2008 wieder an der ursprünglichen Stelle aufgerichtet.

## Das Tigray

Das Tigray ist die nördlichste Provinz Äthiopiens und grenzt an Eritrea. Axum befindet sich bereits in dieser Provinz, und von dort aus fuhren wir weiter durch die Region, die berühmt für ihre vielen Felsenkirchen und traumhaften Felsformationen ist. Die Gegend erinnerte Torsten stark an seine Aufenthalte im Arches Nationalpark in Utah oder im Monument Valley in Nevada. Nur, dass im Tigray so gut wie keine Touristen unterwegs sind. Erreichbar ist das Tigray über mehrere Pisten, die zum Teil sehr gut sind, zum Teil aber auch nur als Eselspfade bezeichnet werden können.

Erster Halt von Axum aus war der älteste äthiopische Sakralbau, der Tempel von Yeha, der für seine 2500 Jahre noch recht gerade im Gelände steht. Spannender noch als der massive

Tempel war aber das winzige angegliederte Museum – ein Sammelsurium von antiken Gegenständen und historischen christlich-äthiopischen Wandmalereien und uralten Büchern mit phantastischen bunten Bildern.

Das skurrilste noch bewohnte Kloster, das es wohl gibt, hätte Torsten nur alleine besichtigen können, da Frauen dort keinen Zutritt haben. Und Torsten verzichtete aus Protest darauf. Zu gerne hätte ich von unten seinen Aufstieg am nahezu senkrechten Felsen von Debre Damo gefilmt...

Nun, wir fuhren dann abseits der Hauptstraße über eine gar nicht so üble Piste durch die traumhaft schöne Landschaft und übernachteten einmal bei einem Farmer und seiner Familie, mit denen wir uns dank der Englischkenntnisse seines etwa 12-jährigen Neffen Mikele unterhalten konnten. Natürlich waren wir, kaum dass wir geklärt hatten, dass wir dort über Nacht bleiben konnten, umzingelt von einer ganzen Schar Kinder und Jugendlicher. Doch allein die Anwesenheit der Hausbesitzer ließ sie nicht zu aufdringlich werden. Und das geteilte Abendessen – Injera im Tausch gegen Leonies Spezial-Rösti - war eine richtig schöne Erfahrung.

Anderntags unternahmen wir mit Mikele als Guide eine Tour zu einer sehr weit abseits jeglicher Zivilisation gelegenen Felsenkirche. Über einen etwa zehn Kilometer langen, eng gewundenen und sehr dicht bewachsenen Pfad mit zwei Flussüberquerungen fuhren wir in eine Schlucht, ließen dort Hobbes stehen und marschierten die letzten zwei Kilometer am Flussufer entlang zur Kirche. Mikele schickte dann, kaum waren wir am Eingangstor angekommen, einen Freund zum Priester, damit er uns mit dessen Schlüsseln die Kirche aufschließen konnte. Die Kirche war unter einen Felsüberhang an einem Wasserfall gebaut. Durch die Trockenzeit spritzte derzeit nur wenig Wasser von dem etwa 40 Meter hohen Felsen in den Dschungel, der sich dort im Schatten des Berges gebildet hatte.

Sehr schöne alte Wandmalereien konnten wir bei spärlicher

Kerzenbeleuchtung im Innern der Kirche bewundern. Der Priester verlangte neben den üblichen 50 Birr pro Person noch 30 Birr Aufwandsentschädigung, da er extra wegen uns zur Kirche hatte kommen müssen... Irgendwie typisch äthiopisch!

Natürlich fragten wir auch Mikele, wie alt denn die Kirche und die Malereien seien. Daraufhin überlegte er kurz und meinte dann: „Maybe..., exactly 3.000 years!“ Aha!

Nach den Tagen im Tigray und noch drei kleineren, weniger spektakulären Felsenkirchen auf dem Weg fuhren wir über sehr gute, überwiegend asphaltierte Straßen Richtung Mekele, von wo aus man in die Danakil-Wüste aufbrechen kann, die wir allerdings aufgrund der schlechten Sicherheitslage nicht besuchten. Wir befuhren stattdessen den Grat über die zum Teil 4.000 Meter hohen Berge und Abbruchkanten, die die Danakil vom Hochland Äthiopiens abgrenzen. Das waren traumhafte Ausblicke in die Schluchten und Täler. Teilweise war es aber auch sehr ernüchternd, wenn man 200 Meter unter sich einen ausgebrannten Lkw oder Bus entdeckte.

Viele Fahrzeuge sind in Äthiopien ja nicht gerade unterwegs, die meisten Menschen gehen zu Fuß – natürlich auch auf der Straße, am besten mit ihren Herden. Aber mehrmals am Tag wurden wir trotzdem in halsbrecherischer Fahrweise von Kleinbussen überholt oder von uns entgegenkommenden Sattelschlepper geschnitten. Uns ist nix passiert, aber es war manchmal sehr knapp.

Die Kleinbusse sind, wie in Afrika üblich, total überfüllt, 16 Personen auf acht Sitzen, Kinder werden nicht mitgezählt, und sie haben sehr schlechte, zuweilen gar keine Bremsen. Mit Glück erwischt man einen routinierten Fahrer, der rechtzeitig herunterschaltet und zur Not in die seitliche Böschung fährt, wenn die Bremsen versagen.

Tim und Kim hatten uns ein Erlebnis sehr eindrucksvoll geschildert:

*„Wir saßen in so einem großen Überlandbus nach Addis, der sehr zügig bergab fuhr. Plötzlich versagten die Bremsen. Statt in einen niedrigeren Gang zu schalten und vom Gas zu gehen, trat der Fahrer die Kupplung. Wir wurden dadurch schneller.... Der Fahrer, starr vor Angst, stand immer noch auf der Kupplung und bekreuzigte sich dreimal! Bis ihm irgendwer zurief, doch endlich in die Böschung zu fahren... Das Ganze passierte an einer sehr steilen Stelle, etwa 50 Meter vor einer Serpentine, dementsprechend schnell waren wir. Der Bus fuhr in die Böschung, kippte auf die Seite und kam kreischend zum Stehen. Wir saßen auf der Seite, die dann unten lag, und bahnten uns unseren Weg aus der Katastrophe. Kim hatte eine offene Wunde am Hinterkopf, die dringend genäht werden musste – und so versuchten wir 30 Kilometer per Anhalter in die nächste Stadt zu kommen."*

Was richtig lästig ist, sind die ganzen Baustellen und die Fullstops davor. Da sind immer Mitarbeiter mit Flaggen, die den Verkehrsfluss regeln – dummerweise gehen die noch anderen Beschäftigungen nach, so dass man sie des Öfteren erst im Rückspiegel winken sieht.

Einmal saßen neben der Fahrbahn drei junge Männer, von denen einer, als er uns sah, auf die Beine sprang und uns wild mit beiden Armen fuchtelnd entgegenkam. Torsten stieg voll in die Eisen, weil er dachte, die nachfolgende Brücke sei beschädigt. Der Mann kam dann freudestrahlend zu ihm, hielt die Hand auf und meinte: „Give me my money!" Er hatte uns als Touristen erkannt...

Die Bettelei in Äthiopien ist echt extrem. Gerade Kinder und Jugendliche sprechen Touristen in der Meinung an, dass diese ihnen etwas zahlen MÜSSEN. Lediglich die Höhe dürfen sie selbst bestimmen. Das ist fürchterlich und außerordentlich kontraproduktiv für das Land!

Jedes Mal, wenn wir unser Nachtlager aufschlugen, waren wir innerhalb von Minuten durch neugierige Jugendliche, Kinder und Erwachsene umzingelt. Die Erwachsenen verzogen sich in der Regel nach etwa 30 Minuten und die Jugendlichen verscheuchten danach die Kinder. Und dann wurde es mitunter erst richtig lustig...

Die 15-20 Jugendlichen rückten uns teilweise dermaßen dicht auf die Pelle, dass Leonie nicht einmal mehr ihr Tagebuch schreiben konnte. Es wurde so was von eng, dass Torsten regelmäßig der Kragen platzte. Sie schienen aber doch irgendwie Deutsch zu verstehen, denn wenn er lospolterte, zogen sie sich etwas zurück und hielten für etwa fünf Minuten zwei Meter Abstand. Mehr nicht - und länger auch nicht.

Freunde aus Deutschland hatten auf einem Fernreisetreffen einmal ihre diesbezüglichen Eindrücke treffend geschildert. Irene meinte: „Nach Äthiopien will ich nie mehr. Du bist nie alleine, die Leute kennen weder Sicherheitsabstand noch Intimsphäre. Und penetrant wirst du angebettelt: „Youyouyouyou! Give me pen! Give me money!" Wobei das ‘Give me’ in dem Fall noch die höflichere Form ist. Oft wird nur „PEN, PEN, PEN“ geplärrt. Manchmal richtig aggressiv, und wenn dann nichts kommt, werden Steine geworfen! Fragt mal Ed dazu.“

Wir fragten Ed und der meinte: „Ja, Äthiopien ist klasse. Die Landschaft ist wirklich ein Traum – und so abwechslungsreich. Da würd‘ ich gerne wieder hin.“

Ganz genauso erlebten wir Äthiopien auch – sehr zwiespältig. Die negativen Erlebnisse trübten in der Tat unseren Eindruck vom schönen und interessanten Äthiopien auch mal mehr, mal weniger. Auch wir fanden uns aggressiven, vor allem männlichen Kindern und Jugendlichen gegenüber. Am schlimmsten war dies auf der landschaftlich sagenhaften, aber dafür vom Pistenzustand umso übleren Piste nach Lalibela, wo wir von „PEN!“-schreienden Kindern geradezu verfolgt wurden.

Wenn dann tatsächlich auch mal ein Stein flog, hielt Torsten abrupt an, fuhr zurück und stieg mächtig schimpfend und gestikulierend aus – bis dahin hatten die Steinewerfer allerdings immer längst das Weite gesucht.

Auch andere Faranjis, wie Weiße in Äthiopien genannt werden, berichteten uns, dass die Gegend um Lalibela wohl am schlimmsten in dieser Hinsicht sei. Da bestätigte sich mal wieder unsere bisher auch anderswo in Afrika und auf der Welt gemachte Erfahrung, dass in Touristenhochburgen nicht nur die Preise schlagartig steigen, sondern auch der Charakter der Menschen verdorben wird.

## Lalibela

Lalibelas Preise haben uns auch tatsächlich aus den Socken gehauen. Der Eintritt zu den berühmten Felsenkirchen mit einem Guide betrug für zwei Personen etwa 50 Euro! Wow, das waren quasi europäische Preise – und die waren wir echt nicht mehr gewohnt. Äthiopier bezahlen selbstverständlich nichts, da Lalibela als Pilgerstätte für die äthiopischen Christen gilt - außer sie sind in Begleitung von Weißen – das ist nämlich Freunden von Leonie passiert: Sie Französin, er Äthiopier – und beide mussten den Touristenpreis bezahlen, obwohl er versucht hatte, den Kontrolleuren am Eingang auf Amharisch verständlich zu machen, dass er Äthiopier ist, dass beide in Äthiopien leben und dementsprechend bezahlt werden. Keine Chance.

Der Besuch der Felsenkirchen war sehr interessant. Manche „Kirchen“ ähneln zwar eher Höhlen, aber es sollen insgesamt elf gewesen sein, die wir besichtigt haben – ich hab allerdings irgendwann das Zählen aufgegeben. Der Guide erzählte unglaubliche Geschichten über die einzelnen Kirchen. Das Gesamtwerk soll nur deswegen so schnell erbaut worden sein, weil die Menschen unter König Lalibela tagsüber und die Engel anschließend nachts weitergebaut haben sollen…

Unser Guide erklärte uns die Symbolik, die in jeder Ecke irgendwo versteckt ist – wie zum Beispiel im absolut dunklen, gewundenen Tunnelgang, durch den wir von einer Kirche zur nächsten gegangen sind; er gilt als Darstellung der Hölle. Oder die höher gelegenen, nur über Brücken erreichbaren Kirchen – hier wird der Himmel symbolisiert - sogar mit Himmelsleiter!

Die berühmte St. Georgs Kirche, die in Kreuzform von oben zu erkennen ist, ist übrigens in Wirklichkeit wesentlich kleiner, als man sie aus Bildbänden kennt und sich dementsprechend immer vorstellt. Trotz allem sind alle Kirchen komplett aus dem Felsen gehauen. Schon irgendwie Wahnsinn.

In Lalibela trafen wir dann auch unseren Bekannten Peter wieder, dem verrückten Briten, der alleine unterwegs war, ständig irgendwelche seltsamen Geschichten erlebte und natürlich auch erzählen konnte. Er wollte seinerzeit zum Beispiel mit abgelaufenem Visum in den Sudan einreisen – Torsten meinte damals, dass das nicht gehen würde. Och, meinte er, ich versuch's mal, wenn nicht, muss ich halt wieder zurückfahren. Wir hatten ihn damals aufgeklärt, dass es gar keine Straßenverbindung zwischen Ägypten und dem Sudan gäbe. Und auf der Fähre einfach umkehren wäre doch etwas schwierig. Das war ihm völlig neu gewesen.

Wir vermieden es immer, nachts zu fahren, denn ohne Straßenbeleuchtung sieht man die Afrikaner halt erst, wenn sie direkt im Scheinwerferlicht ein paar Meter vor einem stehen, und dann ist es unter Umständen zu spät. Peter dagegen fuhr mit seinem Jimny gerne nachts – nach dem Motto: „Da sind dann doch weniger Lkws und Busse unterwegs, find ich gut"...

Jetzt war sein äthiopisches Visum bereits abgelaufen, und das stresste ihn ein klein wenig. Irgendwie typisch für ihn. Wir konnten ihn aber davon überzeugen, dass es in Anbetracht des nahenden Wochenendes keinen Sinn machen würde, Hals über Kopf nach Addis zu eilen, da samstags die Immigration wahrscheinlich eh zu hätte. Zu allem Unglück hatte auch keine Tankstelle mehr Benzin für ihn, er war mit seinem Jimny nur noch mit Ach und Krach nach Lalibela gekommen. Jetzt wollten sie ihn so richtig abledern: fünf US$ pro Liter Benzin wollte man ihm abknöpfen! Wir boten ihm an, in die nächste Stadt zu fahren und Sprit zu organisieren – doch er bezahlte lieber den Wucherpreis...

## Bahir Dar

Also fuhren wir gemeinsam nach Bahir Dar, einem sehr angenehmen Ort am Tana-See, quasi gegenüber dem Ufer von Kim & Tim gelegen, campten im grünen Garten eines Hotels direkt am See, inmitten vieler Vögel - nachts auch Mücken - und genossen das leckere Essen dort. Wie man es halt nimmt... Torsten erwischte hier ein etwas zu sportliches Hühnchen, das einer Gummidichtung alle Ehre gemacht hätte, und einmal versuchte der Kellner uns doch glatt übers Ohr zu hauen. Nicht, dass das das erste Mal auf unserer Reise gewesen wäre, aber in Bahir Dar sollte die Geschichte ungeahnte Konsequenzen haben.

Man bekommt in Äthiopien in besseren Restaurants in der Regel pro Bestellung eine Rechnung ausgestellt, die mit den folgenden vom Kellner gesammelt und am Ende in einem Mäppchen zum Bezahlen vorgelegt werden. Je nachdem wie lange man dort gesessen und wie viele Bestellungen man aufgegeben hat, liegen im Mäppchen also mehr oder weniger viele kleine Rechnungen. Den Betrag addiert man dann am besten selbst zusammen, denn auch Rechnen will gelernt beziehungsweise kontrolliert sein. Anschließend legt man die entsprechenden Geldscheine zu den Rechnungen ins Mäppchen und bekommt danach das Wechselgeld und die vom Kassierer abgezeichneten Rechnungen ausgehändigt.

Uns war in unserem Hotel dabei aufgefallen, dass wir weniger abgezeichnete Rechnungen mit dem Wechselgeld zurückerhielten, als uns ursprünglich vorgelegt worden waren. Bei genauerem Hinschauen am nächsten Tag standen auf den Rechnungen auch Getränke, die wir gar nicht konsumiert hatten. Wir beschwerten uns natürlich und erhielten nach mehrmaligem Hin und Her endlich die richtigen Rechnungen.

Nicht mit uns, Bursche! Das Trinkgeld war in dem Fall natürlich auch gestrichen.

Selbstverständlich sagten wir Peter Bescheid und beobachteten mit Argusaugen, wie das Bezahlen bei ihm ablaufen würde – genau dasselbe! Und auch mit den Touristen am Nebentisch zog der Kellner das Programm durch. Das hieß also, dieser Kellner mischte noch zusätzliche Rechnungen zu denen der tatsächlich servierten Speisen und Getränken hinzu, die er natürlich nicht dem Kassierer vorlegte, sondern das so ergaunerte Geld in die eigene Tasche steckte.

Am Tag darauf wiesen wir den Manager auf das Problem hin. Der ließ den Kellner antreten und feuerte ihn auf der Stelle. Er meinte, dass er sich so etwas nicht leisten könne, er brauche Touristen, und wenn sich herumspräche, dass man in seinem Restaurant betrogen wird, würde keiner mehr kommen. Der Kellner war wohl schon einmal aufgefallen. Für uns gab es dann als Entschädigung für den Ärger eine Nacht umsonst.

Tja, so sieht das aus. In Afrika wird mit Arbeitnehmern im Zweifelsfall kurzer Prozess gemacht. Es gibt ja genügend andere, die sich um den Job reißen.

Ansonsten ergatterten wir in Bahir Dar auch unsere Yellow-Card-Versicherung für Hobbes. Gemeinsam mit Peter verbrachten wir einen ganzen Vormittag im Büro der nationalen Versicherungsagentur.

Nach zähen Verhandlungen, welche Möglichkeiten bestünden, wann wir ungefähr in welchem Land sein würden und wie lange, bezahlten wir umgerechnet etwa 140 € und hatten damit durchgängigen Versicherungsschutz bis nach Südafrika. Peter konnte zum Glück auch sein Visum bei einer Behörde in Bahir Dar verlängern, und so konnte auch er ganz entspannt weiterfahren.

Für uns ging die Reise nach den zwei Nächten am südlichen Tanasee weiter zu den Wasserfällen des blauen Nils, die nur etwa 20 Kilometer von entfernt Bahir Dar zu finden sind.

Die Wasserfälle waren einst wohl sehr beeindruckend, seit den 1980er Jahren zieht allerdings ein Wasserkraftwerk einen Teil des Wassers ab, sodass die Fälle immer noch sehr schön, aber weniger gewaltig sind. Es gibt für Touristen ein Büro, in dem man den geringen Eintrittspreis bezahlt und auch einen Guide mieten kann. Auf einer Karte kann man sich aussuchen, ob man den kurzen Weg mit einem Boot über den Fluss zum Wasserfall wählt oder ob man von der anderen Richtung aus zunächst über Äthiopiens älteste Steinbrücke aus dem 17. Jahrhundert zu einem Aussichtspunkt am gegenüberliegenden Ufer läuft. Oder man kombiniert beide Wege zu einem knapp 2-stündigen Rundweg.

Wir entschlossen uns den Weg über die berühmte Brücke zu gehen, auf der wir dann direkt von mehreren Kindern und Jugendlichen angesprochen wurden. Allesamt boten sie uns ihre Dienste als „local guide“ an.

Local guides sind ein Kapitel für sich. Das sind meist junge Menschen, die aus der Gegend kommen und sich einem als Führer aufschwatzen. Außer dass sie den Weg kennen, können sie meist nicht viel zu den Sehenswürdigkeiten sagen. Ihren Angaben zufolge sind die Sehenswürdigkeiten immer fürchterlich kompliziert zu finden und viele, viele Touristen verlaufen sich angeblich regelmäßig ohne local guide.

Es ist jedenfalls nicht immer leicht, sich durchzusetzen, wenn man die angebotenen Dienste nicht annehmen möchte. Und so kompliziert ist der Weg dann meistens gar nicht. In manchen Gegenden macht es schon Sinn, mal mit einem local guide zu gehen, aber oft genug fanden wir uns mit Karte, Orientierungssinn und Reiseführer sehr gut zurecht und waren so manches Mal genervt, wenn wir uns geradezu rechtfertigen mussten, dass wir keinen Guide haben wollten. Je mehr Touristen in eine Gegend kommen, desto dreister werden dann auch die Honorarvorstellungen der Kerle.

Ganz keck war hier die kleine Maria, die mit ihren acht Jahren fließend gutes Englisch sprach. Als wir ihr klar machten, dass wir alleine gehen wollten, meinte sie: „Okay, but remember me when you come back. I've got this Souvenir-Shop over there!"

Nun, wir fanden den Weg auch ohne Hilfe. Allerdings hätten wir für Torsten doch besser einen Führer gewählt – auf mich hörte er jedenfalls nicht. Er war nach dem Anblick eines spärlich kleinen Wasserfalls so enttäuscht, dass er zurück zum Auto trabte, während ich Lust auf den Rundweg hatte und alleine zum Viewpoint durch einen kleinen Fluss zu den tatsächlichen Fällen lief. Mit dem Boot kam ich anschließend wieder zurück zum Parkplatz.

Die Strecke nach Addis Abeba war landschaftlich wieder sehr schön, jedoch bei Weitem nicht so spektakulär wie die Pässe und Täler weiter im Norden – nicht einmal die angeblich so beeindruckende Blue Nile Gorge konnte sich unserer Meinung nach mit dem Abstieg zum Tekeze-Fluss oder anderen Abbruchkanten, die wir in diesem Land gesehen hatten, messen.

Dafür beeindruckte uns der geschmolzene Asphalt auf dem Weg in die Schlucht. Der Südhang musste im Sommer so heiß geworden sein, dass die schweren Fahrzeuge nicht nur enorme Spurrillen hinterlassen hatten, sondern der Teer richtiggehend bergab gelaufen war, quasi wie heiße Lava. Es war ein sehr seltsames Gefühl, über diese richtig hohen Hubbel in den Serpentinen zu fahren.

Wir fuhren die etwa 500 Kilometer nach Addis Abeba in zwei Tagen mal wieder zusammen mit Peter und genossen die schöne Aussicht auf Wälder, Kraterseen, Felder und Dörfer, sowie ein sehr nettes Bushcamp, wo wir – wie sollte es anders sein – wieder von neugierigen Kindern umzingelt wurden. Wir machten aber hier die Erfahrung, dass es offensichtlich einfacher war, mit zwei Fahrzeugen zu bushcampen, denn wir wurden wesentlich weniger bedrängt als im Tigray.

Der letzte Tag der Fahrt war allerdings echt anstrengend – wir wollten bis Addis kommen, egal wie lange es dauern würde. Gegen Abend, je näher wir Addis kamen, wurde der Verkehr immer dichter. Und die äthiopischen Überlandbusse waren einfach grauenvoll. Deren Kamikaze-Busfahrer überholten an den unmöglichsten Stellen, schnitten kleinere Fahrzeuge gnadenlos und bremsten dann abrupt ab, wenn sie einen Fahrgast am Wegesrand entdeckt hatten. Zum Schluss ging es wie auf einer Berg- und Talbahn über die Hügel hinter etwa 30 Bussen her. Und die Teile rußten was das Zeug hielt. Peter meinte spätabends: „They are running on charcoal, aren't they?" Die fahren mit Holzkohle, oder? Ja, der Verdacht lag nahe.

**Addis Abeba**

In Addis wohnten wir im Gästezimmer von Schornsheimern, die seit einem guten halben Jahr dort lebten und arbeiteten. Das war eine sehr nette Begegnung mit bisher fast vollkommen fremden Menschen aus dem eigenen Ort. Sie waren auf Torstens letztem Multivisions-Vortrag gewesen und hatten sich dann an ihn gewandt, ob er nicht jemanden kennen würde, der in ihrem Häuschen in Schornsheim wohnen wollte. Und außerdem wären wir natürlich in Addis herzlich willkommen. Diese Einladung nahmen wir sehr gerne an und verbrachten ein paar sehr nette Tage bei ihnen.

Dort hatten wir auch ein paar Dinge zu erledigen. Bei Hobbes stand ein Ölwechsel an, und endlich fanden wir im Sheraton-Hotel seit langem mal wieder Internet mit passabler Schnelligkeit. Nicht nur die Familie und Freunde sollten zu Weihnachten in den Genuss eines neuen Reiseberichtes kommen, auch die Homepage wollte mit neuen Bildern versorgt werden. Und so verbrachten wir mehrere Stunden in unseren besten Klamotten, aber irgendwie immer noch „under-dressed" in dem klimatisierten, gediegenen Salon.

Uns kam es so vor, als hätten uns die Portiers am Eingang nur eingelassen, weil wir Weiße waren und von daher genug

Geld dabei haben mussten. Aber es war schon irgendwie witzig, Hobbes auf dem großzügigen Parkplatz inmitten von Luxuskarossen stehen zu sehen.

Natürlich waren wir auch bei Lucy im Nationalmuseum, das übrigens eine sehr interessante prähistorische Abteilung beherbergt. Ansonsten war noch ein Punkt auf unserer „To-do-Liste“: Sandalen kaufen, denn Leonies Teva-Latschen waren ihr irgendwo im Tigray auf mysteriöse Weise abhandengekommen. Sie werden wohl einen neuen Besitzer gefunden haben...

Das mit den Schuhläden in Addis ist so eine Sache. Es gibt sie schon, nur sind sie nicht unbedingt größer als bei uns ein Kiosk. Also blieb uns nur eines übrig: auf den Mercato zu gehen, den angeblich größten Markt Afrikas.

Afrikanische Märkte sind eigentlich immer ein geordnetes Chaos, das man nur durchsteigt, wenn man Zeit hat und sich am besten öfter dort aufhält. Auf dem Mercato waren wir zum ersten Mal und er war wirklich groß. Dort gab es in der Tat alles. Und System hatte das Ganze auch. In der einen Ecke gab es nur Obst und Gemüse, nebenan dann Fleisch, Fisch, Getreide, Gewürze, und in noch weiteren Ecken gab es Fahrräder, Elektronik, Kleidung, Decken, Schuhe, Haushaltswaren, Teppiche, Stoffe, Schreibwaren und was auch immer. Wir fanden mit Hilfe tatkräftiger „market guides“ auch tatsächlich die gesuchten Sandalen. Sie ähnelten denen der Marke Teva, kamen aus China - und sie halten heute noch!

Natürlich wollten wir auch noch ein paar Bekannte treffen und so machten wir uns auf zu „Wim‘s Holland Haus“, einem ganzen „Viertel“ in der Nähe des Bahnhofes. Auf vier Grundstücken verteilt hat hier ein Holländer einen Overlander-Stützpunkt aufgemacht. Es gibt ein Restaurant, mehrere Herbergsunterkünfte, Standplätze für Lkws und andere ausgebaute Fahrzeuge sowie Plätze zum Zelten für Motorräder. Nebenbei kann man die Fahrzeuge warten und sitzt quasi an der Quelle für Ersatzteile.

Der Platz ist der äthiopischen Regierung, vielmehr einem Beamten, ein Dorn im Auge – nein, der Platz an sich nicht, sondern nur, dass die Einnahmen hier nicht in seinen eigenen Säckel gehen. So sah sich Wim zuvor schon drei Mal gezwungen umzuziehen, da er die Flächen, die er nutzte, nur pachten und nicht kaufen konnte. Zur Verwunderung der Beamten folgten die Overlander ihm immer zu den neuen Plätzen. Sein Reich ist nicht ausgeschildert und man kann die Plätze nur über eine Route mittels GPS-Koordinaten erreichen. Der Link dazu steht im Anhang.

Bei Wim trafen wir Peter wieder, sowie Doro und Jupp, die wir ja schon in Ägypten kennengelernt hatten, mit deren Freunden Ton und Chantal, einem holländischen Ehepaar, auch im mächtigen Lkw unterwegs. Daneben lernten wir noch ein holländisches Pärchen kennen, das mit einem riesigen Rottweiler zusammen im Lkw entlang der Westküste bis nach Südafrika gefahren war und von dort entlang der Ostküste wieder die Heimreise angetreten hatte. Sie waren bereits seit zwei Jahren on Tour.

Gemeinsam berieten wir über unseren Weg nach Kenia. Der Norden Kenias ist seit Jahren ein mehr oder weniger unsicheres Gebiet, da man auch als Reisender dort in Auseinandersetzungen zwischen um Weideplätze und Trinkwasser rivalisierende nomadische Stämme geraten kann. Der Norden ist extrem trocken und der Klimawandel verschlimmert die Lebenssituation dort zunehmend.

Deswegen war für uns klar, dass wir die weite Strecke über schlechte Pisten nicht alleine zurücklegen wollten. Wir beschlossen deshalb gemeinsam die Strecke am Turkana-See entlangzufahren. Dazu wollten wir uns am 04.01.2011 in Arba Minch, der letzten Stadt in Äthiopien vor der Grenze, treffen. Bis dahin waren es noch mehr als zwei Wochen, und die mussten für den Süden Äthiopiens reichen. Von den Holländern bekamen wir die von ihnen zurückgelegte Strecke als GPS-Track, so sollte für uns dann auch auf fehlender Piste ein Weg zu finden sein.

Leonie freute sich in Addis auf das Wiedersehen mit zwei französischen Freundinnen, die sie nach mehreren Jahren dort treffen sollte. Solenne war eine ehemalige Arbeitskollegin, die seit mehreren Jahren immer wieder in Äthiopien arbeitete – ob als Krankenschwester mit „Ärzte ohne Grenzen", als Lehrerin oder als was auch immer – und dort ihren Mann Jilma kennengelernt hatte. Das war ein sehr lustiger Abend – lustig vor allem dadurch, Solenne englisch sprechen zu hören – reinstes „Frenglish"! Irgendwie ist das schon komisch und fühlt sich falsch an, wenn man sich mit jemandem immer in einer Sprache, in unserem Fall auf Französisch, unterhalten hat und dann auf eine andere Sprache wechselt.

Mathilde, die andere Freundin, war eine Arbeitskollegin von Jacques, den wir in Khartum schon getroffen hatten. Mit ihr hatte ich in Guinea bei meinem Einsatz mit „Ärzte ohne Grenzen" immer an den Wochenenden Musik gemacht – sie hatte ihr Cello und ich meine Geige dabei. Ihren italienisch-äthiopischen Mann Giuliano kannte ich auch noch aus Guinea und in Addis konnte ich ihren 5-jährigen Sohn kennenlernen. Die kleine Familie war über Weihnachten zu Besuch bei Giulianos äthiopischer Familie.

## Durch die Pampa

Wir wollten an Weihnachten aus der Stadt draußen sein und die Feiertage an einem der südlichen Seen verbringen. In Äthiopien wird Weihnachten sowieso erst im Januar gefeiert, wie in anderen orthodoxen Ländern auch, und der 24. bis 26. Dezember sind ganz normale Arbeitstage.

Zwei Tage lang durchfuhren wir eine Region, eine Art Hochplateau, in der laut unserer Karte ein paar Pisten vorhanden sein sollten. Es stellte sich jedoch heraus, dass die Pisten der Karte nicht existierten und die Wege des GPS nicht in der Karte eingetragen waren. Torsten schwor sich, das den Herausgebern der Karte zu stecken. Wir konnten nicht wirklich nachvollziehen, dass in Zeiten von Satellitenbildern noch so grottenschlechte

Karten veröffentlicht werden. Und wir hatten uns vor der Abreise die aktuellste Straßenkarte Äthiopiens gekauft. Die Karte strotzte nur so von Symbolen für Zeltplätze – dabei gibt es in ganz Äthiopien nur sehr wenige Campingplätze: Kim & Tim, Wims Holland House und einige in ein paar Nationalparks.

Nun gut. Wir fuhren aber auch wirklich durch touristisches Niemandsland – denn nicht mal unser Navi fand alle Pisten, auf denen wir unterwegs waren. Zum Teil navigierten wir nach Himmelsrichtung und das GPS zeichnete unseren angeblichen „Offroad-Track" tapfer auf.

Ein sehr schönes Erlebnis hatten wir allerdings auf dieser Strecke. Wir fuhren durch ein langgezogenes Dorf, mit einer großen Wiese direkt gegenüber dem Schulgebäude. Auf der Wiese entdeckte Leonie einen Hornraben. Diese bis zu einem Meter hohen, recht seltenen Tiere sind zwar nicht wirklich hübsch, aber beeindruckend anzusehen, wie sie gemächlich durch das Gras stolzieren und hier und da Insekten oder Körner vom Boden picken.

Also fuhren wir langsam näher an den Vogel heran, bis Leonie von hinten laut rufende Kinder auf uns zulaufen sah – mit unserem Aufkreuzen im Dorf war eindeutig der Unterricht vorbei. „Hilfe, die Kinder kommen!" – Nach unseren schlechten Erfahrungen mit Steine werfenden Kinderscharen rund um Lalibela wollten wir am liebsten die Flucht ergreifen. Doch die Kinder in diesem Dorf staunten nur über das bunte Auto, winkten freudig, lachten und grüßten uns. Keiner bettelte; natürlich hörten wir auch „Faranji" hier und da, aber wir waren wirklich positiv überrascht von der Freundlichkeit dieser äthiopischen Kinder. Wir waren wahrscheinlich die ersten Reisenden in diesem Ort.

Nach unserem dementsprechend größeren Umweg auf kurvigen, grottenschlechten Pisten kamen wir am 24.12. erst gegen 17 Uhr an einem Resort am Langano See an, das zwar wenig Stil hatte, dafür aber sauber wirkte und ansonsten durch die schöne Lage das fehlende Flair wettmachte.

Leider verpasste uns Peter, mit dem wir eigentlich den Abend verbringen wollten und der ein paar Stunden hinter uns war. Dummerweise war das Mobilfunknetz an dem Abend, zumindest in unserer Gegend, zusammengebrochen. Schade – besonders für ihn, der den Abend quasi alleine hatte verbringen müssen und den wir am nächsten Tag erst nachmittags telefonisch erreichten. Da war er bereits fast zurück in Addis, weil er wenigstens ein bisschen unter Bekannten feiern wollte. Auch unsere Familien mussten sich bis zum 25.12. gedulden, bis sie einen kurzen Weihnachtsgruß von uns erhalten konnten.

Wir verbrachten einen entspannten ersten Weihnachtsfeiertag mit Marzipan und Panettone aus Addis, Birdwatching und Schwimmen im angenehm kühlen und absolut undurchsichtigen See. Leonie wurde vorher mehrmals versichert, dass da tatsächlich keine Krokodile, Nilpferde oder Bilharziosen drin zu finden wären, also wagte sie sich langsam in die Brühe.

Ein komisches Gefühl ist das schon, in Wasser zu baden, in dem man rein gar nichts unter der Oberfläche erkennen kann. Die vielen Ibisse und anderen Wasservögel schienen allerdings keine Probleme mit dem ockerfarbenen Seewasser zu haben. Vögel konnten wir zuhauf beobachten. Äthiopien ist generell ein Vogelparadies mit sehr vielen außergewöhnlichen Vogelarten, und gerade an den südlichen Seen tummeln sich wahnsinnig viele davon.

## Bale Mountain National Park

Zwei Tage später ging es weiter zum Bale Mountain National Park, der östlich von Shashememe liegt. Die Piste war grottig, anders kann man es nicht beschreiben. Fast die gesamte Strecke fuhren wir zwangsläufig im Straßengraben und auf Umfahrungen mit fürchterlichem Wellblech. Die Straße wurde, wie sollte es anders sein, von Chinesen asphaltiert. Hierzu waren sechs Bautrupps auf der ganzen Strecke verteilt, die aufeinander zu arbeiteten. So kam man abwechselnd in den „Genuss“ von Dirtroad, grottiger Schotterpiste, verdichteter Schotterpiste und gesperrter Asphaltstraße – richtig gelesen! Die Asphaltfläche sollte erst am Ende frei gegeben werden, wenn alles fertig ist – offiziell zumindest! Für die 169 Kilometer benötigten wir acht Stunden und kamen am Ende ziemlich geschlaucht am Gate des Bale Mountain NP an.

Wieder stiegen wir auf eine Höhe von 3.100 Metern hoch, fuhren mitten in die Wolken hinein und campten auf einer Wiese mit sagenhafter Aussicht ins Tal, etwa vier Kilometer nach dem Gate.

Wir waren allein und wurden umzingelt von Mountain-Nyalas, eine große Antilopenart mit wunderschönen buschigen Ohren und weißen Punkten auf den Seiten. Die Warzenschweine ließen auch nicht lange auf sich warten und kabbelten sich ein paar Meter weiter unterhalb. Einfach paradiesisch.

An dem späten Nachmittag unserer Ankunft wollten wir noch nicht auf Safari gehen, sondern lieber die Ruhe im Camp genießen und auf Peter warten, der jedoch erst am nächsten Morgen eintraf – auch er hatte die Straßenqualität und das Fahrtempo eindeutig überschätzt.

Der Bale Mountain NP ist quasi ein „alpiner“ Nationalpark, denn er liegt zwischen 2.000 und 4.400 Höhenmetern und hat eine Fläche von 2.400 km². Die Landschaft mit ihren Wiesen, urigen Wäldern und Wacholderbäumen ist außergewöhnlich, ebenso wie die Tierwelt, die relativ wenig scheu ist, so dass man zu Fuß in ihre Nähe kommen kann. Mit dem Auto kann man nämlich gar nicht durch den Park fahren – nur bis zum Gate und weiter zum einzigen sehr spartanisch ausgestatteten Campingplatz.

Der Park ist in fester Hand der „Zoologischen Gesellschaft Frankfurt“, die den Tier- und Pflanzenschutz dort natürlich tatkräftig unterstützt. Auch hier darf man sich nur mit einem Guide auf Wanderungen begeben, wobei wir wenigstens auf dem Campground alleine bleiben durften.

Oben: *Bale NP, Camp, Äthiopien*
*Wasserfälle des blauen Nils, Bahir Dar*

Unten: *Kaffee-Zeremonie, Axum*

Oben: *Bushcamp, irgendwo im Nirgendwo*

Unten: *Bushcamp mit Peter, Jeroen und Els*
*Traditionelles Leben im Süden Äthiopiens und Norden Kenias*

Oben: *<u>Hervorragende</u> Piste Lake Turkana*
*Mittagspause bei 45°C im Schatten!*

Unten: *Jungle-Junction, Nairobi, nach der Sintflut*

Oben: *Rote Elefanten im Tsavo NP, Kenia*

Unten: *Peponi-Beach, Tansania*

Oben: *Teeplantage in den Usambara-Bergen, Tansania*

Unten: *Hobbes bei der Arbeit*

Oben: *Kaffern-Büffel, junger Pavian, Giraffen (na, wie viele?)*

Unten: *Hippos und Krokodile auf der faulen Haut*

Oben: *Ruwenzori, die Mondberge in Uganda*

Nächste Seite: *Impressionen der Serengeti, Tansania*

Unten: *Leonie und die Schimpansen, Kalinzu-Forest, Uganda*

Nachdem auch Peter zu uns gestoßen war, vereinbarten wir eine Tageswanderung mit einem Guide. Torsten konnte jedoch nur etwa eine Stunde mit uns kommen und kehrte dann alleine in drei Stunden mit Bauchkrämpfen und Übelkeit zum Camp zurück – der Arme. Peter und ich hatten dafür eine sehr schöne Tour durch die Ebene, wo wir weitere Nyalas, Warzenschweine, Redbucks, eine rehähnliche afrikanische Antilopenart, und viele Vögel zu sehen bekamen. Die letzten zwei Stunden waren aber schon hart – nach fast drei Monaten, die man hauptsächlich im Auto sitzend verbracht hatte, war eine gut sechsstündige Wanderung schon anstrengend.

Kaum zurück am Camp sorgte ich mich jedoch weniger um meine Füße als um Torsten, dem es immer schlechter ging. Ein Gesundheitszentrum oder besser noch Krankenhaus gab es weit und breit nicht, also war ich auf meine Reiseapotheke angewiesen. Nach einigem Überlegen und dem Studieren meiner mitgebrachten tropenmedizinischen Literatur verabreichte ich ihm das Amöbenmittel „Metronidazol“, das dann durchschlagende Wirkung erzielte. Torsten meinte, er hätte das Gefühl, dass sich umgehend seine Magen-Darm-Schleimhaut auf Nimmerwiedersehen verabschieden wollte. Das Mittel ist ein starkes Antibiotikum zur Behandlung von Infektionen durch Bakterien und andere Kleinstlebewesen, wie beispielsweise die Amöbenruhr, die durch schlechtes Trinkwasser verursacht werden kann. Und so eine Arzneimittelkeule hat dementsprechend einige unangenehme Nebenwirkungen.

Gut ging es Torsten danach zwar immer noch nicht, aber wenn er etwas aß, blieb es wenigstens schon länger als zwei Stunden drin. Als sanitäre Anlage gab es im Camp nur ein Plumpsklo – aber wir hatten ja zum Glück ausreichend sauberes Wasser und Seife. Also beschlossen wir, einen weiteren Tag im Camp im Park zu bleiben, da er wirklich keine Lust auf acht Stunden Autofahren hatte.

Der Tag war kalt und bewölkt und ab und zu nieselte es etwas – so richtig schottisch. Ich besuchte trotzdem mit Peter den

Wochenmarkt im nahegelegenen Ort, was ein interessanter Ausflug war – für die Kinder, die uns ständig umzingelten, vielleicht sogar noch mehr als für uns. Wir waren aber auch wirklich Exoten – in die Ecke Äthiopiens verirren sich wohl nicht allzu häufig Faranjis auf den Wochenmarkt! Ich erstand einen Sack voll Gemüse für „einen Appel und ein Ei", das ich zu feiner Darm-Aufbau-Suppe verarbeitete. Torsten fand sie leider nicht wirklich lecker, aber langsam ging es doch bergauf mit ihm.

Abends ging es Torsten bereits so gut, dass er sich zu uns ans Feuer gesellte. Die Anzahl der Camper hatte sich nachmittags durch drei Neuankömmlinge schlagartig verdoppelt: zwei Israelis, die zu Fuß und mit öffentlichen Verkehrsmitteln unterwegs waren, und eine Australierin mit ihrem Trekking-Rad. Allesamt sehr nett, aber schon auch irgendwie verrückt.

Einen sehr schönen Abend verbrachten wir an unserem illegalen Lagerfeuer. Dummerweise hatten die Axthiebe auf das tote Holz gleich drei Ranger angelockt, die uns umgehend aufklärten, dass das verboten sei und man am Gate das Holz kaufen solle! Aber da wir das Holz bereits so handlich gehackt an der Feuerstelle liegen hatten, durften wir es schließlich doch verwenden.

Am nächsten Morgen war Torsten wieder so weit hergestellt, dass wir weiter nach Awassa, am gleichnamigen See gelegen, fahren wollten. Normalerweise wären wir ja gerne noch bis auf das Hochplateau am hinteren Ende des Parks gefahren, aber den Umständen entsprechend zogen wir es doch vor, direkt in eine Unterkunft mit Dusche zu fahren.

Auf dem Rückweg über dieselbe üble Piste, auf der wir schon bei der Hinfahrt geflucht hatten, warfen diesmal Kinder mit Steinen nach Hobbes. Deren Treffsicherheit lag jedoch deutlich unter dem Durchschnitt.

## Seen und heiße Quellen

In Awassa quartierten wir uns am Ufer des schilfbewachsenen und vogelreichen Sees in einer netten Herberge mit einer Art Biergarten ein. Peter hatte diesen schönen Platz gefunden und bereits die Stadt erkundet. Hier konnten wir sogar schon die Zollformalitäten für Hobbes und die eingeführten Wertgegenstände abwickeln. Und das, ohne dass der Customsofficer irgendeinen der Gegenstände, geschweige denn Hobbes gesehen hatte – eine Sorge weniger für den bevorstehenden Grenzübertritt nach Kenia.

Ein Ausflug führte uns hier auch nach Wondo Genet, wo wir einen schönen Spaziergang zu den dortigen heißen Quellen machten.

In der Nacht zuvor und den ganzen Morgen hindurch hatte es wie aus Eimern gegossen und die schmale Piste durch den Wald war rutschig wie Schmierseife. Rechts und links des Weges hatte sich ein Bach gebildet, der ganz ordentlich Schlamm transportierte.

Auf halbem Weg hinauf steckte dann ein Toyota links mit der Schnauze im Graben und kam weder vor noch zurück. Torsten hat sich fast diebisch gefreut.

Peter und Leonie stiegen aus, bevor Torsten Hobbes durch den Graben etwas unterhalb des Toyotas fuhr, auf der anderen Seite die Böschung erklomm und schließlich wendete. Die Fahrerin des Toyos wollte ursprünglich ebenfalls durch diesen Graben auf einen Seitenweg abbiegen – dort stand Hobbes jetzt und Torsten lies das Stahlseil der Winde abspulen und am Toyota befestigen.

Ganz easy zog Hobbes dann das Fahrzeug samt Fahrerin durch den Graben und anschließend die Böschung hinauf. Zur Ehrenrettung der Toyota-Fahrer muss gesagt werden, dass die Frau nichts von Freilaufnaben und deren Verriegelung wusste und auch mit ganz schlechten Reifen unterwegs war.

In Wondo Genet angekommen, folgten wir dem warmen Bach bergauf und erreichten nach einer Wanderung von einer knappen Stunde die heißen Quellen. Es dampfte mächtig und im Umkreis von zehn Metern um den Wasserauslauf wuchs nichts außer einer roten Algenart. Angeblich soll man in dem heißen Wasser Eier kochen können – es hat wohl 85°C. Etwas weiter unterhalb der Quelle hatte sich das Wasser dann durch einen Sturz in mehreren Kaskaden so weit abgekühlt, dass wir in einem natürlichen Pool schön warm baden konnten.

Die Quelle fanden wir übrigens auch mal wieder ganz ohne Guides, die uns natürlich vorher versichert hatten, dass wir sie niemals finden würden und dass das Ganze viel zu gefährlich sei. Auf dem Rückweg trafen wir dann auf eine Gruppe etwa 6-jähriger Mädchen, die sich, als sie uns sahen, spontan formierten und uns ein Lied entgegenschmetterten, dass wir aus dem Staunen nicht herauskamen. Wirklich klasse. Wir haben das natürlich gefilmt und aufgenommen – wer die kleinen Stars sehen möchte, muss nur zu unserem Vortrag über die Reise kommen!

### Arba Minch

Weiter fuhren wir von Awassa aus über eine ehemalige Asphaltstraße in sieben anstrengenden Stunden nach Arba Minch, der letzten Stadt unserer Strecke in Äthiopien. Es ist durchaus interessant, die verschiedenen Stadien des Zerfalls von Asphalt sehen zu können. So ähnlich soll die „Straße“ über den eigentlichen Grenzübergang von Moyale nach Kenia aussehen. Allerdings auf einer Länge von 450 Kilometern.

Unterwegs überholten wir Doro und Jupp in ihrem grünen Monstertruck und winkten. Ein paar Ortschaften weiter machten wir an einer schönen Stelle am See Rast, kochten Kaffee und warteten auf die beiden. Sie wollten ja auch nach Arba Minch und mit ihnen zusammen wäre es auf der Lake Turkana Route bestimmt nicht langweilig geworden.

Unglücklicherweise waren sie vor unserem Rastplatz in ein Bushcamp abgebogen und wir warteten umsonst. Wir packten schließlich zusammen, um noch vor Einbruch der Dunkelheit eine Campsite bei einem Hotel im Ort zu finden. In einem absolut überteuerten, unfreundlichen, heruntergekommenen Hotel buchten wir dummerweise direkt für zwei Nächte, da Doro und Jupp hier auch absteigen wollten.

Zu spät erkannten wir den Fehler: zweimal Eimerdusche, weil die Leitungen defekt waren, zweimal unter einem zu kleinem Moskitonetz auf zu weicher Matratze schlafen, ein paarmal beschweren und Achselzucken als Antwort. Als Torsten den Manager fragte, wofür wir denn für das Zimmer mit Moskitonetz und Bad so viel Geld bezahlen müssten, wenn doch das Wichtigste nicht funktioniere, entgegnete der schlicht: „Mein Nachbar verlangt schließlich dasselbe!“ Na, das war eine Begründung.

Arba Minch ist quasi auf einem Plateau über zwei Seen gelegen, und zwischen den beiden Seen liegt der Nechisar National Park, den wir am nächsten Morgen besuchten.

Im Dschungel direkt am Fuß der steilen Felswand, auf deren Top Arba Minch liegt, entspringen sehr schöne Quellen mit dem reinsten Trinkwasser. Der Wald ist voll davon, und man merkt es an der Vielfalt der Vögel und Schmetterlinge, dass das ein ganz besonderer Platz ist.

Durch den Wald fuhren wir der einzigen Piste nach, zunächst zum südlicheren See, wo wir ohne Mühe Hippos und Krokodile am Strand liegend ausmachen konnten. Dann ging es durch Buschland über eine hügelige, steile und sehr schlechte Piste auf das Hochplateau gegenüber von Arba Minch, das den eigentlichen Nationalpark ausmacht.

Nach bestimmt drei Stunden Fahrt erreichten wir endlich die Nechisar-Plains, die Ebene, in der eine unendliche Vielfalt von Tieren sein sollte. Wir sahen Zebras und Antilopen, Grant’s

Gazelle und DikDiks. Schön, aber ein bisschen mehr hatten wir der Parkbeschreibung nach schon erhofft. Wir drehten auf der Ebene eine große Runde, in der Hoffnung, einen größeren Baum zu finden, der etwas Schatten spenden würde. Es war fürchterlich heiß und die Sonne stach unbarmherzig durch die Windschutzscheibe. Aber auf der ganzen Ebene gab es nur Grasland und niedrige Büsche. Torsten wollte wieder zurück Richtung Ausgang, da war ja Wald, und außerdem mussten wir vor 18 Uhr wieder aus dem Park sein – nachts zu fahren ist in jedem Nationalpark verboten und gegen 18.30 Uhr wurde es ja schon dunkel.

Auf dem Weg zurück zu den Seen kamen uns dann auf einem schmalen, steilen Stück ein paar Zebras entgegen. Wir blieben stehen, um sie zu beobachten. Sie scheuten sich, so nahe am Auto vorbeizutraben, und versuchten Umwege. Vor, zurück, seitlich ging es nicht, da war es zu steil. Ja, wohin nur? Das Leittier war eindeutig in der Klemme.

Und wie ich so am Filmen, Fotografieren und am Sinnieren war, hörte ich Torsten laut schnaufen: „Mir geht's eben nicht so gut." Das war das Letzte, was von ihm noch zu hören war, und schwupps kippte sein Kopf nach hinten und ein leerer Blick starrte ins Nichts.

Oh Gott, Panik, doch nicht hier, mitten in der Wildnis ein Notfall! Zum Glück kam er mit etwas unsanften Schlägen auf die Wange und Anschreien nach ein paar Sekunden wieder zu sich, aber der Schreck saß tief. Er hatte in der Hitze nicht viel getrunken und war wahrscheinlich dehydriert, dazu die anstrengende Fahrt und die permanente Sonne durch die Windschutzscheibe bei der langen Auffahrt - das hatte ihm wohl sehr zugesetzt.

Mit etwas gesüßter Flüssigkeit – ich musste ihn immer wieder quasi zwingen, noch etwas zu trinken – ging's ihm bald besser. Aber das Weiterfahren verbot ich ihm! Noch so eine Situation wollte ich wirklich nicht erleben. Das war dann meine erste Steilabfahrt in der Untersetzung. Auch sehr spannend für mich.

Und wir sind tatsächlich noch vor Torschluss aus dem Park gekommen und in keinen der beiden Seen abgestürzt.

Die Nacht war dann auch nicht gerade das, was man nach so einem Schock gebrauchen kann. Torsten fieberte munter rauf und runter und die Moskitos setzten uns unter dem zu kleinen Netz ordentlich zu. Zu allem Überfluss startete unser Nachbar um fünf Uhr in der Frühe seinen Toyota und ließ ihn fast eine Stunde im Standgas warm laufen – direkt vor unserer dünnen Blechtüre. Na danke. Torsten lief irgendwann raus und schimpfte wie ein Rohrspatz – da war mir klar, dass er sich wieder erholt hatte.

Doro und Jupp tauchten nicht auf, und wir bezogen ein anderes Hotel näher am Zentrum, wo auch noch ein Platz für Peter war, der die zwei Tage noch in Awassa verbracht hatte und dann zu uns gestoßen war. Das Hotel war näher am Stadtzentrum, sodass wir zu Fuß unterwegs sein konnten. Zudem war es preiswerter, hatte eine funktionierende Dusche und einen abgeschlossenen Parkplatz für Hobbes. Was will man mehr?

Mit Peter zusammen machten wir noch einen Ausflug, ein letztes Mal in die angenehm kühlen Berge oberhalb Arba Minchs, nach Chencha. Dort oben konnten wir ein Dorze-Dorf besichtigen mit seiner eigenartigen Architektur der großen Hütten besichtigen, die irgendwie wie Elefantenköpfe aussahen. Wir probierten auch das traditionelle Essen, eine Art Pfannkuchen aus vergorener Rinde falscher Bananen mit Honig und/oder Chilisoße. Und das klingt in etwa so, wie es schmeckt. Torsten verweigerte die Nahrungsaufnahme – nach seiner Erfahrung in den Bale Mountains war ihm das auch nicht zu verübeln – Peter und ich wagten uns aber sogar an den selbstgebrannten Knoblauchschnaps. Fazit: nichts für Zartbesaitete!

Auf dem Markt von Chencha weiter oben fühlten wir uns jedoch nicht wirklich willkommen. Zum einen wollten uns einige „Guides“ weismachen, dass Weiße ein Eintrittsgeld für den Markt bezahlen müssten. So etwas hatte Leonie jedoch in ihren drei Jahren Berufserfahrung in Afrika noch nie irgendwo gehört und das konnte ja wohl wirklich nicht sein. Und zum anderen scheiterte der Versuch, etwas Gemüse zu kaufen, dann leider an den mangelhaften Zeichensprachkenntnissen ihres Gegenübers.

Schade, in Dinsho, dem kleinen Ort beim Bale NP, hatte das immer wunderbar geklappt, und dort waren die Menschen auch so neugierig-freundlich, wie wir sie von anderswoher kannten.

### *Mail nach Hause*

Äthiopien, *Arba Minch, 05.01.2011*

*Jetzt, da Peter uns auch eingeholt hat und wir die Belgier Jeroen und Els sowie die Spanier Jorge und Jolanda überzeugt haben, spricht nichts dagegen, unsere Weiterreise nach Kenia über den Turkana-See fortzusetzen.*

*Alle Tanks und Ersatzkanister sind mit Diesel gefüllt, der Wassertank ist auch voll und morgen werden wir noch etwas frisches Obst, Gemüse und Brot aufstocken.*

*Bis zur Grenze werden wir mindestens zwei Tage brauchen, die Straßen sind sehr schlecht und auf den nächsten 1.000 km wird es keine Versorgungsmöglichkeit geben. Den nächsten Bericht schicken wir dann von Nairobi aus!*

*Leonie & Torsten*

### Die Turkana-Route

Zufällig trafen wir in Arba Minch die seit Ägypten etwa zwei Wochen nach uns reisenden Belgier Els und Jeroen mit den Spaniern Jolanda und Jorge wieder. Wir hatten ja die gleiche Strecke vor uns und machten uns daher gemeinsam auf den Weg nach Konso, dem „Einstieg“ in die Piste entlang des Lake Turkana.

In Konso konnten wir ein letztes Mal volltanken, sogar auch Peter, denn dessen Suzuki Jimny brauchte Benzin, was aus Mangel im Süden Äthiopiens nur auf „Bedarfsschein“ ausgegeben wurde. Und die nächste Tankstelle hätte es erst in Maralal in Kenia nach gut 1.000 Kilometern Piste gegeben. Wir halfen ihm kurzerhand, indem wir auf Hobbes ebenfalls einen Bedarfsschein für Benzin ausstellen ließen. Dass jeder Weiße ein Notstromaggregat im Auto hat und dafür 40 Liter Benzin mit sich herumkutschiert, leuchtete dem Beamten sofort ein.

Auf dem Weg konnten wir auch noch einmal beobachten, wie Touristen die Einheimischen verderben. Ein Touristenbus mit Österreichern hielt in einer Menge von Kindern an und die Insassen warfen mit vollen Händen Geldscheine und Stifte aus den Fenstern. Wir konnten das nicht glauben. Wie kann man so ausgesprochen doof sein? Kein Wunder, dass sich die Kinder uns gegenüber so aggressiv benahmen. Tourismus verdirbt eben gerade die weniger gebildete, arme Bevölkerung. Und Eco-Tourism, wo Wert auf verantwortliches Reisen gelegt wird, ist noch ziemlich in den Kinderschuhen. In einer einzigen Unterkunft in Äthiopien haben wir Hinweisschilder gelesen, wo über die katastrophalen Folgen aufgeklärt wurde, wenn Kindern Geld und Geschenke gegeben werden. Denn das ist natürlich viel lukrativer, als in die Schule zu gehen.

Nach einer letzten Übernachtung in Äthiopien überquerten wir die für uns seltsamste Grenze, die wir bisher erlebt hatten. Einen Grenzübergang nach unseren Vorstellungen gab es nämlich nicht. Wir konnten unsere Ausreise in Omorate, dem letzten Ort in Äthiopien, bei der Polizei im Pass abstempeln lassen – die Carnets waren ja schon in Awassa abgestempelt worden. Danach ging es fast 200 Kilometer durch Dornengestrüpp über Sandpiste und Bulldust zur nächsten Polizeistation – und die war bereits jenseits der Grenze in Kenia. Kein Schlagbaum, kein Zaun, keine Schneise – nix.

An der Polizeistation mussten wir uns auch nur in einem riesigen Buch verewigen, unsere Pässe und Carnets sollten erst eine gute Woche später in Nairobi in der Einwanderungsbehörde und beim Zoll abgestempelt werden.

Die Landschaft der Turkanaroute war sehr trocken bis wüstenähnlich. Steppe mit Akazien, Dornenbüschen und Kakteen, ausgetrocknete Flussbetten und palmengeschmückte Oasen in der Nähe des türkisblauen Turkanasees. Die Piste selbst wechselte von sehr gut über Wellblech bis zu Heavy-Track. Manchmal konnte man 70 Stundenkilometer auf dem Wellblech fahren, schlagartig konnte das aber so heftig werden, dass bereits 30 Stundenkilometer zu schnell waren. Dazwischen galt es immer wieder Flussbetten zu durchqueren, die teilweise mit einer extrem losen Schicht aus grobem Kies bestückt waren. Ohne Allrad wäre die Strecke nicht zu passieren gewesen. Zweimal musste sogar die Hinterachssperre für genügend Vortrieb sorgen. Der Toyota von Jeroen fuhr sich einmal fest, als er versuchte, nur mit Hinterachsantrieb die 20 Meter zu fahren.

Dann ging es immer wieder bergauf und bergab über so grobes Geröll, dass wir uns beim besten Willen nicht vorstellen konnten, dass auf dieser Route Motorradfahrer unterwegs sein konnten. Aber uns kamen immer wieder welche entgegen. Mehrmals hat das Fahrwerk von Hobbes komplett durchgeschlagen wenn wir einem Schlagloch auswichen, um prompt ins nächste zu fallen.

Aufgesetzt haben wir nirgends. Verluste gab's trotzdem. Abends ging die Hupe nicht mehr und die Verbindungen des Auspuffes mussten wir wieder anziehen. Ferner hatte sich die Tankanzeige des zweiten Tanks verabschiedet. Peter hingegen war froh, dass wir ihm Teile seines Gepäckträgers aufgesammelt und mitgebracht hatten.

Ich bin übrigens immer noch ganz baff, wie wacker sich der Jimny auf der anspruchsvollen Piste schlug. Auf einer Tagesetappe waren die Schlaglöcher so groß, dass Peter im Rückspiegel komplett verschwunden war. Zudem passte er mit dem schmalen Radabstand nur schlecht in die Spurrillen, dafür passten die Reifen perfekt in das Wellblech der Pisten. Und er lief und lief und lief. Der Spritverbrauch hielt sich auch in Grenzen und Peter schaffte es ohne weitere Hilfe bis zur Tankstelle in Maralal.

An Jeroens Toyota hingegen hatte es den rechten vorderen Stoßdämpfer zerlegt und der von Jorge und Jolanda machte von den vorderen Radlagern her schlimme Geräusche. Die beiden hatten von uns aber auch den Spitznamen „Speedy Gonzales" erhalten. Die waren so schnell unterwegs, dass sie abends am Lagerfeuer immer staunten, was für Tiere wir überall gesehen hatten. Zebras und Gazellen waren wir ja schon gewohnt. Giraffen kamen jetzt schon außerhalb von Nationalparks vor und zu guter Letzt konnten wir sogar eine Herde von zwölf Elefanten etwa 20 Meter neben der Piste beobachten.

Eine Gruppe von 15 Motorrädern aus Südafrika, alles BMWs der neuesten Sorte, begleitet von zwei Pickups, begegnete uns am Turkanasee. Wir hielten an und winkten ihnen zu, sie aber zogen ohne Stopp an uns vorbei. Kurze Zeit später trafen wir dann auf einen einzelnen Fahrer, der neben seinem Motorrad stand. Den verwickelten wir umgehend in ein Gespräch.

Es stellte sich heraus, dass das eine geführte Gruppe aus Frankreich war. Die Franzosen hatten eine Tour von Kapstadt bis Kairo bei einem südafrikanischen Touranbieter gebucht und hatten dafür nur drei Monate Zeit. Manchmal kann man einfach nur den Kopf schütteln. Und mit den Ohren schlackern, wenn man hört, welche Preise solche Touristen für Fotos an die überaus schön traditionell gekleideten und geschmückten Turkana- und Samburu-Frauen bezahlen.

Im Süden Äthiopiens gibt es noch viele traditionell lebende und dementsprechend gekleidete Menschen, die natürlich viele Touristen anziehen. Im Norden Kenias ist das ähnlich, allerdings mit weniger Touristen - zum Glück. Auch für uns ist so etwas immer sehr interessant, aber gleichzeitig auch sehr befremdend, wenn sich Menschen wie in einem Zoo zur Schau stellen und gegen Geld fotografieren lassen. Wenn dann auch noch Preise für einzelne Fotos verlangt werden, die das Tageseinkommen eines Arbeiters übersteigen, ist das für uns mehr als zweifelhaft. Wir verzichteten daher weitgehend auf Fotos von Menschen in dieser Gegend.

Später machten wir eine ganz unliebsame Bekanntschaft der anderen Art: Wir erreichten nach etwa 1.200 km übelster Piste bei Nanyuki endlich wieder Asphalt. Und sogar richtig guten! Schnurgerade und topfeben. Hobbes lief wie am Schnürchen – und dann kam so ein verfluchter Speedbump, auch Sleeping-Policeman genannt, und warf uns fast an die Decke. Tja, das war dann der erste von einigen Tausend dieser Teile im restlichen Afrika.

Es ist nicht gesagt, dass die Errichtung dieser „Geschwindigkeitsreduktionshubbel“ nach irgendeiner Regel erfolgt. Manchmal sind sie vor Ortschaften, manchmal danach, manchmal vor Kurven, manchmal irgendwo auf einer langen Geraden, manchmal ist es nur einer, manchmal sind gleich drei oder mehr hintereinander, manchmal sind sie so hoch, dass normale Pkws mittig aufsetzen, manchmal so niedrig, dass man in einem schnelleren Tempo besser darüberfährt, als dass man abbremst. Und manche sind schön farbig markiert, andere hingegen stechen in keiner Weise vom restlichen Asphalt hervor und man bemerkt sie erst, wenn man bereits am Fliegen ist!

### Auf dem Äquator

Nach 15.277 gefahrenen Kilometern überquerten wir am Mount Kenya den Äquator. Vollkommen unspektakulär das Ganze, nur die Anzeige des GPS hatte uns darauf gebracht. Ein Hinweisschild „You are crossing the equator“ entdeckten wir ein paar Kilometer weiter. Aha.

Am Mount Kenya waren wir auch endlich wieder von Zivilisation und satter grüner Landschaft umgeben. Auf dem Gelände der Timau River Lodge bauten wir spätnachmittags unser Camp auf und kurze Zeit später tauchten dort auch Jeroen und Els auf, denen wir unseren Standort mitgeteilt hatten. Die beiden wurden sofort von einem weiteren Gast in ein Gespräch verwickelt, als sich herausgestellt hatte, dass sie alle aus derselben Ecke von Belgien stammen.

Prompt wurden wir allesamt zum Barbecue im Haupthaus eingeladen. Beginn um halb acht... wo wir doch normalerweise bereits um acht, spätestens neun Uhr ins Bett zu gehen pflegten! Naja, manchmal muss man halt Opfer bringen.

Das Haupthaus entsprach einer waschechten urigen Blockhütte, wie man sie sich eigentlich eher in Kanada oder Alaska vorstellen würde. Im Inneren befand sich eine riesige Sofalandschaft um einen offenen Kamin, der etwa zwei Meter breit und gut einen Meter hoch war. Darin knisterte bereits ein gemütliches Feuer als wir eintraten. Die anderen fünf Gäste und der Besitzer stellten sich vor. Alle waren sie Jäger und hatten etwas mit Tourismus zu tun. Auf dem Kaminsims standen die beiden Stoßzähne eines Elefanten und die Wände waren geschmückt mit Fellen und Trophäen von Zebras, Kudus und anderen Antilopen. Torsten kam sich vor wie Sir Livingstone.

Neben Cola und Bier gab es Rotwein aus Südafrika und allerlei Hochprozentiges, um die Cola zu verdünnen – das wird eine lange Nacht, dachte ich so bei mir.

Wir kamen ins Gespräch und wurden ruckzuck eingeladen, die einzelnen Lodges und Häuser, zum Beispiel die Rhino River Lodge, in Kenia zu besuchen. Tja, wir waren offenbar zur richtigen Zeit am richtigen Ort. Wir erhielten auch viele gute Infos über Sehenswürdigkeiten, No-Gos und auch über den Zustand der Pisten durch Tansania, Sambia und Botswana.

Nach einer kurzen, aber dafür sehr angenehmen, da endlich kühlen Nacht, machten wir uns am nächsten Tag mit Jeroen und Els auf zu einer Wanderung am Fuß des Mount Kenya entlang zu einer weiteren Lodge, die eine Forellenzucht betrieb.

„Wanderung“ beschreibt unsere Unternehmung nur im weitesten Sinne. Wir waren mit einer Handskizze des Lodgebesitzers aufgebrochen und ein Angestellter zeigte uns die grobe Richtung den Hang hinunter, wo nach einer Lichtung der Weg anfangen sollte. Wir verbrachten etwa 20 Minuten damit, die abgehenden fünf Trampelpfade nach einem Anhaltspunkt zu erforschen, und nahmen dann den, der am ehesten in der gezeigten Richtung verlief.

Wir haben uns natürlich prompt im Dschungel verlaufen und mussten nach zwei Stunden einsehen, dass es so nicht weitergehen konnte. Kurzerhand versuchten wir einen der vielen Holzfäller in der Umgebung zu erreichen und ihn um einen Hinweis für uns zu bitten. Dummerweise hörten wir immer nur die Axtschläge, sobald wir jedoch näher als 20-30 Meter an dem vermuteten Baum waren, hörten die Schläge auf und die Person war verschwunden. Sackzement! Wollten die uns ärgern?

Irgendwann erwischten wir dann doch jemanden, quasi auf der Flucht. Es war eine Frau, und sie war gar nicht begeistert, als wir sie riefen. Wir versuchten uns mit Händen und Gesten sowie unserer Handskizze zu verständigen – Leonie kann zwar etwas Kisuaheli, das war aber noch etwas angerostet. Schnell klärte sich auch die verdächtige Hast der Holzfällerinnen auf. Die Frauen waren hier illegal unterwegs und gingen davon aus, dass die Weißen da Kontrolleure der Nationalparkverwaltung seien – AHA!

Nach weiteren zwei Stunden erreichten wir dann endlich den Bachlauf und folgten ihm zur Forellenzucht.

Das war eine wunderschöne Anlage mit sehr hohem, altem Baumbestand und vielen kleinen und großen Ziegelsteinhäusern. Ein Teil von ihnen wurde sogar an Touristen vermietet. Vom Klima und von der Landschaft her hätte die Anlage auch in den Pfälzer Wald gepasst. Es gab mehrere Fischteiche, von denen jedoch weniger als die Hälfte gefüllt und mit Fischen besetzt waren.

Die Familie, die diese Zucht betreibt, hat sehr große Probleme mit den holländischen Blumenzüchtern. Die leiten nämlich so viel Wasser um, dass ihre Becken nicht mehr genügend mit Wasser versorgt werden. Und ratet mal, wo diese Blumen alle hingehen? Richtig, alle nach Europa, per Luftfracht über Holland! Seitdem hat Torsten eine vernünftige Ausrede, weshalb er so wenig Blumen schenkt...

**Jungle Junction**

Vom Mount Kenya fuhren wir direkt nach Nairobi in die berühmte Jungle Junction, ein Overlander-Treffpunkt nicht weit vom Stadtzentrum, von dem wir schon viel gehört hatten.

Auf dem Grundstück von Chris, einem deutschen, erfolgreichen Auswanderer, konnten wir neben anderen Reisenden unser Lager im Garten aufschlagen. Wir wussten zwar, dass das ein sehr gefragter Traveller-Stützpunkt ist, dass sich aber so viele hier tummeln würden, hatten wir dann doch nicht erwartet.

Die Fülle hatte natürlich einen Grund: Äthiopien! Das Land stellt immer neue Forderungen an Individual-Reisende. Wir wurden ja schon mit dem geforderten Schreiben der deutschen Botschaft über die garantierte Ausreise überrascht und konnten dies gerade noch rechtzeitig regeln. Unser Visum hatten wir auch vorab schon in Deutschland organisiert, weil dies im Rahmen der zeitlichen Überschaubarkeit der Reise lag. Seit nicht allzu langer Zeit verlangt die äthiopische Regierung jedoch, dass jeder, der nach Äthiopien einreisen will, einen Antrag in der äthiopischen Botschaft seines Heimatlandes stellen muss. Normalerweise macht man dies bei längeren Überlandreisen aber in der jeweiligen Vertretung im Aufenthaltsland, in hiesigem Fall also in Kenia.

Das war, wie gesagt, tatsächlich von einem auf den anderen Tag nicht mehr möglich. Also mussten alle Reisenden, die nach Äthiopien einreisen wollten, ihren Pass von Nairobi aus nach Hause schicken, um durch Verwandte oder ein Unternehmen das äthiopische Visum zu beantragen. Hierzu muss man erwähnen, dass die Post in Afrika alles andere als zuverlässig ist und man als Ausländer in Kenia dann nicht mehr seinen legalen Einreisestatus belegen kann – der Reisepass ist ja per Post unterwegs. Wir waren echt froh, dass der Krug an uns vorübergegangen ist. Das Vorgehen der äthiopischen Regierung widerspricht jeglicher üblichen und auch logischen Vorgehensweise, und wir hoffen, dass sich das schnell wieder ändern wird.

Einigen Travellern war das Unterfangen, ungewisse Zeit ohne Pass in Kenia bleiben zu müssen, zu gefährlich und sie verzichteten dementsprechend auf die Reise durch Äthiopien.

Im Laufe des Tages kamen immer mehr Bekannte auf den Platz und es wurde richtig kuschlig eng: Jeroen und Els, Jorge und Jolanda, Doro und Jupp, Ton und Chantal und mit zwei Tagen Verspätung auch Peter, der sich hinter Maralal von uns getrennt hatte und auf einem anderen Weg nach Nairobi gekommen war.

Wir reisten so bald wie möglich auch offiziell in Kenia ein und Hobbes bekam auch seinen Stempel ins Carnet. Morgens hatte uns ein Mitarbeiter von Chris mit einem Kleinbus zur Immigration und zum Customs-Office gefahren, und dort wurde alles abgestempelt, ohne dass Hobbes überhaupt gesehen wurde. Zu spät haben wir reagiert, als uns der Angestellte nach der Art des Visums gefragt hatte – der hätte uns glatt den Stempel „Resident", also „Wohnsitz in Kenia", in den Pass gedrückt. Zu dumm! Mit dem „Resident"-Stempel wären wir nämlich für die Hälfte des Preises in den Nationalparks in Kenia, Tansania und Uganda unterwegs gewesen.

Wir warteten die Fahrzeuge, wuschen die Klamotten – seit unserer Abfahrt zum ersten Mal in einer richtigen Waschmaschine! – und entstaubten mal wieder unsere „Wohnzimmer", „Küchen" und „Kleiderschränke". In der Jungle Junction konnte man die Gasflaschen auffüllen lassen, die Küche und den Kühlschrank nutzen, Bücher tauschen und das Internet nutzen – welch ein Luxus nach den letzten Wochen!

Chris betreibt dort neben dem Zeltplatz auch noch eine kleine

Werkstatt und mehrere Lagerplätze für Overland-Fahrzeuge. Er sitzt in Nairobi an der richtigen Stelle und der Name „Jungle-Junction“ ist Programm. Man landet als Überlandreisender fast zwangsläufig dort, und das Flair, das den Platz umgibt, spricht sich schnell herum. Er hat übrigens keine eigene Homepage oder so. Seinen Standort kann man nur über „Tracks4Afrika“ oder von anderen Travellern bekommen.

Wir waren etliche Male Downtown und auf der Suche nach geeigneten Klappstühlen. Unsere machten so langsam schlapp – da hatten die Flicken bereits Flicken, das konnte so nicht weitergehen. Dummerweise gab es in einer Shopping-Mall nur einen einzigen Outdoor-Ausrüster, und dem waren die Klappstühle gerade ausgegangen. Am Stadtrand sollte es aber noch einen weiteren Händler geben, den wir an einem anderen Tag zusammen mit Peter aufsuchten. Das war dann aber nichts. In dem Hochsicherheits-Laden wurde nur extrem teures Zeug verkauft, und wir waren nicht bereit, 120 US$ für einen Faltstuhl aus Deutschland auszugeben. Leonie hatte auf dem Weg stadtauswärts zuvor mehrere Schreinereien gesehen, die ebenfalls Klappstühle im Angebot hatten.

Wir fuhren zurück und hielten an so einem Straßenzug. Hier reihte sich ein Möbelhersteller an den anderen. Es wurde ALLES gefertigt: Schränke, Tische, Truhen, Bettgestelle, Klobrillen, Sofas, Särge - und auch Klappstühle!

So erstanden wir für nur 30 US$ zwei sehr gute Klappstühle, ähnlich wie Regiestühle mit Armlehnen. Der Verkäufer strahlte übers ganze Gesicht und gab uns seine Visitenkarte, falls wir noch mehr kaufen wollten. Er könne Waren auch nach Deutschland verschicken und würde ein Jahr Garantie auf seine Möbel geben. Wir schmunzelten bei dieser Auskunft – der ist doch sicher nach dem Verkauf nicht mehr aufzufinden!

Als alle Bekannten ihre Arbeiten weitestgehend erledigt hatten, verabredeten wir uns zu einem gemeinsamen Abendessen im Carnivore Nairobi – einem riesigen Grill-Lokal in der Nähe des

Flughafens. Mit zwei Sammeltaxis fuhren wir Downtown und hatten zum Glück vorher reserviert! Es war proppenvoll!

Man bezahlt pauschal 25 US$ und bekommt dafür eine gekochte Kartoffel und so viel Grillfleisch, wie nur reingeht. So lange die Fahne am Tisch senkrecht steht, kommt in genügend Abstand ein Grillmeister mit einem Spieß vorbei, stellt das Tier kurz vor und säbelt dann mit seinem Messer eine Scheibe ab. Dazu gibt es unheimlich gute Soßen und alle Getränke, die man für einen gemütlichen Abend braucht – die gehen allerdings extra.

Im Eingangsbereich kann man den gigantischen Grill sehen, auf dem auf Massai-Schwertern die Fleischstücke von verschiedenen Tieren gegrillt werden: Schwein, Rind, Antilope, Kamel, Lamm, Alligator, Huhn, Strauß... Leider wurde das Verzehren von Wild vor ein paar Jahren verboten, weil Kenia ein großes Wilderer-Problem hat. Also werden nur noch gezüchtete Tiere serviert.

Alligator war nicht so Torstens Ding und das Kamel ging gar nicht – das musste direkt von Kairo hier runtergelaufen sein. So was von zäh...

O-Ton Torsten nach dem Besuch im Carnivore: „Ich sage euch, wer sich einmal so ein Stück Lende einer Antilope auf der Zunge zergehen hat lassen, sieht das Viech am Fahrbahnrand plötzlich mit ganz anderen Augen. Dann bekommt der Ausdruck „Roadkill“ eine ganz besondere Bedeutung: Komm ruhig näher zur Straße...“

Nach dem lustigen und gehaltvollen Abend brachen wir am nächsten Tag auf und verstreuten uns in die verschiedensten Richtungen. Peter wollte eigentlich zurück nach Äthiopien, Doro und Jupp wollten nach Uganda und wir sind zusammen mit Jeroen und Els auf den Weg in den Tsavo National Park aufgebrochen.

Anders als in Äthiopien herrschte in Kenia wieder sehr reger

Fahrzeugverkehr – und das war besonders in der Metropole Nairobi eine Herausforderung. Prinzipiell wird dort die Einfahrt in einen großen Kreisel durch Ampeln geregelt und zusätzlich durch Polizisten korrigiert – mit anderen Worten: Es funktioniert gar nichts!

Busse überholten uns mit minimalem Abstand und waghalsigem Tempo, um direkt vor uns einzuscheren, abzubremsen und Fahrgäste aufzunehmen. Vollkommen verständnislos blickten uns die Fahrer und deren Helfer an, wenn Torsten sich offensichtlich darüber aufregte.

Besonders schick ist die Art und Weise, wie die Bushaltestellen – ja, die gibt es wirklich – im Linksverkehr angefahren werden:

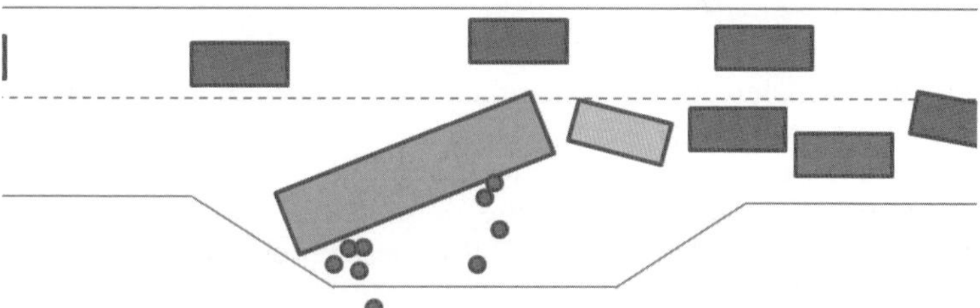

Das ist nichts für schwache Nerven! Und zusätzlich gibt es nervenaufreibende Verkehrsstaus zu den Rushhours und an den Baustellen. Fast wie bei uns zu Hause. Nein, schlimmer.

**Heia Safari**

Wir ließen uns Zeit, den Tsavo NP, der in zwei Teile, in Ost und West, aufgeteilt ist, zu erreichen. Etwa mittig angrenzend an beide Parks geht ein „Highway", auf dem man nicht zu bezahlen braucht und trotzdem das ein oder andere Tier sehen kann. Der East-Park, für den wir uns entschieden hatten, reißt allerdings eine Lücke ins Reisebudget. Die preiswerten Nationalparks lagen mit Äthiopien hinter uns. Pro Tag werden zwei Personen um 120 US$ ärmer, wenn sie mit einem Landrover unterwegs sind. Mit einem Lkw ist man ganz schnell bei 300 US$. Außerhalb der beiden Parks kann man gut im Bush wild campen, was wir auch praktiziert haben. Direkt neben einem kleinen Wasserloch fanden wir einen Platz und wurden nur von einem Passanten begrüßt. Ansonsten blieben wir unbeachtet.

Im Tsavo-East-NP konnten wir aushandeln, dass ein Tag den Zeitraum von 24 Stunden umfasst und wir außerhalb des Gates übernachten würden. So starteten wir nachmittags zusammen mit Jeroen und Els unsere Safari und konnten bereits unmittelbar nach dem Gate die ersten Zebras, Giraffen, Paviane und Elefanten beobachten.

Dank der roten Erde, mit der sich die Elefanten nach einem Bad im Tsavo-River einpudern, haben sie einen orangeroten „Teint“ und heben sich sehr schön vom umliegenden Bushland ab. Der Park ist für seine Elefanten-Population geradezu legendär. Es gibt mehrere riesige Herden mit nicht selten mehr als 50 Tieren. Dadurch wird das Bushland recht kurz gehalten, was dann gegen Ende der Trockenzeit sehr mager aussieht.

Wir glauben, dass sie in dem Park mittlerweile ein Problem mit den vielen Elefanten haben und demnächst mit Umsiedlungen oder anderen Maßnahmen die Population reduzieren müssen. So viele auf einem Haufen und so wenig Futter, das geht auf Dauer nicht gut.

Im Red-Elefant-Camp außerhalb des Gates verbrachten wir mit den Belgiern unsere Nacht und kochten gemeinsam zu Abend. Unter das Zirpen der Zikaden und die Rufe verschiedener Vögel mischte sich dann später auch noch das recht nahe Brüllen mehrerer Löwen. FANTASTISCH!

Els war gar nicht mehr wohl in ihrer Haut. Erst als Torsten ihr sagte, dass die Löwen, wenn sie brüllen, nicht auf der Jagd seien, wurde sie wieder ruhiger – bis die Löwen ihre Konversation einstellten und es mucksmäuschenstill wurde im Bush.... Els hatte es als Erste bemerkt: „Listen! They are quiet!“ Daraufhin verzogen wir uns doch lieber in unsere Autos.

Am nächsten Morgen machten wir uns um halb sechs Uhr im Stockdunkeln auf zum Gate. Gerade als wir das Gate passierten, ging die Sonne auf und wir wurden von hinten lautstark angehupt. Was sollte denn das?

Die beiden Italiener Carla und Alex mit ihrem Landrover 90, die wir aus Kairo kannten und zuletzt bei den Pyramiden im Sudan gesehen hatten, hatten Hobbes aus der Ferne erkannt.

Der Nationalpark ist nur von Sonnenaufgang bis Sonnenuntergang zu befahren, und die Zeit wollten wir natürlich komplett nutzen. Vom Eingang verlaufen mehrere Trails kreuz und quer durch das Gelände, und wir mussten den östlichen Ausgang bis um 14 Uhr erreichen, dann waren unsere 24 Stunden abgelaufen. Ansonsten wäre eine weitere Tagesgebühr fällig geworden. Die Distanz betrug etwa 150 Kilometer - also recht weit für einen Nationalpark, auf dessen Pisten eine Geschwindigkeitsbegrenzung gilt und durch den man ja sowieso langsam fahren möchte, wenn man ein Interesse daran hat, Tiere zu entdecken und zu beobachten.

Die meisten Trails sind dabei mehr oder weniger einspurig zu befahren und teilweise auch recht anspruchsvoll zu erklimmen. Es gibt mehrere Wasserdurchfahrten und, wie wir zu unserem Leidwesen auch feststellen mussten, mehrere Sackgassen. Da wird ruckzuck die Zeit knapp. Dennoch hielten wir uns an das Speedlimit von 40 Stundenkilometern und konnten weitere Herden von Elefanten und Büffeln, etliche Giraffenfamilien und verschiedene Antilopenarten, wie zum Beispiel die recht seltenen Gerenuk-Antilopen, beobachten.

Leider wird der Park auch von Pauschaltouristengruppen in Kleinbussen zu einem Spottpreis befahren. Ausgerüstet mit Funkgeräten kommunizieren diese Minibusfahrer untereinander, wo etwas Besonderes gesehen wurde, und dann gibt es kein Halten mehr. Mit locker 70 Kilometer pro Stunde wird dann über die Trails gebrettert und darauf vertraut, dass alle anderen ausweichen. So kam uns auch eine Gruppe von drei Kleinbussen über eine Kuppe entgegen. Die waren so schnell, dass sie die darauf folgende Kurve nur im Drift nehmen konnten und ganz fürchterlich Staub aufwirbelten - bis sie Hobbes sahen, der stur die Spur hielt und ums Verrecken nicht ausweichen wollte. Wollten sie nicht mit uns kollidieren, mussten sie abbremsen oder in die Böschung ausweichen – was sie dann ebenfalls abgebremst hätte.

Die Augen der Safarigäste waren sehr groß. Kurz darauf musste per Funk die Meldung zur Umkehr erfolgt sein, denn die drei Busse waren nach ein paar Minuten wieder hinter uns und drängelten.

Das Gelände war recht hügelig, mit kurzen scharfen Kuppen und gleich dahinterliegenden trockenen Bachbetten. Da wir nur mit 20-40 km/h durch den Park fuhren, wollten sie uns an den unmöglichsten Stellen überholen. So ein Überholmanöver endet hier aber schnell in dem Bau eines Warzenschweines. Wütend gestikulierend und wild hupend überholten uns die Spinner, um uns kurz darauf wieder entgegenzukommen.

Beim dritten Aufeinandertreffen wurden wir angehalten und wüst beschimpft. Ganz klasse hat sich dabei eine Österreicherin verhalten: „Ihr müsst's hoit oaswaichen, wenn's oaner entgegenkummt! Die Fohrer kennen'd Strecke und wüssens, wui schnoill's foahrn kenne...", versuchte sie zu übersetzen.

Torsten war kurz vorm Platzen: „Hör zu, Trulla! Die Deppen von Kleinbusfahrern überschlagen sich mitsamt ihren Touris regelmäßig hier in Kurven. Wenn Platz ist, weiche ich aus, aber ich bestimme, wie schnell ich fahre! Entweder ihr bremst oder ihr zerschellt an meiner Stoßstange oder im Gebüsch. Spar genug Geld, um eine richtige Safari mit einem ordentlichen Tourveranstalter zu machen! Und wenn der Fahrer weiterhin meint, mit Hupen seine Überholvorgänge beschleunigen zu können ist er sehr schnell seine Lizenz los." Es wurden noch einige Herzlichkeiten ausgetauscht, und wir trennten uns mit der Gewissheit, den jeweils anderen nie wieder sehen zu wollen.

Wir erreichten auf die Minute rechtzeitig das Gate, und

der Ranger konnte unserer Argumentation bezüglich der 24-Stunden-Gültigkeit problemlos folgen. Ganz einfach.

Etwas abseits des Weges, Richtung Küste, wollten wir im Busch unser Camp aufschlagen. Die ersten beiden Wege zum Tsavo-Fluss führten auf Privatbesitz, und die Wachleute waren von unserem Aufkreuzen gar nicht begeistert.

Etwas weiter versuchten wir erneut unser Glück und endeten an einer modernen Hängebrücke für Fußgänger, gesponsert von der Weltbank, mitten im Busch. Das muss man sich einmal vorstellen: Wir sind locker 200 Kilometer von der nächsten Stadt entfernt, mitten in der Pampa, an einer Stelle, die nur zu Fuß oder mit 4x4 erreichbar ist, und stehen vor so einer modernen Brücke.

Wir fuhren wieder ein Stück zurück und schlugen unbeobachtet unser Lager auf. In der Nähe des Äquators ist die Dämmerung quasi nicht vorhanden. Die Sonne geht unter, und zehn Minuten später ist es stockfinster. Täglich um 18:30 Uhr!

Wir saßen noch eine Zeit lang um ein kleines Lagerfeuer bevor wir uns in die Kojen begaben.

Torsten hatte Hobbes so weit umgebaut, dass wir von unserem Aufstelldach aus die Beleuchtung rundum am Dach anschalten können, falls sich draußen etwas tut. Des Weiteren können wir ebenfalls von oben den Kompressor und die Hupe aktivieren – falls wir etwas verscheuchen wollen oder auf uns aufmerksam machen müssen. Ferner haben wir beide je eine Leselampe am Kopfende und können über eine Fernbedienung das Radio aus dem Schlafsack heraus bedienen.

Unser Radio hat einen USB-Eingang, und über unsere mitgeführten Sticks können wir zum einen Musik vom Rechner abspielen oder, wie fast jeden Abend, zum Einschlafen ein Hörbuch hören. Anderntags muss man sich aber auch immer absprechen, bis wohin wir BEIDE wach waren...

An diesem Abend wurden wir aber gestört, und es wurde uns ein bisschen klamm ums Herz. Wir waren ja gar nicht weit vom Nationalpark, noch dazu von dem für die Öffentlichkeit gesperrten Teil entfernt – der lag direkt gegenüber auf der anderen Flussseite, nur etwa einen Kilometer weit weg.

Und dann hörten wir mitten in der Nacht draußen zwei Fahrzeuge, die mehrere Personen absetzten, die dann im Bush verschwanden. Ab und an hörte man Schritte, Äste knacken und andere Geräusche, die wir nicht zuordnen konnten. „Verdammt", schoss es uns durch den Kopf, „wenn das jetzt Wilderer sind, denen wir ein Dorn im Auge sind, geht das unter Umständen böse aus." Wie bereits geschrieben, hat Kenia ein Problem mit Wilderern, und uns war auch speziell über den nördlichen Teil des Tsavo-East-Parks berichtet worden, dass es da wohl besonders schlimm sein sollte.

Jeroen und Els hatten auch bemerkt, dass da draußen Action war. Wir verhielten uns mucksmäuschenstill. Draußen unterhielten sich die Menschen und ab und zu war auch ein Lachen zu hören, alles ganz entspannt und nicht in nächster Nähe zu unseren Autos.

Irgendetwas wurde dort gearbeitet – bis es mir dämmerte: Das waren wohl auch Holzdiebe! Wir hatten auf dem Weg hierher nicht einen großen Baum gesehen, nur die abgehackten Stümpfe hier und dort. Das war dann auch das dumpfe Klopfen die ganze Zeit – Schläge mit Äxten.

Wir lagen richtig - gegen vier Uhr kamen die Fahrzeuge wieder vorbei, luden die Menschen und das Holz auf und verschwanden.

## Am Indischen Ozean

Am nächsten Tag erreichten wir Watamu, nach einer Piste mit phantastischen Ausblicken auf die Küste und dem Besuch von „Hell's Kitchen", also der Teufelsküche, wie eine erodierte Kalkgesteinlandschaft dort landläufig genannt wird.

In der Nähe von Mombasa verbrachten wir mit den Belgiern die kommenden drei Nächte im Haus des belgischen Bekannten aus der Timau River Lodge. Sehr entspannend – mit Köchin, Hausmeister, Wachmann und einem Swimmingpool

Leonie besuchte auch die Ruinen von Gedi, einer mittelalterlichen Küstenstadt aus dem 13./14. Jahrhundert. Die Ruinen liegen malerisch inmitten eines Küsten-Urwaldes und werden heute von verschiedenen Affenarten und winzigen Rüsselhündchen bewohnt. Das sind komische Tierchen, die wie eine Mischung aus winzigem Elefant, Murmeltier und Ratte aussehen.

Nach dieser Erholungsphase trennten sich unsere Wege. Jeroen und Els wollten zunächst noch etwas an den kenianischen Strand, während wir weiter nach Tansania wollten.

Der Strand entlang Kenias Küste ist komplett in Privatbesitz, und man kommt einfach nicht ans Wasser. Wir dachten, dass das in Tansania anders wäre und beeilten uns daher, die Grenze zu überqueren. Raus aus Kenia war einfach, rein nach Tansania etwas weniger. 50 US$ oder 50 € kostete das Visum pro Person, man konnte es sich aussuchen, es war jeweils gültig für drei Monate. Dazu kamen die Roadtax, also die Straßenbenutzungsgebühr, die aber nur vier Wochen gültig war und eine ominöse Sprittax, über die uns aber erstmal keiner am Zoll genau sagen konnte für was im Allgemeinen und vor allem in welcher Vorschrift die denn stand.

Da wir jedoch nichts mehr bezahlen, ohne schriftlich die Beträge auf einem öffentlichen Aushang oder Schreiben gelesen zu haben, zog sich die Einreise bei 35°C und 90% Luftfeuchtigkeit etwas in die Länge.

Der Zöllner meinte zum Schluss: „So was ist mir in 20 Jahren noch nicht vorgekommen!“ „Tja, bei den Preisen wird das aber hoffentlich immer öfter passieren!“

Nach einem kurzen Aufenthalt in Tanga, wo Torsten den fast neuen Mitnehmer des linken Hinterrades gegen einen gebrauchten austauschte, weil die Steckachse immer wieder die Staubkappe losdrückte und zunehmend Öl aus dem Lager lief, fuhren wir weiter nach Peponi-Beach.

In dem Resort mit traumhaftem Sandstrand blieben wir drei Nächte unter den Kokospalmen – es war einfach zu schön, um kürzer zu bleiben, auch wenn man, wie wir, eigentlich nicht zu den Strandmenschen gehört.

Wir machten eine Fahrt mit einer Dhau, einem traditionellen ostafrikanischen Segelboot, auf eine Sandbank im Meer und schnorchelten über einem Korallenriff. Jeroen und Els schlossen doch wieder zu uns auf, und wir lernten ein Pärchen aus Gießen kennen, das zwischen Arusha und Moshi eine Lodge gekauft hatte und seit mehreren Jahren das Hotel für seine 120 Gäste leitete. Sie luden uns ein, bei ihnen vorbeizukommen, gerade sonntags sei ihr Brunch bei den Expats (das sind die Ausländer, die meist für Entwicklungshilfeorganisationen in Übersee arbeiten) sehr beliebt. Allerdings könnten wir bei ihnen nicht übernachten. Zelten käme auf ihrem Grundstück wegen der gut zahlenden Gäste leider nicht in Betracht. Sie bedauerten das wirklich, denn sie waren wie wir mit dem Landrover einst von Deutschland hierher gekommen und eher durch Zufall an diese frei verkäufliche Lodge geraten. Auf unserem Weg sollten wir tatsächlich zufällig an einem Sonntag bei ihnen vorbeikommen und uns den Bauch mit allerlei Köstlichkeiten vollschlagen. Noch heute schwärmt Torsten von dem grandiosen Schweinebraten...

Wir machten uns nach den drei Strandtagen auf die Weiterfahrt in die Usambara Berge, wo wir einen Weg von den Ost-Usambaras zu den West-Usambaras finden wollten. Dummerweise machten wir die Rechnung ohne die Reservats-Verwaltung.

## Usambara Mountains

Eigentlich wollten wir nur zu einem angeblich sehr netten Campingplatz. Aber leider führte der Weg dorthin durch das absolut unbekannte „Amani Nature Reserve“.

Hier wollte man uns jedoch richtig abzocken: 30 US$ pro Person, 30 US$ für Hobbes plus 30 US$ für jede Kamera sollten wir berappen. „Ihr spinnt ja! Wir zahlen doch nicht 120 US$ pro Tag, bloß um das Gebiet hier zu durchqueren.“ - So ging es halt außen herum, und der Weg war wirklich empfehlenswert.

Wir fuhren eine kleine Straße von Südosten aus in die West-Usambaras hoch, eine wirklich tolle Strecke. Steil und kurvig mit herrlichen Aussichten und einem Buschbrand weiter den Berg rauf. Das schien hier keinen zu jucken. Wir dachten nur: „Zum Glück brennen Feuer nach oben und nicht nach unten auf uns zu.“

Ein Bushcamp fanden wir direkt neben einer Teeplantage an einem kleinen Bachlauf im Tal, sehr schön und bis auf zwei oder drei verdutzt vorbeifahrende Motorradfahrer mucksmäuschenstill.

Am nächsten Tag sollte es weiter durch hügelige, jedoch weniger spektakuläre Landschaften bis nach Lushoto, dem ehemaligen Wilhelmstal aus deutscher Kolonialzeit, gehen. Ein angenehmer Ort, an dem wir schon zwei Jahre zuvor ein paar Nächte verbracht hatten und ganz begeistert von der Gegend gewesen waren. Diesmal übernachteten wir jedoch nicht in einem der etwas heruntergekommenen Hotels in der Stadt, sondern campten außerhalb auf der Irente-Farm, einer sehr netten Bio-Farm ganz in der Nähe des spektakulären Irente Viewpoints, von wo aus man die steilen Abgründe ins Rift-Valley bestaunen kann.

Mit Jeroen und Els wanderten wir bis an die Abbruchkante am Irente Viewpoint, die mehrere tolle und schwindelerregende Ausblicke bot. An der Stelle geht es etwa 1.000 Meter fast senkrecht hinunter ins Rift Valley. Durch Eukalyptuswälder und über die Felder der Farm wanderten wir eine gemütliche Tagestour langsam zurück. Ansonsten ließen wir es uns in der Farm sehr gut gehen – mit hausgemachtem Brot, Käse, Joghurt und anderen Leckereien.

Am 1. Februar hatten wir eine Verabredung in Makanya, unten im Tal. Seit einigen Jahren unterstützt Leonie dort ein Patenkind in einem Projekt von World Vision, und dies sollte der dritte Besuch bei Mshumi und ihrer Familie sein.

Ein geschichtsträchtiger Tag sollte das werden, als Mshumis Mutter mit fast vorwurfsvollem Blick fragte, was denn nun mit dem ihr vor zwei Jahren vorgestellten Freund wäre. Kurzerhand fragte mich Torsten dann, ob ich ihn heiraten wolle - *nein, wie romantisch* - und nach meinem „Ja“ wollte sie am liebsten gleich einen Priester holen, um uns an Ort und Stelle zu verheiraten.

Nach dem Besuch, dem sich noch die Besichtigungen eines Gesundheitszentrums im Bau und eines Regenwasserdamms – ebenfalls im Bau – anschlossen, fuhren wir zurück in die Usambaras, allerdings im Westen und auf der bisher steilsten aller gefahrenen Strecken bis zur Mambo Viewpoint Ecolodge hoch.

Eine wahnsinnige Strecke war das! Ein paarmal Herzklopfen in den steilen Serpentinen, in denen wir fast umzukippen drohten. Hobbes schlug sich wacker und tuckerte im zweiten Gang in der Untersetzung die zwölf Kilometer lange Auffahrt hinauf. Uns kam zum Glück niemand entgegen. Als wir den Gipfel erreichten, war es schon dunkel und wir erhielten von Jeroen und Els eine SMS: „We can see your lights, keep on going, see you in one hour!“

Die beiden campten ebenfalls neben der Lodge mit der traumhaften Aussicht über das Rift-Valley. Wir waren tatsächlich über den Wolken!

Leonie trat am nächsten Tag mit unseren Freunden eine Tagestour durch den Urwald steil bergauf und ebenso steil bergab auf sehr schmalen Pfaden an, so dass sie nach sieben Stunden Laufen, die Mittagspause am Wasserfall und den Kolobus-Affen-Beobachtungsstopp nicht mitgerechnet, fix und fertig am liebsten ins Bett gefallen wäre – wenn da nicht noch ein phantastisches Barbecue am Abend auf uns gewartet hätte.

Am nächsten Morgen trennten wir uns mal wieder vorübergehend von Jeroen und Els. Die beiden machten sich auf den Weg nach Moshi, während wir noch eine Runde durch die Usambaras fahren wollten.

Hier oben gibt es eine ganz andere Vegetation als unten im Tal – alles ist grün und gedeiht wie verrückt. Und das Klima ist für einen Europäer durch die Höhe von 1.500-2.000 Metern richtig verträglich. Das war auch der Grund, weshalb die Kolonialisten, sowohl die deutschen als auch die britischen, hier oben ansässig geworden waren.

Neben den Teeplantagen gibt es weitläufige Wiesen mit Kühen, Bananenplantagen, Wälder, Farmen und sogar mitten im Urwald ein ehemaliges Sägewerk. Auf dem Weg kamen wir an einer Unfallstelle vorbei und halfen.

Zuerst war gar nicht klar, was dort passiert war. Eine Truppe Einheimischer hatte quer über die Fahrbahn eine Kette gespannt und hantierte mit einem Flaschenzug daran. Das andere Ende des Flaschenzuges ging rechts den Hang hinunter und verschwand im Dschungel.

Die Straße war somit blockiert und wir besahen uns das Malheur genauer. Am anderen Ende des Seilzuges war im Busch ganz vage ein rostiges Etwas zu erkennen. Ganz langsam kam eine Stoßstange hervor und einige Zeit später ein rostiger Stahltank – da war ein Lkw mit einem Trinkwassertank von der Straße abgekommen, die Böschung hinuntergestürzt und hatte sich dann im Gebüsch „gefangen".

Wir schlugen vor, mit Hobbes' Seilwinde mitzuhelfen, was dankbar angenommen wurde. Der Flaschenzug wurde entspannt und wir konnten auf die andere Seite fahren und rechtwinklig zur Straße mit der Schnauze Richtung Böschung parken. Torsten entsicherte die Winde und zwei Helfer trabten mit dem Schäkel und dem Seil los, um es irgendwo am Lkw festzumachen.

Mit einem Bergegurt sicherte Torsten Hobbes über die Maulkupplung am Heck an einem Baum – man wusste ja nicht, wie schwer das Trum dort unten war.

Dann startete er den Motor und spulte mit der Fernbedienung das Seil auf. Ganz langsam kam das Fahrzeug nach oben, erreichte das Gebüsch neben der Fahrbahn und blieb dann stehen. Hobbes Winde alleine hätte das nicht geschafft, nur mithilfe des Flaschenzuges ging es Stück für Stück nach oben. Und irgendwann musste der Zug halt wieder abgewickelt und umgehängt werden. Dann hielt Hobbes das ganze Gewicht alleine.

Während sie den Zug umhängten, fragten wir so nebenbei, ob der Tank überhaupt leer wäre, woraufhin ein Junge runtergeschickt wurde, um das Wasser abzulassen! Danach ging‘s fast von alleine.

Und während wir so werkelten, bildete sich rechts und links ein Stau aus Bussen und Matatus wie hier die Kleinbusse genannt wurden. Irgendwann kam einer zu uns und forderte uns auf, endlich den Weg frei zu machen, er müsse nach Lushoto, dort würde sein Bus warten.

„He Meister! Ich helfe hier einem eurer Landsmänner und stehe nicht zum Vergnügen hier rum!“ Und da hat sich für Torsten mal wieder ein Vorurteil bestätigt. Wir Deutschen werden ja von Ausländern immer als kompliziert, humorlos und zu durchorganisiert bezeichnet. Von Tansaniern heißt es im Gegenzug, dass sie ein Volk seien, dem eine Verknüpfung zwischen Ursache und Wirkung überhaupt nicht geläufig wäre. So auch hier: „Ja, aber du blockierst die Fahrbahn!“

Später machten wir auf der „Swiss Farm“ Mittag und lernten den Besitzer, einen echten Schweizer mit typischem krausen Vollbart, Lederhosen und Filzhut kennen. Er tischte uns leckeren selbstgemachten Käse, frisch gebackenes Brot sowie Radieschen und Gurken auf. Phantastisch.

Die derbe Art des Schweizers war erfrischend komisch und wir konnten gut lachen. Zurück ging es weitläufig durch den Urwald und eine tolle hügelige Landschaft, immer an einem Bachlauf entlang, an Terrassen vorbei - bis zum verlassenen Sägewerk und dann über spektakulär schmale und steile Pfade an der Abbruchkante der Berge entlang. Wir haben uns öfters gefragt, ob wir dort nicht ansässig werden sollten. Wir sind jetzt noch ganz begeistert.

Eine weitere Nacht verbrachten wir im Mambo Viewpoint – auf jeden Fall eine unserer Top-Ten-Unterkünfte – bevor wir die steile Abfahrt unter die Räder nahmen und ins Tal nach unten fuhren, natürlich über dieselbe spektakuläre Piste, die wir auch schon nach oben gefahren waren. Dort folgten wir über mehrere Kilometer einem ausgetrockneten Bachlauf und erreichten so die Pare-Mountains.

## Richtung Kilimandscharo

Die Pare-Berge sind touristisch quasi unerschlossen und außer einer einzigen heruntergekommenen Community Eco-Lodge gibt es da nichts – nur Landschaft, Bachläufe, Wasserfälle und Dschungel. Nur wenige Straßen führen durch diese Region, und so folgten wir den Ideen unseres Navis, das uns über einen sehr schmalen Pfad in die Berge schickte.

Zunächst ging es steil bergauf, kurzfristig sogar über eine richtige Piste, bevor es dann auf einen eher als Fußweg zu bezeichnenden Pfad ging. Dann und wann standen wir vor nicht gerade vertrauenserweckenden Holzbrücken, die wir zum Teil dann doch lieber durch den Fluss umfuhren. Das waren unsere ersten richtigen Wasserdurchfahrten, die diesen Namen auch verdienten.

Überall stets verdutzte, aber freundlich winkende Menschen. Hierher verirrt sich wohl tatsächlich höchst selten mal ein Muzungu, so werden die Weißen auf Kisuaheli genannt. Und so wie der Weg mittlerweile aussah, war dort noch kein 4-rädriges

Fahrzeug hingekommen! Der Track war wohl eher von einem Motorradfahrer an Tracks4Afrika geschickt worden.

Eine ganze Schule versetzten wir in Aufregung, als wir mitten auf ihren vermeintlichen Sportplatz fuhren und Leonie dann auch noch ausstieg, um zuerst die Brücke und anschließend auch noch die Flusstiefe zu testen. Eine Menge Spaß hatten wir, auch wenn das Fahren nicht als unanstrengend bezeichnet werden kann.

Mangels Möglichkeiten zum Bushcampen landeten wir schließlich in der Tona-Lodge und dachten noch, uiuiui, Lodge, das wird teuer. Nun ja, diese Lodge war zwar erschwinglich, aber für das, was sie zu bieten hatte, dann doch nicht gerade billig. - Sollten wir nicht doch einen Overlander-Campingplatz in den Pare-Mountains aufmachen? Genügend traumhafte Plätze hätten wir schon gefunden.

Weiter ging es zum Fuß des Kilimandscharo, nach Marangu, wo wir sehr nett an einem Fluss mit Wasserfall und natürlichem Pool nächtigten, in dem wir natürlich zum Vergnügen der umherstehenden Jugendlichen auch ein Bad nahmen.

Auf den Kili zu steigen hatten wir nicht vor, der Preis war zu hoch und unsere Fitness zu dürftig. Außerdem hätte Torsten die Höhe und Leonies Knie den zweitägigen Abstieg nicht so gut vertragen. Also begnügten wir uns, diesen majestätischen Berg von unten zu betrachten – solange er nicht komplett in Wolken eingehüllt war.

Leider machten wir an dem Tag zwei unangenehme Entdeckungen: Das Stromversorgungskabel unseres Navis war abgerissen - der verschweißte Stecker war auseinandergegangen - und der Computer wollte nicht mehr, der Cursor blieb unbeweglich. So mussten wir spontan auf unsere Kili-Umrundung verzichten und fuhren direkt nach Arusha, wo wir mit Richard Kilonzo, einem Safari-Tourunternehmer, einen Mann kennen, der Gott und die Welt in Arusha kennt.

Leonie hatte Richard über eine Bekannte bereits 2004 kennengelernt und mit seinem damals noch sehr kleinen Safari-Unternehmen ihre erste Safari durch den Ngorongoro-Krater und die Serengeti gemacht. 2008 wurden wir beide bereits wie gute Freunde empfangen, und da erzählten wir ihm von unserem Plan, mit unserem eigenen Landrover durch Afrika zu fahren. Wir erlebten diesmal erneut ein freudiges Wiedersehen in Arusha, und Richard war natürlich ganz gespannt, Hobbes endlich einmal in echt zu sehen, nachdem wir ihm schon einiges von unseren bisherigen Erlebnissen erzählt hatten.

Richard war uns eine große Hilfe, denn er kannte wirklich die besten Werkstätten, auch für Computer. Er spendierte uns sogar einen Chauffeur mit Wagen, da er meinte, alle Läden alleine mit Hobbes zu finden, wäre schon recht kompliziert.

Leider konnte für das Navi-Kabel nichts gemacht werden. In den Radioshops gaben sie sich die größte Mühe, aber ohne die PIN-Belegung konnte man bei neun abgetrennten Lötstellen nichts richten ohne Gefahr zu laufen, das GPS-Gerät zu beschädigen. Dafür schaffte es der Computer-Workshop, von unserem Computer die letzten Bilder zu sichern, anschließend zu formatieren und einige der vorher installierten Programme wieder aufzuspielen.

Das war natürlich schneller gesagt als getan. Da es sich bei unserem Modell um solch einen „unzerstörbaren“ Laptop handelte, bei dem nicht so geläufige Teile verbaut worden waren, dauerte das ganze zwei Tage, aber immerhin funktionierte er danach wieder. Der Rough-Computer besitzt ein eingebautes GPS, hat einen Touchscreen, einen DVD-Brenner usw. und ist staub- und wasserdicht sowie geschützt vor Erschütterungen. Eigentlich wie gemacht für so eine Tour.

Ein Freund von Torsten sollte diese Computer auf die Verwendbarkeit für seine Firma testen. Im Werbeslogan hieß es wortwörtlich „So stabil wie ein Samsonite-Koffer“. Nach einem Vertreterbesuch wurde er gefragt, wie zufrieden er mit dem Computer sei. Daraufhin musste Rainer gestehen, dass er erst den Passat vom Laptop auf dem Rasen fahren müsse, um zu kontrollieren, ob er noch gehe. Das Teil funktionierte!

Sämtliche Daten wurden auf einem Stick mit 16 Gigabyte gespeichert und wir ließen uns von zu Hause die noch erforderlichen CDs und das Kabel für das Navi postlagernd nach Nairobi schicken.

**Serengeti**

Da wir ja sowieso auf die Post warten mussten und jedes Jahr im Februar die Gnu-Kälber im Süden der Serengeti geboren werden, entschlossen wir uns, doch durch die Ngorongoro Conservation Area und den Serengeti National Park zu fahren. Ursprünglich wollten wir das wegen der ziemlich teuren Eintritte nicht machen.

Das erste Highlight dieser zwei Safari-Tage war ein Leopard, der uns frühmorgens, als es noch dämmerig war und wir gerade in den Park eingefahren waren, auf der Straße am Kraterrand über den Weg lief. Toll. Er war nur zu schnell abgebogen, bevor wir zur Kamera greifen konnten.

An einer Lodge direkt am Kraterrand fragten wir, ob man dort einen Kaffee trinken könne – wir waren nämlich ohne Frühstück losgefahren, um so früh wie möglich in den Park zu kommen. Das mit dem Kaffee war möglich und so konnten wir von der Lounge aus über den Kraterrand hinweg direkt hinunter auf ein Wasserloch in der Tiefe sehen. Torsten fragte dann den Kellner zum Spaß, ob sie noch ein Zimmer frei hätten. „Aber natürlich hätten wir noch ein Zimmer für Sie frei. Das kostet nur 644,- US$ pro Person und Tag, natürlich Vollpension.“ Da mussten wir dann doch passen und es beim Kaffee bewenden lassen.

Die Weiterfahrt auf der absolut grottigen Straße vom Krater runter und weiter durch die Serengeti war allerdings sehr anstrengend. Torsten wäre am liebsten wieder umgedreht, denn Hobbes‘ Fahrwerk hat dort schwer gelitten.

Leider konnten wir trotz unseres Abstechers an den Ndutu-See im Süden der Serengeti keine Gnu-Kälber sehen. Diese waren wohl bereits weiter in eine andere Ecke im Süden des Parks gezogen, und dieser Teil war für Touristen unzugänglich. Schade. Immerhin haben wir kurz vor dem Austritt aus dem Park doch noch ein paar im Norden der Serengeti gebliebene Gnus mit Kälbern gesehen –aber keine riesige Herde von Horizont zu Horizont…

Trotzdem haben wir die Fahrt durch die weite, goldgelbe Savanne der Serengeti mit ihren großen Zebraherden, Elefanten, Giraffen und vielen, vielen Gazellen genossen, wobei wir am liebsten die „Kopjes“ anfuhren, murmelartige Felsaufhäufungen, an denen auch grüne Büsche wachsen und in deren Ecken sich gerne kleinere Tiere verstecken.

Eine Nacht verbrachten wir auf einem überfüllten, öffentlichen Campsite bei Seronera, umgeben von Löwen, Hyänen und Schakalen, deren Ruf wir vom Schlaflager aus hören konnten.

Die Weiterreise durch den Westkorridor der Serengeti hat uns landschaftlich sehr gut gefallen. Hier gab es auch erschreckend aggressiv wirkende Büffel. „Hmmmmmpf“ prustete einer, scharrte mit den Hufen, rannte ein paar Meter nach links, scharrte mit den Hufen, prustete wieder sein „Hmmmmmpf“, rannte nach rechts und machte dann eine Scheinattacke. Es fehlte nur noch der Torero mit dem roten Tuch. Wesentlich lästiger waren für uns jedoch aggressive Bremsen, von denen wir ein paar übel schmerzende Bisse erwischten. Das waren dann die berüchtigten Tsetsefliegen!

Zum westlichen Ausgang des Parks hin wechselte die Vegetation von der Savanne über Buschland wieder zu Wald, durch den ein breiterer Bach mäanderte. Hier konnten wir von einem Damm und von der Böschung aus viele Flusspferde, die im schlammigen Wasser dösten, beobachteten. Ab und an drehte sich ein Hippo mit einer Rolle seitwärts, sodass alle vier Füße gen Himmel ragten und dann wieder abtauchten – damit hatte sich das Hippo für seinen Rücken wieder eine Schlammpackung aufgelegt. Raubkatzen sahen wir leider gar keine mehr nach unserer Leoparden-Begegnung ganz am Anfang.

## Zurück nach Kenia

Nach einer Nacht in Musoma, direkt am Viktoria-See, in der die roten juckenden Beulen der Tsetsefliegen noch durch ein paar Moskitostiche ergänzt wurden, überquerten wir problemlos die Grenze zurück nach Kenia. Eigentlich hätten wir für Hobbes eine Straßenbenutzungsgebühr entrichten müssen, was wir jedoch nicht wollten. Torsten ließ sich den entsprechenden Paragraphen vorlegen, und dort war nachzulesen, dass diese Gebühr nur für Fahrzeuge gelte, die länger als eine Woche im Land bleiben würden. Daraufhin beschlossen wir, nach weniger als einer Woche auszureisen, und machten uns auf die bisher vielleicht schlechteste Piste überhaupt. Irgendwie ist jede schlechte Piste der Vergangenheit doch noch einmal von einer aktuellen an Grottigkeit zu übertreffen. Echt wahr.

Aber die Bezeichnung „Piste" war in dem Fall eigentlich schon übertrieben. Sie bestand aus einer Aneinanderreihung von Schlaglöchern, die bis zu einem halben Meter tief waren, und dann waren sie auch noch durchgängig feucht bis nass. Es hatte bereits im Februar angefangen zu regnen, dabei sollte die Regenzeit eigentlich erst im März beginnen.

Statt der geschätzten zwei Stunden brauchten wir über vier und schlugen dann immer noch knapp zehn Kilometer vom Gate des Masai Mara National Parks entfernt unser Bushcamp auf. Und kaum, dass das Dachzelt stand, fing es auch schon zu regnen an. Wir sind daraufhin erst einmal rein ins Zelt und haben uns die Zeit mit einem unserer Hörbücher vertrieben.

Nach einer Weile hörte es auf zu regnen und wir beschlossen, unser Abendessen als Stehpicknick draußen einzunehmen. Torsten hatte die Sandblechhalter an den Seiten von Hobbes so konstruiert, dass wir die Sandbleche aufklappen und quasi als Stehtisch oder Ablage verwenden konnten. Unterwegs gab es übrigens häufig bei uns ein solches Picknick. Nach den oft stundenlangen Fahrten im Auto fanden wir das Stehen in den Pausen immer äußerst erholsam.

Kaum war Torsten draußen, meinte er: „Hey, wir sind von Zebras umzingelt!“ „Jaja. Wer’s glaubt...“ „Nee, echt, und da kommt auch noch ne Giraffe!“ Wow, also kletterte Leonie auch nach unten und kam aus dem Staunen nicht mehr heraus. Toll! Zu den Giraffen und Zebras gesellten sich später noch ein paar große Eland-Antilopen, und somit konnten wir unser Picknick ganz schick als Dinner-Safari bezeichnen. Wir malten uns aus, wie die frühen Afrika-Reisenden ähnliche Erfahrungen gemacht haben mussten – im Kerzenschein vorm Zelt, auf Klappstühlen…

Beim nächtlichen Klogang schaute Leonie aber lieber mehrmals mit der Lampe in alle Richtungen, denn dahin, wo Zebras und Giraffen liefen, hätten ja auch andere Parkbewohner mal einen Ausflug unternehmen können.

## Masai Mara

Vom Masai Mara NP waren wir beide auf Anhieb begeistert – das Ticket gilt hier nicht nur für 24 Stunden, sondern es wird noch nicht einmal die Eintrittsuhrzeit darauf notiert. Wenn man zum Beispiel gegen 16 Uhr am Gate auftaucht und für den nächsten Tag ein Ticket löst, dann darf man am selben Tag noch bis Sonnenuntergang im Park unterwegs sein und muss erst am übernächsten Tag den Park um 11 Uhr verlassen. Aber die Zeit von Sonnenuntergang bis Sonnenaufgang darf man auf keinen Fall innerhalb des Parks verbringen, höchstens auf einem der Privatcamps. Ansonsten sehen die Jungs alles sehr entspannt.

Und die Tiere dort sind irgendwie genauso. Nicht, wie sonst üblich, ein jedes in seiner Herde, nein, im Masai Mara mischen sich Zebras, Gnus, Topis - das sind „bunte“ Antilopen - und Gazellen, wie sie gerade lustig sind.

Wir haben dermaßen viele Viecher in kürzester Zeit gesehen und dabei kaum andere Safarifahrzeuge. Wenn die riesigen Gnu-Herden jährlich bei ihrer Migration den Marafluss überqueren, muss dort die Hölle los sein. Richard aus Arusha meinte nur: „In der Zeit sieht man fast mehr Safari-Fahrzeuge als Tiere!“ Was waren wir froh, außerhalb der Saison gekommen zu sein! Und, wie gesagt – wir sahen richtig viel: enorm große Büffelherden, Elefanten, Nilpferde zuhauf und riesige Krokodile im Mara-River – die waren eindeutig gut genährt. Und dann - geradeaus: EIN LÖWE!!! Nur für uns allein!

Ein Prachtexemplar mit buschiger Mähne trottete gemütlich über unseren Weg und legte sich dann auf einem Hügel auf die Lauer. Na, bis die zwei Antilopen in Sichtweite näher gekommen wären, hätte es wohl doch noch länger dauern können, und wir mussten ja vor Einbruch des Sonnenuntergangs aus dem Park sein. Also ließen wir ihn dort auf der Lauer liegen und begaben uns auf die spannende Flussdurchfahrt durch zwei Flussbetten mitten im Park. Aufgrund der Trockenzeit floss nicht viel Wasser, sonst wären wir nicht so easy durchgekommen. Leonie ging trotzdem ein wenig das Zipperlein, wir hatten ja die mächtigen Krokodile schon gesehen. Da wollten wir uns lieber nicht vorstellen, dort stecken zu bleiben.

Auf dem Campingplatz außerhalb des Parks trafen wir ohne Absprache auch Jeroen und Els wieder. Welch ein freudiges Wiedersehen, die Welt ist halt doch ein Dorf!

Dummerweise übersah Torsten dann beim Umparken im Rückwärtsgang einen Baum. KaWumm, es tat einen fürchterlichen Schlag und unser Ersatzrad hatte seinen Träger und die Hecktür nach innen verschoben! Kurze Schadensbilanz: Ersatzradträger verbogen, Aufhängung der Tür nach Innen gedrückt. Dadurch waren auch die Schränke auf der Fahrerseite etwas verrückt. Aber: Gebrochen war nix und alle Scheiben waren auch noch ganz. Fazit: Das sollten wir irgendwo wieder hinbiegen können!

Die Lodge mit Campingplatz wurde von einer Deutschen betrieben. Traumhaft. So etwas schwebt uns auch vor: ein Platz, an dem Overlander und Touristen zwangsläufig vorbeikommen. So, wie sie sagte, läuft der Laden seit Jahren sehr gut – gerade weil Safari-Veranstalter regelmäßig bei ihr Rast machen.

Jeroen und Els erzählten uns beim Sundowner, wo sie inzwischen gewesen waren und wie sich die Straßen von Nairobi ins Masai Mara gestaltet hatten. So, wie sie sagten, stand uns wohl das Schlimmste noch bevor. Sie wussten auch, dass der schlechte Straßenzustand einen Grund hatte. Nach ihren Informationen sollte der für den Straßenbau in Kenia verantwortliche Politiker im Masai Mara NP eine Lodge mit der einzigen Flugzeug-Landebahn im ganzen Park besitzen. Logisch, dass der kein Interesse daran hat, dass Touristen bequem mit ihren Autos anreisen. Wir wissen nicht, ob das stimmt, aber man kann es glatt glauben.

Die besagte Piste war tatsächlich so schlecht wie prophezeit. Es handelte sich um ehemaligen Asphalt, der jedoch halbmetertiefe Löcher hatte, denen man auch mit der besten Slalomtechnik nicht ausweichen konnte. Es tat fürchterliche Schläge und bei 40 km/h war Schluss. Selbst das Befahren der Böschung, was andernorts manchmal ganz hilfreich war, klappte hier nicht. Zwischen Bankett und Fahrbahndecke gab es einen Absatz von 20 – 30 cm, und den konnte man nicht so schnell überwinden, wenn ein Bachlauf oder Ähnliches auftauchte.

Nach sehr strapaziösen drei Stunden erreichten wir die Hauptverkehrsstraße, und von da ab war der Belag besser. Dafür ging es jetzt in einer fast 50 Kilometer langen Auffahrt aus dem Rift Valley am Abhang hinauf auf das Plateau, auf dem Nairobi liegt.

Wir haben ja schon ein paarmal erwähnt, wie katastrophal die Busse hier unterwegs sind. Das ist aber nichts im Vergleich zu den ständig überladenen und viel zu schnell fahrenden Lkws. Deren Bremsen funktionieren nicht alle, und auch da, wo wir jetzt fuhren, hatte so mancher die kurvige Strecke bergab nicht überstanden. Überall sah man die Wracks in den Böschungen verrosten. Und mehrmals dachten wir, es wäre um uns geschehen, als uns die Lkws in den Kurven entgegenkamen. Zum Teil schnitten sie die Kurven hemmungslos, oder sie kamen quasi im Drift über die Vorderräder schiebend um die Ecke. Leonie war einem Nervenzusammenbruch nahe, als ich bergauf eine ganze Reihe dieser stinkenden Kolosse überholte und gleichzeitig jene von der Gegenbahn gefährlich nahe an uns vorbei bergab donnerten.

Aber wir haben es zum Glück unfallfrei geschafft, noch vor Einbruch der Dunkelheit wieder in der Jungle Junction unterzukommen.

**Jungle Junction II**

Mit den vielen anderen Overlandern breiteten wir uns auf dem Rasen, der sich mittlerweile durch die lang anhaltenden Regenfälle in einen Schlammplatz verwandelt hatte, aus. Wir warteten ja auf das Päckchen aus Deutschland mit den Computerprogrammen und dem Kabel für unsere Tussi, wie wir unser Navi zu nennen pflegten. Somit hatten wir viel Zeit zum Shoppen, Internetsurfen, um mit anderen Reisenden zu schnacken, Reiseliteratur zu wälzen und Hobbes mal wieder von innen zu putzen.

Torsten nutzte auch die Zeit, um zwei verdächtigen Geräuschen vom Fahrwerk auf den Grund zu gehen und um die Hinterfront von Hobbes wieder in Form zu bringen. Der Baum hatte nämlich einen bleibenden Eindruck in der Hecktür hinterlassen. Der Ersatzradträger und das Ersatzrad hatten zwar das meiste geschluckt, aber die Aufhängung des Trägers hatte sich ihren Weg in unsere „Küche“ gebahnt und die Box im Inneren um drei Zentimeter Richtung Fahrersitz verschoben.

Torsten band Hobbes mit einem Bergegurt an der Aufnahme des Trägers an einem Baum fest, hängte die Seilwinde an einen

Toyota und betätigte gefühlvoll die Winch. So zog die Winde ganz sachte Hobbes vom Baum weg und die Halterung und Heckklappe gelangten wieder in ihre ursprüngliche Position. Den Träger selbst konnte Torsten mit der hydraulischen Presse in Chris' Werkstatt wieder richten.

Dann zu den Fahrwerksgeräuschen: Das erste Geräusch ähnelte einer Fahrradklingel, die immer bei den Speedbumps vor und nach Ortschaften einsetzte. Das zweite war wesentlich beängstigender, da es auch deutlich im Lenkrad zu spüren war.

Jedes Mal, wenn Torsten Hobbes durch eine sehr tiefe Spurrille oder den Straßengraben steuerte, schrappte etwas ganz fürchterlich an der Aufhängung des linken Vorderrades. Das trat im normalen Fahrbetrieb nicht auf, nur diese heftigen Einfederbewegungen lösten es aus.

Das erste Geräusch kam von einer Metallplatte zwischen Stoßdämpfer und Gummilager. Die Platte dient dazu, die erste Bewegung des Rades beim Einfedern gleichmäßig über den Gummipuffer auf den Dämpfer zu übertragen. Normalerweise ist das kleine Teil geformt wie ein Kochtopfdeckel und liegt press auf dem Gummi auf. Bei uns war es durch die Piste scheinbar in eine eher schalenförmige Form verbogen worden und hatte zudem zwei Millimeter Spiel zum Stoßdämpfer. Das war die Fahrradklingel! Mit einer extrem dicken Unterlegscheibe konnte Torsten das recht schnell beheben. Dabei fiel ihm jedoch auf, dass der Federdom an einer Stelle innen blank gescheuert war. Das ist die Erklärung für das zweite Geräusch gewesen. So wie es schien, stauchte sich die Feder nicht richtig zusammen, sondern formte eher ein „C". Und der Außenbogen des C schleifte dann am Dom entlang und verursachte dieses markerschütternde „Scronsch". Dagegen half es nur, die Feder zu wechseln, was Torsten irgendwann in Südafrika erledigen wollte.

Nebenbei machte unser Computer wieder Zicken und Torsten machte kurzen Prozess. Die kenianische Telecom versuchte, die Bevölkerung für das Internet zu begeistern, und streute daher zahllose Computer recht preiswert unter das Volk. Einen davon ergatterten wir und da ein Service-Mitarbeiter Mitleid mit uns und unserem alten Computer zu haben schien – Rough-PCs haben halt ein Erscheinungsbild als wären sie aus der Zeit von Konrad Zuse – gab es auch die Arbeitsprogramme recht preiswert aufgespielt.

Nachdem unser Paket aus Deutschland immer noch nicht aufgetaucht war, machten wir uns über das Wochenende auf den Weg, ein paar kleinere Parks in der Nähe von Nairobi zu besuchen – die Post war ja sowieso geschlossen. Die Thompson Falls von Nyahururu sind dabei besonders erwähnenswert: Über eine Klippe ergießt sich ein größerer Bach ganz ansehnlich in eine etwa 80 Meter tiefe Schlucht. Selbstverständlich wird eine Gebühr von Besuchern erhoben, die sich dieses Schauspiel ansehen wollen.

Wir hatten Hobbes in der Lodge gegenüber geparkt und dort auch gegessen, wobei zwei- bis dreimal ein ganz fürchterlicher Geruch um die Ecke wehte. Leonie meinte noch, dass das bestimmt die Toiletten der Lodge seien. Torsten war sich da aber nicht so sicher.

Von der Aussichtsstelle aus konnte man die Tiefe der Schlucht nur erahnen. Daher machten wir uns mit der Kamera bewaffnet auf den kleinen, ziemlich steilen Trail, der an der Wand der Schlucht entlang nach unten führte. Wir waren nicht alleine, denn neben uns drängten ganze Horden von kenianischen Jugendlichen in Schuluniform den schmalen Pfad rauf und runter – da mussten gleich mehrere Schulen ihren Wochenendausflug hingemacht haben!

Nach einer Viertelstunde standen wir unten am Bachlauf und wollten bis zum Wasserfall wandern. Der Gestank wurde aber immer schlimmer! Des Rätsels Lösung: Der Wasserfall selbst roch wie bei uns der Zulauf zu einer Kläranlage. Wir gingen keinen Meter weiter und ließen tunlichst den Mund zu, um uns nicht irgendetwas einzufangen. Die Jugendlichen schien der Gestank nicht zu stören, denn sie standen im Sprühnebel unteren Ende der Fälle.

Noch eine nette Anekdote lieferte unser Ausflug zum Crater Lake Sanctuary, das neben dem von holländischen Rosenfarmen umgebenen Lake Naivasha liegt. In dem kleinen Wildreservat gibt es keine gefährlichen Tiere, daher ist es dort möglich, auch zu Fuß unterwegs zu sein. Nur ein kleines dezentes Schild am Eingang warnt vor Büffeln.

Wir fuhren also gemütlich durch die Savanne, beobachteten Giraffen im Rivalen- oder Liebeskampf - dieses Geheimnis wird sich wahrscheinlich nie wirklich für uns lüften - und landeten in einer Sackgasse. Da wir jedoch auch noch einen Blick auf den nahegelegenen Lake Naivasha werfen wollten, stiegen wir mit der Kamera bewaffnet aus und liefen auf einem breiten Pfad zunächst durch ein dichtes Wäldchen und dann durch mehr als mannshohes Schilf. Als sich das Schilf nach rechts und links öffnete und wir gerade entscheiden wollten, welche Richtung wir denn nun einschlagen sollten, hörten wir ein lautes und bekanntes „Hmmpf“! Ein Büffel stand, nicht gerade erbaut über unseren Besuch, in gerade mal 15 Meter Entfernung im Wasser! So schnell sind wir schon lange nicht mehr gerannt, bis die schützenden Bäume in Reichweite waren!

Das Wochenende war um und wir kehrten ein drittes Mal nach Nairobi zurück. Leonie besuchte die Post zum mittlerweile vierten Mal und kämpfte sich so weit vor, bis sie sogar die Päckchen lagern sah. Was für ein Chaos! Wir waren überzeugt davon, dass irgendwo da drinnen, in einem der vielen kleinen und bis zur Decke mit gestapelten Paketen vollgestopften Räumen, unser Päckchen aus Deutschland liegen würde. Leider konnten wir bei der Rückverfolgung nur feststellen, dass es schon vor geraumer Zeit in Frankfurt in den Flieger nach Nairobi gelangt war. Tja, das war ein hoffnungsloser Fall.

Aber da wir mittlerweile einen neuen Computer besaßen und sogar einen Garmin-Shop ausmachen konnten, der exakt unser kaputtes Kabel noch im Lager hatte, waren wir eigentlich nicht mehr auf das Päckchen angewiesen. Wir glaubten der Postmitarbeiterin zwar nicht wirklich, als sie uns versicherte, dass nicht abgeholte postlagernde Pakete nach drei Monaten wieder zurückgesendet würden, aber der Verlust wäre auch verschmerzbar gewesen und wir hatten wirklich keine Lust, bis zum Sankt-Nimmerleins-Tag in Nairobi herumzuhängen. Also fuhren wir weiter Richtung Uganda. Unser Päckchen kam übrigens tatsächlich etwa ein halbes Jahr nach dem Abschicken wieder zurück!

## Uganda

Über einen kleinen Grenzübergang nordöstlich des Mount Elgon reisten wir von Kenia nach Uganda. Der Grenzübergang war deshalb wichtig, weil man dort noch nichts von der Road-Tax wusste, die wir bei unserer Einreise ja nicht gezahlt hatten. Wir hatten ja nicht vorgehabt, länger als eine Woche in Kenia zu bleiben. Bloß wegen der Post-Geschichte hatten wir diese Frist überzogen.

Außerdem haben diese kleinen Grenzübergänge den Vorteil, dass die Aus- und Einreise wesentlich entspannter und oft auch lustiger über die Bühne geht als an den Hauptverkehrspunkten. So wurde zum Beispiel unser Restbestand an kenianischem Geld noch im Büro des kenianischen Zöllners von dessen Freund in ugandisches Geld getauscht – es lebe der Schwarzmarkt! Auf der ugandischen Seite wurde Torsten dagegen die nette junge Kollegin des Customs-Offiziers als Zweitfrau angeboten. Wir hatten wirklich unseren Spaß an dieser Grenze!

Über eine recht anspruchsvolle Piste am Hang des Mount Elgon entlang ging es zunächst zu den Sipi-Falls, die aber erst in der Regenzeit wirklich imposant zu sein scheinen. Das dünne Rinnsal, das wir sahen, war zwar ein Foto wert, aber keine Wanderung, um das Ganze näher zu betrachten. Recht interessant war dafür die Aussicht von unserem Campground aus bei Nacht in die etwa 300 Meter tiefer gelegene nördliche Savanne. Im Dunkeln konnte man nämlich sehr gut die zahlreichen Buschbrände und deren Flammenlinien im weitläufigen Grasland Richtung Sudan ausmachen.

In Afrika wird trockenes Gras großflächig „kontrolliert" abgefackelt – als Grundlage für den Ackerbau, um Schlangen zu vertreiben oder warum auch immer. Dabei passieren natürlich immer wieder Unfälle oder das Feuer breitet sich zum unkontrollierten Buschbrand aus. Uns ist das Vorgehen jedenfalls nicht wirklich verständlich.

In Jinja campierten wir auf dem Gelände einer Rafting-Agentur und trafen prompt unseren alten Freund Peter wieder. Er berichtete uns von seinem großen Missgeschick vor Wochen: Er wollte ja mit aller Gewalt zurück nach Äthiopien, weil er sich in den Kopf gesetzt hatte, dort zusammen mit Einheimischen ein Kinderheim aufzumachen. Wir hatten die Befürchtung, dass sie ihn dort nur ausnehmen wollten.

Derzeit gestaltet sich die Visumsbeschaffung aber äußerst umständlich, denn Äthiopien besteht, wie bereits gesagt, darauf, dass ein Visum nur von der Botschaft des Heimatlandes ausgestellt werden darf. Das bedeutet konkret, dass man im Ausland ohne Reisepass herumläuft, solange dieser unterwegs für das Visum ist.

Peter wollte das trotzdem durchziehen und hatte folglich seinen Pass nach Großbritannien geschickt. Kurz darauf war er von der Polizei bei einem unerlaubten Überholmanöver ertappt worden. Überholen auf Brücken ist in Uganda strengstens verboten. Erst recht, wenn die Polizei da ist und man Mzungu, also Weißer ist.

Nach einigem Palaver, Peter wollte das Ticket nicht bezahlen, kassierte der Polizist seinen Führerschein und schickte ihn am darauffolgenden Montag zum Verkehrsgericht in Kampala. Peter erschien dort recht optimistisch und war der Meinung, dass das Missverständnis innerhalb von Minuten ausgeräumt sei. Dummerweise hatte er die Rechnung ohne das „Gerichtswesen“ in Uganda gemacht. Bis zu einem Gerichtsurteil können nämlich bis zu sechs Wochen vergehen – und da Peter keinen Reisepass hatte, schlug man ihm vor, doch in einer der netten 15-Personen-Zellen des Staatsgefängnisses für diesen Zeitraum Platz zu nehmen.

Das Knöllchen hat Peter letztendlich mitsamt Anwaltsgebühr 700.000 UGS gekostet, dabei waren 2.350 UGS ein US-Dollar, und er kam um die Vollpension herum. Am schlimmsten ist ihm aber in Erinnerung geblieben, dass er vor den Staatsanwalt treten und bekennen musste, dass er schuldig sei.

Er wartete bereits seit drei Wochen auf seinen Reisepass, war daher schon recht weit in Uganda herumgekommen und konnte uns ein paar wertvolle Tipps geben.

Der Campingplatz war sehr schön direkt oberhalb der Stromschnellen des Nils gelegen und wir machten mehrere Ausflüge mit der Kamera an die Schnellen hinunter und am Ufer entlang. Der Nil schäumte hier ganz beängstigend über die gesamte Flussbreite auf einer Länge von 200 Metern und in mehreren Kaskaden etwa zehn bis zwölf Meter nach unten. Dazwischen ragten die Felsen und zwei kleine bewaldete Inseln hervor.

Anfangs hatten wir noch überlegt, eine Rafting-Tour zu buchen. Aber so wie die Schnellen aussahen, waren wir nicht mehr ganz so sicher. Das war ja auch nur ein kleiner Ausschnitt einer Tour von sechs Stunden. Durch den Teil wären die Schlauchboote in vielleicht zwei Minuten durchgespült worden. Ich weiß ja nicht…

Abends sahen wir dann einen Film von der am Tag durchgeschleusten Gruppe. Das war wirklich nicht ohne. Gut, er war sehr reißerisch gemacht, aber die Tourmitglieder hatten wirklich zahlreiche Blessuren vorzuzeigen.

Wir berieten uns kurz und sagten uns dann, wenn wir es jetzt nicht machen würden, wann dann? So schnell kamen wir nicht mehr hierher. Also trabten wir zum Ticketschalter und erhielten die Auskunft, dass die Tour am nächsten Tag bereits ausgebucht sei.

Okay, dann nehmen wir die am Sonntag. „Nein", hieß es, „das ist die letzte Tour morgen, die in dieser Länge durch die Stromschnellen führt. Ab Sonntag soll der Staudamm geschlossen und die Schlucht geflutet werden! Das ist das Ende der Rafting-Touren, leider." Das durfte doch nicht wahr sein!

**Pavian zum Frühstück**

Nach Jinja fuhren wir über schöne kurvige Pisten entlang des Nils zu den Murchison Falls und dem dortigen Nationalpark. Auf dem Weg übernachteten wir am Ufer in der Nähe einer kleinen Insel mitten im Nil, auf der die Lodge „Hairy Lemon" zum Verweilen einlädt. Klasse Trauminsel – die rangiert auch unter unseren Top 10 der besten Übernachtungsplätze.

Leider gingen wir davon aus, im Murchison NP auf unsere Freunde aus Belgien zu stoßen und blieben keine zweite Nacht. Das war ein Fehler, denn in Murchison Falls war es alles andere als erholsam – und die Belgier schon längst über alle Berge.

Der Weg dorthin war sehr anstrengend, da holprig und staubig, und zudem war es sehr sehr heiß. Im Park kamen dann noch massenweise die berüchtigten Tsetsefliegen hinzu, so dass wir mit geschlossenen Fenstern fahren mussten. Außerhalb des Parks gab es eine Lodge, auf deren Gelände man angeblich campen konnte. Naja, der Campground lag etwa 500 Meter von der Lodge entfernt, außer Sichtweite der Lodgegäste, auf einem Schotterplatz ohne Schatten bei 35°C und das Ganze für „nur" 10 US$ pro Person und Nacht. Dafür gab es einen Pool mit einer traumhaften Aussicht – für zusätzliche 10 US$ pro Benutzung!

„Wisst ihr was? Ihr könnt mir gerade den Buckel runterrutschen!" bekam der Hotelier als Antwort von Torsten zu hören. Später sollten wir erfahren, dass Jeroen und Els ebenso reagiert hatten und weitergefahren waren. Vielleicht lernt man ja was aus dem Verhalten von potentiellen Gästen!

Durch ein Seiten-Gate kamen wir ohne Eintritt zu bezahlen in den Park. Und das war gut so! Denn wie sich später herausstellen sollte, waren wir auf der falschen Seite des Parks gelandet, wo außer Pavianen und riesigen Schwärmen von Tsetsefliegen nicht viele Tiere zu sehen waren.

Da Leonie heftige Kopfschmerzen hatte, übernachteten wir nur eine Nacht auf der Camp Site der Red-Chili-Lodge für gerade mal ein Viertel des Preises der vorher gecheckten Lodge – und dafür im Schatten! Zum Glück war unser Dachzelt mittlerweile sicher vor Moskitos, das wäre sonst eine sehr unangenehme Nacht geworden.

Zum Frühstücken breiteten wir uns an einer der Holztischgarnituren neben Hobbes aus. Leonie war auf der anderen Seite von Hobbes am Kühlschrank beschäftigt und ich drehte dem gedeckten Tisch gerade den Rücken zu, als ich unsere Brottüte knistern hörte.

Ich fuhr herum und sah, wie ein großer männlicher Pavian aufrecht an unserem Tisch stand und die Brotpackung in der Pranke hielt. Keine zwei Meter von mir entfernt! Ich stürzte auf ihn zu und brüllte los: „No!!!!“ - Daraufhin griff er mit der anderen Hand noch unseren Bananenvorrat und lief auf zwei Beinen zum nahen Gebüsch - nach dem Motto: „Nö, also wenn du so schlecht gelaunt bist, dann frühstücke ich halt alleine...“

Ich bin hinter ihm her, ohne ihn wirklich einholen zu können, und warf eine herumliegende Holzlatte nach ihm. Ich traf zwar, aber er blieb unbeeindruckt und war kurz darauf im Busch verschwunden.

Ich war fassungslos! „Leonie, weißt du, wo meine Steinschleuder liegt? Das schreit nach Rache!“

Kurz darauf rief Leonie, dass sich ein weiterer Pavian von der anderen Seite von Hobbes unserem Tisch nähere. Nach einem Volltreffer auf die Brust aus 15 Metern Entfernung machte der Besucher aber schleunigst kehrt und warnte scheinbar die Kollegen. Denn danach blieben sie hübsch außer Reichweite meiner Schleuder – Munition lag ja genug herum.

Der Grundlage unseres Frühstücks beraubt, mussten wir notgedrungen nach nebenan zum Red-Chili-Camp gehen und dort um „Asyl" bitten. Meinte der Kellner trocken: „Gell, unsere Baboons sind dreist und schnell!" Das schien wohl schon mehreren Campern passiert zu sein.

Von Murchison Falls ging es entlang des Lake Albert zur Crater-Lake Area, einer Region mit vielen kleinen, glasklaren Kraterseen. Auf einem kleinen Campingplatz, der von der Dorfgemeinschaft organisiert wurde, trafen wir auch endlich unsere belgischen Freunde wieder. Wir hatten viel Spaß mit den zahlreichen Meerkatzen und Kolobusaffen, die gar nicht scheu über den Platz, durch die Bäume und über die Zelte tollten, und durch die Fenster ins Innere der Autos lugten. Ehe man es sich versieht, sind sie in einem unbeobachteten Moment im Auto und mit irgendetwas in der Pranke wieder draußen auf einem sicheren Baum. Dort wird das Teil dann auf Essbarkeit geprüft und, falls ungenießbar, wieder fallen gelassen. Nicht jede Digitalkamera hält das aus…

Besonders frech waren die Meerkatzen. Dafür sind die schwarz-weißen Kolobusaffen wunderschöne Tiere, mit ihren langen Schwänzen und langen, wehenden Haaren. Ein Kolobusaffenbaby konnten wir auch an den Bauch der Mutter geklammert beobachten – noch ganz weiß, wie ein winzig kleiner Geist. Das war wohl erst ein paar Tage alt.

Auf dem Weg zum Kibale Forest National Park, ein Urwald, der berühmt für seine Primatenvielfalt ist, tat es auf der Wellblechpiste einen ganz fürchterlichen Schlag unter dem Auto. Torsten hielt an und inspizierte die Federn, konnte aber nichts erkennen und wir fuhren weiter. War vielleicht ein Stein gewesen, der nach oben geschleudert worden war, keine Ahnung. Mit allen Ohren lauschend setzten wir unsere Fahrt fort. Kurz danach wechselte die Piste und ging in Asphaltstraße über.

Wir unternahmen im Kibale NP eine Wanderung durch den Dschungel mit einem Ranger, der uns einiges zur vielfältigen Fauna und Flora des Parks erzählen konnte. Schimpansen sahen wir keine, dazu hätten wir eine andere Tour, für sehr viel Geld, buchen müssen. Die Ranger wissen ja schon ungefähr, wo sich die an Touristen gewöhnten Familien aufhalten, und da wird auch nur hingeführt, wer den Chimp-Tracking-Preis bezahlt hat.

Abends übernachteten wir nicht weit entfernt im Chimps-Nest mit Premium-Blick auf den Urwald – leider wieder ohne Schimpansen zu sehen, die aber laut Manager der Lodge immer mal wieder auch am Waldrand zu finden sind.

Der Nationalpark wird nur von einer Piste durchquert, ansonsten sollte es in dem riesigen Parkgebiet keine Wege geben – deshalb wurde diesmal für Hobbes keine Gebühr erhoben. Auf einem Luftbild im Parkoffice hatte Torsten allerdings deutlich einen Weg, der nach einem Abzweig außerhalb Parkgebietes in einem Bogen quer durch das Kerngebiet des Parks führte, erkannt. Den befuhren wir prompt anderntags und er führte uns weit in den Dschungel hinein und mitten im Park über zwei Höhenzüge. Die Aussicht war schlichtweg atemberaubend!

Mittendrin wurde uns doch etwas klamm und wir drehten um, denn das war ja eigentlich keine zum Befahren freigegebene Strecke. Kurz darauf stockte uns der Atem. Da kam doch glatt ein grünes Fahrzeug mit drei Rangern hinter uns hergerumpelt. Mist, wir waren wohl entdeckt worden!

Wir stoppten, und nach kurzem Palaver - woher wir kämen und wohin wir wollten - konnten wir ohne Probleme weiterfahren. Der Weg war die Zufahrt zum Research-Center des Parks und eigentlich den Wissenschaftlern und professionellen Beobachtern der Schimpansenpopulation vorbehalten.

**Die Ruwenzoris**

Zurück über die landschaftlich sehr schöne Crater-Lake-Area ging es weiter in die Ruwenzori-Mountains. Die Ruwenzoris sind Berge, direkt an der Grenze zum Kongo, mit einer Höhe von bis zu 5.200 Metern. Jetzt waren wir wirklich mitten im Regenwald, denn in der Region regnet es an 300 Tagen im Jahr!

Die Wassermenge, die im gesamten November bei uns zu Hause in Rheinhessen herunterkommt, hatten wir hier am Vormittag von acht bis elf Uhr! Als wir daraufhin unsere am Vortag gebuchte Wanderung absagen wollten, meinte die Managerin der Community-Lodge nur: „Why? Your guide is on the way since two hours!“ Okay, also wurde die Wanderung nur um zwei Stunden verschoben, bis der Regen nachließ.

Mit unserem Guide Steven marschierten wir also die Hänge hinauf durch Felder und beginnenden tropischen Regenwald. Die Aussicht in die Schlucht war klasse. Die Wege waren aber dermaßen glitschig und ausgewaschen, dass man leider mehr auf den Weg als auf die Aussicht achten musste. Mehrmals kreuzten wir einen reißenden Bach, zum Teil von Fels zu Fels springend, manchmal über schaukelnde Hängebrücken und einmal über einen umgestürzten und bemoosten Baum. Immer ging es im Zickzack die Hänge hinauf und wieder hinunter. Selten gab es Treppen, die würden, dem stetigen Regen ausgesetzt, am Hang doch nur unterspült und weggeschwemmt werden. Dafür war ab und zu an besonders steilen und glitschigen Stellen ein Seil gespannt, an dem man sich hinaufziehen oder herabrutschen konnte.

Steven erzählte uns viel über Fauna und Flora, machte auf die Probleme mit den Eukalyptus-Bäumen und die Versuche, diese wieder loszuwerden, aufmerksam, erklärte den Ackerbau und machte spontane Abstecher in das Grünzeug, weil er irgendwo ein Chamäleon entdeckt hatte. Das kleinste davon war gerade einmal so groß wie die Fingerkuppe eines kleinen Fingers!

Wir waren fix und fertig nach dieser Tour und hatten doch nur am Rande des Nationalparks eine „kleine Wanderung“ gemacht. Es gibt Mehrtagestouren durch den Park, dafür werden dann ein Ranger, ein Guide, ein Koch und mehrere Träger benötigt – und das kostet dementsprechend. Und wie hieß es so schön im Reiseführer: „Even Reinhold Messner will need a guide for a hike!“ - Selbst Reinhold Messner würde für einen Spaziergang im Park einen Guide benötigen.

Ruwenzori heißt übrigens übersetzt „Mondberge“ und der Name ist Programm. Die Berge sind nämlich tagsüber fast immer im Nebel verborgen oder wolkenverhangen und nur zu erahnen. Aber nach Sonnenuntergang klart es regelmäßig auf, und man kann erst im Mondlicht sehr klar und deutlich die steilen Felsmassive vor dem Nachthimmel erkennen.

Der Abend mit dem vorbestellten Nachtessen, Ziege mit Gemüse und Reis, auf der Veranda mit dieser traumhaften Aussicht wird uns lange in Erinnerung bleiben.

**Chimp-Tracking**

Etwas weiter südlich des Ruwenzori-Gebirges, nach der Durchquerung des Queen-Elizabeth-Nationalparks, befindet sich der Kalinzu Forest. Das ist ein unter Schutz gestellter Wald, der noch nicht zu einem Nationalpark umgewandelt wurde und von einer Dorfgemeinschaft verwaltet wird. Auch hier gab es eine Rangerstation, auf deren Gelände wir campieren konnten.

Zusammen mit Deborah, einer Rangerin aus dem Community-Projekt, unternahmen wir am frühen Morgen eine Tour durch „ihr" Revier. Wir waren auf der Pirsch nach Schimpansen, von denen drei große Familien hier leben sollten.

Zwei der Familien sind an Menschen und deren Besuche gewöhnt, die dritte und größte jedoch ist dem Besuch von Forschern aus aller Welt, insbesondere der Frankfurter Zoologischen Gesellschaft, vorbehalten.

Deborah erklärte uns sehr viel über die Region, den Urwald, die Schimpansen und die Arbeit, die es machte, solche Gruppen an Menschen zu gewöhnen. Wir waren beeindruckt.

Nach einer Stunde Fußmarsch bergauf und bergab, über Trampelpfade und Wildwechsel, konnten wir die Schimpansen weit entfernt hören. Deborah meinte, dass Schimpansen mit Abstand die lautesten Urwaldbewohner in Uganda seien. Ständig wird lautstark palavert, gewarnt und gerufen. Auch unsere Entdeckung wurde lautstark den Kollegen kundgetan.

Deborah verständigte sich per Funk mit anderen Rangern, die ebenfalls unterwegs waren, und meinte, dass es so aussähe, dass die Schimpansen auf dem Weg zu uns wären.

Kurz darauf konnte Torsten auch schon einen in den Bäumen erkennen, der nicht weniger über unsere Anwesenheit erstaunt war. Als erstes warf er einen Knüppel in Torstens Richtung und kam ein paar Meter den Stamm heruntergehangelt.

Deborah meinte, dass wir wirklich Glück hätten, sie schon so früh zu sehen, normalerweise dauere der Marsch viel länger. Wir sollten uns ruhig verhalten, sie würden uns nicht attackieren.

So war es dann auch. Laut schreiend verständigten sich die Schimpansen, und in den Wipfeln war immer mehr Bewegung zu erkennen. Eine genaue Anzahl konnten wir beim besten Willen nicht ermitteln, es waren etwa acht bis zehn Stück. Die sind durch ihr Fell so gut getarnt, dass man sie erst an der Bewegung der Äste und Bäume erkennen kann. „Da war einer – ist schon weg..."

Wir folgten dieser kleinen Gruppe und hatten das Glück, sie dabei beobachten zu können, wie sie sich für eine Siesta Nester bauten und sich gegenseitig lausten – „grooming" ist der richtige Ausdruck hierfür, denn es geht nur nebenbei um die Entfernung von Ungeziefer und es wird stundenlang genossen, sich vom Kollegen den Pelz kraulen zu lassen.

Einer stieg direkt vor uns, keine zehn Meter entfernt, vom Baum auf den Boden herunter, während sich zwei andere auf einem waagerechten Ast sitzend gegenseitig groomten. Ab und zu schauten sie eher gelangweilt von ihrem Hochsitz auf uns herab. Das gab klasse Bilder. Sie haben kaum Scheu vor Menschen, da sie von einer Gruppe von Verhaltensforschern, sogenannten Habitatoren, permanent begleitet werden. Dieser Prozess dauert ca. zwei Jahre, in denen täglich rund um die Uhr Menschen in der Nähe der Primaten sind und diese so lernen, dass von uns keine Gefahr ausgeht. Genauso wird das auch mit den nicht weit entfernt lebenden Gorillas gehandhabt – mit dem Nachteil, dass diese nun Wilderern regelmäßig zum Opfer fallen.

Eine gute Stunde verbrachten wir bei dieser Familie zusammen mit einer weiteren Rangergruppe und machten uns anschließend auf den Weg zurück – es war mit Abstand unser schönstes Tiererlebnis, nicht nur auf dieser Reise!

Für die Tour bezahlten wir mit nur 46 US$ einen fairen Preis und das Geld kommt unmittelbar dort an, wo die Menschen leben und den Zusammenhang zwischen Naturschutz und Naturnutz erkennen können. In den Nationalparks mit den überzogenen Preisen für Chimp-Tracking sieht das leider anders aus.

Wir fuhren nach dieser tollen Erfahrung über mehrere ausgewaschene Dschungelpisten und durch zahlreiche Bachläufe zum Bwindi Impenetrable Forest. Dort konnten wir eine Nacht auf dem Parkplatz einer Lodge mitten im Regenwald campieren.

Von hier aus starten täglich Safari-Tracks zu den letzten Berggorillas. Leonie hatte so eine Tour vor Jahren bereits in Ruanda gemacht, mir waren die Preise hierfür aber deutlich zu hochgegriffen. Pro Person werden mittlerweile 500 US$ gefordert für eine Wanderung von mehreren Stunden, die zu den vermeintlichen Plätzen der Gorillas führt. Hat man welche entdeckt, ist ein einstündiger Aufenthalt vorgesehen, nach dem man dann wieder bis zu fünf Stunden zurück ins Camp marschieren muss. Sollte man nach fünf Stunden keine Gorillas entdeckt haben, war es halt ein netter und teurer Urwaldspaziergang. Danke, mit mir nicht. Die Erfolgsquote soll zwar bei 82 % liegen, aber dennoch war mir der Spaß zu teuer. Von den Geldern profitiert wohl nur der Staat oder schlimmstenfalls nur irgendein Parteifunktionär.

Weder die Bevölkerung noch der Park haben viel davon. Ein Parkranger verdient 150 US$ im Monat – dafür führt er sieben Tage die Woche Gruppen von acht Personen zu den Gorilla-Familien. Alleine im Bwindi-Nationalpark gibt es fünf solcher Familien, die täglich besucht werden: 8 x 5 x 500 = 20.000 US$ pro Tag! Klar, dass er ein großzügiges Trinkgeld von den ach so reichen Touristen erwartet.

Darüber hinaus hat die Regierung einen Volksstamm der Pygmäen, die Batwa, die seit 40.000 Jahren als Jäger und Sammler in diesen Wäldern lebten, aus ihrem Lebensraum vertrieben und verlangt nun von Touristen um die 80 US$ für eine „Besichtigung“ eines solchen Volksstammes außerhalb des Parks. Das ist doch auch widersinnig.

**Lake Bunyonyi**

In einem Rutsch fuhren wir auf der einzigen Piste mitten durch den Bwindi Impenetrable Forest zum Lake Bunyonyi, einem großen, weitverzweigten, glasklaren See, nicht weit von der ruandischen Grenze entfernt. Wir brauchten für die etwa 100 Kilometer gut sechs Stunden! Die Piste war echt schwierig, die Aussicht auf den Regenwald dafür traumhaft!

Auf dem Campground des Bunyonyi Overland Resorts, das auf einer kleinen Halbinsel direkt am See liegt, trafen wir ein Schweizer Pärchen, Addi und Corinne, das zur selben Zeit wie wir aufgebrochen ist und auch zur selben Zeit wieder zurück sein wollte. Zufälle gibt’s. Komisch, dass wir uns nicht schon vorher getroffen hatten.

Durch die beiden wurden wir auch vom leidigen Weißbrot befreit. Überall auf der Welt, wo die Briten mal waren, gibt es dieses fluffige, geschmacksneutrale und nur kurze Zeit satt machende Toastbrot. Das Zeug wird dummerweise in den Tropen innerhalb von drei Tagen schimmelig, so dass ein kontinuierlicher Absatz der Brotberge in den „Bäckereien“ gewährleistet ist.

Corinne zeigte uns, wie man gutes Brot im normalen Camping-Topf auf der Flamme des Gasherdes backen kann. Das klappte auf Anhieb und schmeckte super! Wir waren begeistert. Bald brauchten wir Mehl-Nachschub!

Auch Jeroen und Els stießen nach ihrer Gorillatour vollkommen begeistert zu uns an den See, wo wir drei schöne und entspannte Tage verbrachten, mit Spaziergängen in der Gegend, Schwimmen im See, der bilharziosefrei sein sollte und auch keine Krokodile oder andere unangenehme Seebewohner hatte.

Die Regenzeit hatte uns ja mittlerweile eingeholt, und jeden Tag platschten unterschiedlich lange Regengüsse plötzlich aus dem Himmel – aber die Sonne kam auch immer für ein paar Stunden heraus.

Wir machten noch einen Abstecher zum Mgahinga-NP, wo auch täglich Gorilla-Tracks angeboten werden. Zum selben Preis wie im Bwindi, aber mit dem Unterschied, dass die Gorillas dort mal schnell einen Abstecher über die Grenze in den Kongo oder nach Ruanda machen können – sprich, mit geringeren Erfolgsaussichten für die Touristen. Wir hatten einem Gerücht geglaubt, dass in einem Camp die Gorillas auch ab und an zu Besuch kämen. Es stellte sich aber heraus, dass das nur ein Mittel war, um Touristen herbeizulocken.

Auf der erneut überaus schlechten Piste dorthin machte das Fahrwerk immer schlimmere Geräusche, so dass Torsten sich abends mal wieder unter Hobbes legte und nachschaute. Das sah jetzt übel aus. Die linke vordere Feder war nach der ersten oberen Windung durchgebrochen. Jetzt fiel uns auch auf, dass Hobbes links vorne tiefer hing als rechts. Mist. Spiralfedern kann man leider nicht reparieren und dummerweise hat Hobbes ein Spezialfahrwerk, das fünf Zentimeter höher ist als das normale Fahrwerk. Das heißt, dass die Federn, die von Landrover üblicherweise verbaut werden, kürzer sind und dass dadurch die größeren Reifen, auf denen Hobbes unterwegs ist, in Kurven schleifen würden.

Da das Mailsystem selbst in dieser abgelegenen Ecke an der Grenze zum Kongo fast reibungslos funktionierte, wandte Torsten sich an die Firma Taubenreuther aus Kulmbach in Deutschland.

Herr Taubenreuther selbst nahm sich des Problems an und prüfte, ob sie Fahrwerksteile nach Ruanda liefern dürften, und mailte uns die zwei Zollnummern für die Federn und die Stoßdämpfer.

Mit diesen Zollnummern könnten die Mitarbeiter an der Grenze die entsprechende Prozentzahl der Einfuhrsteuer ermitteln. Wir sollten das unbedingt vorher prüfen, da es schon vorgekommen sei, dass in manchen Ländern bis zu 200 % des Wertes an sich veranschlagt wurden.

Über eine recht gute Asphaltstraße fuhren wir also zur ruandischen Grenze und erledigten die Formalitäten. Der Grenzübertritt lief sehr professionell und recht flott ab – wir waren erstaunt.

## Ruanda

Am Zoll klärte Torsten auch direkt die Einfuhr für die Ersatzteile. Die Mitarbeiterin notierte sich die Nummern und verschwand. Nach einer Viertelstunde kam sie zurück: „Für die eine Nummer wird 15 % Steuer fällig und für die andere Nummer 18 %, in Summe bezahlen sie also 33 %...“ Er musste fürchterlich lachen und meinte, dass er froh wäre, dass da nicht noch mehr Artikel aufgeführt seien. Der Zöllnerin war das aber todernst! This is Africa!

Wir waren schon gespannt, was der Zoll dann in Kigali dazu sagen würde, wenn das Paket ankommen sollte.

Vor der Einreise mit Hobbes wurden wir noch von einem jungen Soldaten gestoppt, der irgendetwas von uns sehen wollte – leider verstanden wir uns nicht, und nach einiger Zeit resignierte er und winkte uns durch. Torsten vermutete, dass er noch nicht so geübt war im Bakschisch aushandeln.

Und so waren wir im nächsten Staat auf unserer Reise gelandet. Ruanda gilt als die Schweiz Afrikas – nicht nur wegen der Hügel und Berge – auch wegen der Sauberkeit. Hier liegt wirklich so gut wie nirgends Abfall herum und die Straßen sehen aus, als ob sie regelmäßig gekehrt würden. Und noch etwas ist hier besonders – man fährt wieder rechts! Da mussten wir uns zu Anfang erst wieder richtig daran gewöhnen. Immerhin fuhren wir bereits seit Kenia auf der linken Seite.

Irgendwo fuhren wir an einem Hinweisschild vorbei: „Partner-Landkreis Alzey-Worms“. Da kommen wir doch her! Dass Rheinland-Pfalz Partnerland von Ruanda ist, wussten wir natürlich, aber dass wir auch einen Partner-Landkreis dort hatten, war uns bis dato unbekannt. Wir waren hin und weg, hielten an, und sofort waren wir umzingelt von Einheimischen. Wir deuteten auf das Schild und zeigten einem Herrn unseren Stempel auf dem Nummernschild von Hobbes – daraufhin strahlte er übers ganze Gesicht und schickte uns umgehend zur Bürgermeisterei im Ort.

Dort hätten sie am liebsten das Nummernschild als Andenken an uns und unsere Tour behalten, was wir natürlich nicht machen konnten. Nach vielem Händeschütteln ging es weiter in die Hauptstadt.

In Kigali quartierten wir uns in einer kleinen Herberge mitten im Stadtzentrum ein und konnten Hobbes im Innenhof abstellen. Wir hatten zwar eine Camping-Möglichkeit gesucht, aber der einzige Platz war recht weit vom Zentrum entfernt und bot nur eine gepflasterte Fläche im Innenhof eines Hotels, das war dann doch nicht nach unseren Vorstellungen.

Uns war eine Herberge sowieso lieber, denn wenn die Teile für Hobbes kommen sollten, brauchten wir sicher zwei Tage in einer Werkstatt und hätten dann nicht in unserer Wildnisvilla schlafen können.

Via Internet bestätigte uns Herr Taubenreuther, dass sie die Teile liefern könnten und dass die Ware in drei Kisten in acht bis zehn Tagen via DHL in Kigali eintreffen würde. Da wurde uns etwas bange, denn wir warteten ja quasi immer noch auf unser Paket, das nach Nairobi geschickt worden war. Und dann sollten DREI Pakete so schnell in Kigali ankommen?

Wir erhielten auch Auskunft über die Frachtkosten, und Torsten bestellte alle vier Federn und alle vier Stoßdämpfer mit den Kleinteilen nach Kigali, postlagernd. Abgerechnet wurde über die VISA-Karte, die Rechnung erfolgte netto und wir sollten die Einfuhrsteuer dann hier in Kigali bezahlen.

In der Zwischenzeit konnten wir ein wenig Kigali kennenlernen. Die Hauptstadt liegt auf mehreren Hügeln verteilt auf angenehmer Höhe, so dass es nachts gut abkühlt. Natürlich kommt man in Ruanda nicht um die schreckliche Geschichte des Landes herum. Wir besuchten neben dem berühmten Hotel „Mille Colines“, das durch den Film „Hotel Ruanda“ auch bei uns bekannt geworden war und heute ein schickes, aber irgendwie recht nüchternes Hotel ist, auch das Genozid-Memorial Center. Das ist eine moderne Gedenkstätte mit einem sehr gut aufgemachten Aufklärungszentrum über Ursachen, Hintergründe, Tatsachen und Folgen des Genozids an den Tutsi 1994.

Ich (Leonie) finde es schon unglaublich, wie sich dieses zerstörte Land seitdem aufgerappelt und herausgemacht hat. Als ich 2004 in Ruanda war, sah man noch viele Sträflinge in Pink oder Orange bei gemeinnütziger Arbeit im ganzen Land. Heute sind es nicht mehr ganz so viele, die Gerichtsprozesse sind zwar immer noch nicht alle abgeschlossen, aber die Regierung wie die Bevölkerung scheinen großen Wert daraufzulegen, die Versöhnung in den Vordergrund zu stellen. Heute sehen sich die meisten Ruander nicht mehr als Hutu oder Tutsi, sondern als Ruander.

Sehr erfreulich ist auch der Umweltschutz in Ruanda, wahrscheinlich das einzige afrikanische Land, das in dieser Hinsicht recht zielstrebig ist. Plastiktüten gibt es beispielsweise gar nicht. Im Supermarkt wird in Papiertüten verpackt und auf dem Markt muss man schon seinen eigenen Korb dabeihaben.

Viel Wert wird auch auf Bildung gelegt. Seit 2011 ist nicht nur die 6-jährige Grundschule Pflicht, sondern auch eine dreijährige weiterführende Schule. Dass das nicht so reibungslos geht, ist schon klar, aber allein die Absicht und die beginnende Umsetzung freuen uns. Auf dem Land wird das wohl noch ein paar Jahre länger dauern, aber in Kigali wird damit bereits angefangen. So erklärte es uns ein Salesianer-Pater, der ein Ausbildungszentrum für Jugendliche leitet, das wir besuchen konnten. Das Ausbildungszentrum ist ein Projekt von Human Help Network, ein kleines Mainzer Kinderhilfswerk, das ich seit einiger Zeit unterstütze.

In Kigali ist es mittlerweile fast leichter, sich auf Englisch zu verständigen als auf Französisch, was ja bis vor ein paar Jahren noch die offizielle Sprache war. Natürlich mangelt es landesweit noch an qualifizierten Englischlehrern, aber wie gesagt, die Ruander machen sich auf den Weg. Im Vergleich zu so vielen anderen bisher besuchten afrikanischen Ländern tut sich hier etwas, es stagniert nicht.

Wir hatten auch Gelegenheit, den Umuganda-Tag zu erleben. Ein Samstag in jedem Monat ist für gemeinnützige Aktivitäten reserviert. An dem Tag ist alles, Verkehr und Läden, einfach alles geschlossen. Jeder räumt an diesem Tag Müll weg, packt hier und da mit an und hilft in gemeinnützigen Projekten. Seltsam war das schon, samstagsvormittags durch eine Hauptstadt zu laufen ohne ein einziges Auto zu sehen, außer der Polizei, die das Ganze natürlich streng überwachte und selbst die wenigen noch zirkulierenden Motorräder anhielt.

Kurz und gut – wir haben Ruanda als sehr fortschrittliches afrikanisches Land kennengelernt, und als Rheinland-Pfälzer freut uns das natürlich besonders.

Ansonsten verbrachten wir unseren „Zwangsurlaub“, während wir auf unsere Pakete warteten, am Kivu-See im Norden des Landes, zunächst in Gisenyi und später etwas südlicher in Kibuye. Traumhafte Landschaft sieht man dort, mit Halbinseln oder Inselchen in Ufernähe, Hügeln rundherum, Sicht bis auf die kongolesischen Berge am Horizont oder auf die Virunga-Vulkane im Norden Ruandas. Der Kivu-See hat dann auch noch bestechend glasklares, hippo-, krokodil- und bilharziose-freies Wasser. Was braucht man mehr für einen Urlaub? Da störten auch die paar Gewitter und heftigen Regengüsse nicht großartig.

Eigentlich wollten wir in Kigali auch der Photovoltaik-Anlage von Torstens Arbeitgeber einen Besuch abstatten, doch über den Weg, den uns unser GPS anzeigte, kamen wir dank des bewachten Militärgebietes nicht durch.

Torsten checkte täglich via Internet den Standort der drei Pakete und dann war es so weit. Sie sollten bei der Post angekommen sein. War natürlich klar, dass sie zum Hauptpostamt gebracht worden waren und nicht zur DHL-Zentrale, wie es uns fälschlicherweise die DHL-Mitarbeiterin vorher gesagt hatte.

Mit dem Frachtverfolgungsbericht gingen wir zum Schalter und erhielten dort die ernüchternde Nachricht: „No parcels." Das konnte nicht sein, der Barcode wurde doch bearbeitet. Ein anderer Mitarbeiter ging dann mit uns ins Lagerhaus, wo sämtliche Pakete und Päckchen des aktuellen Tages in einer 30 Meter langen Schlange durch die Halle aufgereiht standen.

Torsten wusste ungefähr, wie groß die Pakete sein müssten und überflog den Haufen – da waren sie. An drei verschiedenen Stellen. Wir nahmen die schweren Pakete zum Schalter und erhielten die beiliegenden Frachtpapiere sowie ein Dokument, das wir beim benachbarten Zollgebäude abstempeln lassen mussten.

Der Zöllner war sehr eifrig und summierte die Beträge der drei Frachtbriefe auf, berechnete die Steuer und wollte uns richtig arm machen. Bis Torsten ihm erklärte, dass in jedem einzelnen Paket nur ein Teil des Frachtbriefes sei und ein und derselbe Frachtbrief an jedem Paket kleben würde. Das dauerte seine Zeit, und der Zöllner fragte dann, um was es sich bei der Lieferung denn handeln würde.

Torsten erklärte, dass wir diese Teile für unser Auto brauchen würden, das in der Werkstatt stehen würde, und dass wir mit unserem Hobbes auf dem Landweg von Deutschland bis hierher gefahren seien.

„Ach, Sie wollen die Teile nicht hier im Land verkaufen?“, fragte er. „No, we need them to repair our car and to leave Ruanda next week. “ Daraufhin hellte sich die Mine des Zöllners auf: “And you are coming straight from Germany?” Torsten meinte dann, dass wir sogar „straight“ aus Rheinland-Pfalz kämen.

Und dann, unglaublich aber wahr, mussten wir nicht mal die Einfuhrumsatzsteuer bezahlen. Er drückte uns den erforderlichen Stempel in das Dokument, kassierte gegen Quittung einen Dollar Stempelgebühr, und wir konnten die Pakete in Empfang nehmen.

Umgehend fuhr Torsten in die Werkstatt eines in Kigali ansässigen Österreichers und machte sich mit zwei Gesellen an die Reparatur. In weiser Voraussicht hatten wir für alle vier Räder Federn und Stoßdämpfer bestellt – es waren nämlich drei Federn gebrochen, die beiden hinteren davon sogar oben und unten, und ein Stoßdämpfer war auch kaputt. Na, die Pisten hatten ihren Tribut gefordert!

Die Reparatur dauerte eineinhalb Tage, und dann machten wir uns noch einmal auf den Weg nach Kibuye, da wir eine landschaftlich traumhafte Strecke am See entlang nach Süden fahren wollten. Diese Piste hatten wir nicht mit dem defekten Fahrwerk befahren wollen, da sie in ziemlich schlechtem Zustand war. Aber da uns ein südafrikanisches Pärchen von der Strecke so vorgeschwärmt hatte, machten wir nach der Reparatur gerne den Umweg. Jetzt konnte ja nichts mehr passieren – zumal wir endlich auch wieder beide Tanks vollmachen konnten – das hatten wir vorher unterlassen, um das Gewicht von Hobbes so gering wie möglich zu halten.

## Vom Pech verfolgt

Auf dieser Strecke passierte uns dann dennoch das nächste Malheur. Irgendwie hatte sich die selbstsichernde Mutter der Aufhängung des Ersatztanks losegerüttelt. Weiß der Geier, wie das passieren konnte. Auf jeden Fall tat es plötzlich einen lauten

Schlag, und Hobbes machte eine gewaltigen Satz nach oben, der Leonie an die Autodecke warf.

Sie guckte sofort aus dem Fenster und sah, wie sich der Ersatztank neben uns selbstständig gemacht hatte. Mit Hilfe von schnellen und eifrigen Ruandern konnten wir gerade mal die Hälfte der 65 Liter des aus mehreren großen Löchern auslaufenden Diesels auffangen, und dann besah sich Torsten den Schaden.

Der Rahmen von Hobbes war an einer Stelle verbogen und etwas angerissen. Das Bodenblech unter dem Wassertank hatte es nach oben gedrückt, zum Glück ohne weiteren Schaden dort zu verursachen. Den Ersatztank konnten wir so verbeult und durchlöchert natürlich nicht mehr gebrauchen, aber einer der Männer freute sich wohl darüber, denn er zischte damit ab, kaum dass wir noch mit dem Schreck in den Gliedern wieder im Auto saßen. Den Verbindungsschlauch vom Haupt- zum nicht mehr vorhandenen Ersatztank hatten wir zum Glück schnell verschließen und abdichten können. Die Weiterfahrt genossen wir erst einmal nicht mehr, fanden dafür aber am Abend ein wunderschönes Bushcamp am Seeufer.

Am nächsten Morgen sahen wir während des Frühstücks die ersten neugierigen Blicke in weitem Abstand. Dann wurde wohl ein älterer Mann, der Französisch konnte, zu uns Wazungus vorgeschickt. Ein sehr netter Mensch, der sich erkundigte, was wir da machen würden, und der uns noch einen Strand etwas weiter hinten empfahl. Kaum war er wieder weg, hatte sich wohl herumgesprochen, dass wir harmlos seien, und wir wurden von etwa 20 – 30 Frauen und Kindern umringt, die uns neugierig beim Aufräumen und Abbauen zusahen.

Der absolute Renner waren natürlich das Klappdach, die klappbare Leiter, der Klapptisch und die Klappstühle, auf denen so gut wie jeder einmal sitzen wollte. Leonie machte sich einen Spaß daraus, hielt das ganze fotografisch fest und zeigte dann die Bilder herum. Wir lachten viel und verabschiedeten uns nach etwa einer Stunde. Sehr lustiger Morgen.

Weiter führte uns unser Weg durch den Nyungwe Forest Nationalpark, einen der ältesten Wälder der Erde. Der Nyungwe Forest war wohl selbst während der letzten Eiszeit noch grün geblieben. Man kann von einer Rangerstation mit modernem Informationszentrum aus Wanderungen mit Guides durch den Urwald organisieren, worauf wir allerdings wegen des Malheurs am vorigen Tag und der notwendigen Reparatur von Hobbes leider verzichten mussten. So bestaunten wir die riesigen Bäume eben hauptsächlich vom dem Auto aus.

In Huye, der zweitgrößten ruandischen Stadt, fanden wir recht flott eine Werkstatt, in der sie den Schaden an Hobbes‘ Rahmen wieder „fachmännisch“ richten und schweißen konnten, mit einfachsten Mitteln und einem beeindruckend großem Schlaghammer – wir sind noch gespannt, was unser deutscher TÜV dazu sagen wird...

2006 wurden übrigens die ruandischen Provinzen und einige Städte umbenannt, daher findet man auf Landkarten manche Städte mit unterschiedlicher Bezeichnung. Huye hieß früher zum Beispiel Butare, und der Name stand auch noch auf unserer Karte. Die Ortsschilder waren auch noch nicht komplett ausgetauscht, und selbst in der Bevölkerung schienen die alten Ortsnamen teilweise noch Usus zu sein. Ganz schön verwirrend!

In Huye verweilten wir zwei Nächte. Nachdem Hobbes seine Brachialkur in der Werkstatt erhalten hatte, besuchten wir noch das sehr gut ausgestattete Nationalmuseum mit ausführlichen Informationen und Ausstellungsstücken zur ruandischen Geschichte und Kultur. Am nächsten Tag wagten wir uns auch in das furchtbare Genozid-Memorial von Gikongoro, wo zur Abschreckung vor den Gräueltaten von 1994 exhumierte und mit Kalk mumifizierte Leichen in den einzelnen Räumen der ehemaligen Schule, in der ein fürchterliches Massaker stattgefunden hatte, ausgestellt sind. Nicht nur der üble Geruch und der Anblick der pietätlos übereinandergestapelten Körper von Erwachsenen und Kindern waren grauenvoll, sondern auch die leider sehr schlechte Führung einer offensichtlich unmotivierten und extrem schlecht verständlichen Dame trug nicht dazu bei, eine solche Tour weiterzuempfehlen.

Am nächsten Tag fuhren wir weiter zur nur 30 Kilometer entfernten burundischen Grenze. In Kigali hatten wir problemlos das burundische Visum erhalten, auch wenn der Deutsche Botschafter aus Bujumbura natürlich nicht sagen konnte, dass es absolut problemlos sei, durch Burundi zu fahren. Es gab dort seit Ende des langjährigen Bürgerkrieges immer noch recht viele Banditen und bewaffnete Überfälle.

Aber ich (Leonie) wollte zu gerne in Burundi in den Bergen oberhalb der Hauptstadt Bujumbura vorbeifahren, wo ich 2003/04 mit der Organisation „Ärzte ohne Grenzen" gearbeitet hatte. Mein Plan war, einige der von mir damals betreuten Gesundheitszentren rund um unseren damaligen Stützpunkt in Ijenda zu besuchen, um eventuell Bekannte wiederzutreffen. Außerdem arbeitete Lea, eine Bekannte aus Mainz, in einem Straßenkinder-Projekt in Gitega, der zweitgrößten burundischen Stadt, und ihr wollten wir natürlich auch einen Besuch abstatten.

Zunächst passierte uns aber noch einmal etwas wirklich Dummes. Vor der Grenze wollten wir noch die auf dem Dach befindlichen Ersatzkanister in den Tank füllen. Die waren vom verloren gegangenen Ersatztank gefüllt, und wir befürchteten, dass wir an der Grenze den Sprit abgeben oder zumindest versteuern müssten.

Während wir auf der Piste im Wald die Kanister umfüllten, scharwenzelte die ganze Zeit ein etwas seltsamer Bursche um uns herum. Ständig mit der Kippe im Mund, wollte er etwas von dem Diesel haben und schmierte sich das dann auf die Füße und auf die Stirn. Wozu - weiß der Geier, Diesel scheint irgendwelche magischen Kräfte zu haben. Er stand immer im Weg herum und wollte „helfen", bis ihn Torsten verscheuchte.

Er hatte Erfolg damit. Und dann merkten wir, dass nicht nur er, sondern mit ihm auch unser Tankdeckel auf und davon war.

Ziemlich angepisst machten wir uns also auf den Weg nach Bujumbura.

Und prompt fuhren wir in eine Polizeikontrolle, die wohl auf Bakschisch aus war. Alles wurde kontrolliert. Pässe, Carnet, Versicherung, Führerschein. Und dann verlangte der Herr das „Travel-Permit“ zu sehen.

„Wie? Travel-Permit? Reise-Erlaubnis? So was brauchen wir nicht“, meinte Torsten. Worauf der Uniformierte konterte: „If you don’t have a Travel-Permit, you are not allowed to drive around in Ruanda!“ Torsten lachte auf und meinte: “Germans don’t need a Travel-Permit. We support your country, but you can come with us to the border and we can discuss this there.”

Der Polizist war sichtlich erstaunt über das selbstsichere Auftreten von Torsten und ließ uns weiterfahren. Im Nachhinein wurde uns klar, dass wir bei der Einreise von Uganda nach Ruanda von dem jungen Soldaten wahrscheinlich auf dieses Permit angesprochen worden waren, wir hatten ihn aber nicht verstanden.

**Burundi**

Die Einreise nach Burundi klappte weniger gut als erwartet. Wir hatten zwar das Visum und auch das Carnet abgestempelt, standen aber nach wenigen Metern hinter dem Schlagbaum in einer Verkehrskontrolle.

Das war nicht irgendeine Kontrolle! Nein, nur wir wurden hier scheinbar gefilzt. Licht, Fernlicht, Bremslicht, Blinker, Warnblinker, Hupe, Warndreiecke, Verbandskasten – die ganze Palette. Wir waren darauf vorbereitet und gut gerüstet und es funktionierte zum Glück auch alles - während wir von Fahrzeugen mit fehlenden Rücklichtern passiert wurden.

Der Polizist gab sich nicht geschlagen und fragte nach einer halben Stunde des Wartens: „Was ist euer Geschenk an mein

Land?“ Darauf meinte Torsten: „Just a smile!“, lächelte und fuhr weg.

Im Abstand von jeweils etwa 15 Kilometern wiederholte sich das Prozedere in abgewandelter Form, aber wir kamen immer ohne Geschenke abzugeben durch und erreichten nachmittags Bujumbura.

Dort fanden wir tatsächlich eine Landrover-Werkstatt, welche von einer Deutschen gemanagt wurde. Wir hatten sehr viel Glück, denn die hatten einen passenden Tankdeckel für uns, sogar mit Schloss und Schlüssel. Und das dann auch noch geschenkt. Da waren wir mal wieder über diese unerwartete Freundlichkeit und Großzügigkeit verblüfft.

Ansonsten war es uns in Bujumbura einfach zu warm und zu schwül. Nach einem kurzen Besuch am Strand des Tanganjika-Sees, dem tiefsten afrikanischen See im Übrigen, an dem ich (Leonie) mich 2003/04 auch ab und zu erholen konnte, fuhren wir die schöne, gewundene Straße hoch in die Berge nach Ijenda, das auf etwa 2.100 Metern Höhe liegt und ein dementsprechend angenehmes Klima hat.

Zunächst fuhren wir an unserem ehemaligen Haus von „Ärzte ohne Grenzen“ vorbei, aber natürlich wohnte da mittlerweile jemand anders. Dafür checkten wir kurz vor dem nachmittäglichen Gewitter in einem etwas außerhalb gelegenen schicken, neuen, wenn auch nicht komplett funktionstüchtigen Hotel für eine Nacht ein. Mit dem Gewitter wurde es schlagartig richtig kalt, und wir verzogen uns bald nach dem Abendessen unter die drei Schichten Decken im Bett.

Immerhin hatten wir nach Einbruch der Dunkelheit noch etwa eine Stunde Strom. An nicht so sonnigen Tagen wie diesem, könne die kleine Photovoltaik-Anlage nicht genug Strom produzieren, meinte noch der Manager. Vor allem nicht, wenn sie, wie wir am nächsten Morgen sehen konnten, im Schatten zwischen den Häusern steht...

Am nächsten Tag machten wir uns auf den Weg, alte Bekannte von Leonie zu finden. Den damaligen Chef des Gesundheitsdistriktes konnten wir leider nicht mehr antreffen, da er mittlerweile anderswo arbeitete. Dafür erkannte Leonie seine Frau, die Apothekerin des Krankenhauses. Die freute sich mit noch zwei anderen bekannten Gesichtern über unseren Besuch und konnte ihr ein wenig über die Bekannten in den Gesundheitszentren erzählen.

Leonie: Leider konnte ich nicht viele der ehemaligen Kollegen antreffen. Einige arbeiteten in anderen Distrikten, und der Chef eines kleinen Gesundheitszentrums, mit dem ich damals besonders gerne zusammengearbeitet hatte, studierte mittlerweile in Bujumbura. Das freute mich natürlich sehr zu hören.

Seine Frau, die ebenfalls Krankenschwester ist, überraschten wir dafür kurz später. Sie leitete in der Zwischenzeit das Gesundheitszentrum und erkannte mich auch sofort. Das war ein wirklich freudiges Wiedersehen und ich hoffe, der Kontakt bleibt bestehen – jetzt, wo es selbst in Ijenda ein kleines Internetcafé gibt, ist das ja auch möglich.

Nachmittags fuhren wir schon weiter durch die hügelige Landschaft, vorbei an vielen Feldern und Eukalyptuswäldern nach Gitega und trafen Leonies Bekannte Lea und Pater Jean-Marie, der seit 2007 dort ein Straßenkinder-Projekt aufgezogen hat, das rege genutzt wird. Die Kinder selbst konnten wir nicht kennenlernen, da die Ordensschwestern, die in dem Zentrum arbeiten, eine Sachspende aus Italien sortieren mussten. Sie hatten einen ganzen Container voll mit Kleidung, Spielsachen und sonstigem Gerät gespendet bekommen. Das Sortieren brauchte seine Zeit und da wären die Kinder eher hinderlich gewesen.

Immerhin konnten wir das Zentrum besichtigen und die wirklich sehr netten Schwestern kennenlernen, die uns direkt zum Essen eingeladen haben. Überhaupt wurden wir von allen in Gitega wahnsinnig nett empfangen und umsorgt, so eine Aufmerksamkeit hatten wir überhaupt nicht erwartet.

In Gitega besichtigten wir anderntags das burundische Nationalmuseum – das einzige burundische Museum überhaupt. Das war schon etwas Besonderes. In einem schönen kolonialen Gebäude untergebracht, hätte die völkerkundliche Ausstellung jedoch auch in ein größeres Wohnzimmer gepasst. Dafür waren wir auch die einzigen Gäste und erhielten eine Führung von dem Museumsdirektor persönlich, der wohl auch der einzige Angestellte überhaupt in diesem Haus war.

Besonders lustig war die Episode, als er uns kleine an Voodoo erinnernde Püppchen zeigte und uns fragte: „Könnt ihr euch vorstellen, dass die Menschen hier früher daran geglaubt haben, dass diese Figuren Glück oder Pech bringen?“ „Klar können wir uns das vorstellen, wir haben ja auch so ein Püppchen!“ Das wiederum konnte er sich nicht vorstellen. Also nahmen wir ihn mit nach draußen zu Hobbes und zeigten ihm unsere Jasmin, die am Rückspiegel hing und uns bisher eigentlich ganz ordentlich mit ihrem Nieten-Schwert gegen die bösen afrikanischen Geister verteidigt hatte.

Aber abgesehen von uns glaubt in Afrika ein großer Teil der Menschen immer noch an Flüche, böse Zauber oder magische Heilkräfte. Die traditionellen Heiler haben in so gut wie jedem afrikanischen Land, das ich (Leonie) kenne, vor allem bei der ländlichen Bevölkerung Hochkonjunktur, und der westlichen Medizin wird nur Vertrauen entgegengebracht, wenn die Zauberei nicht funktioniert hat. Das hat leider auch immer wieder fatale Folgen.

Trotz der Gastfreundschaft in Gitega zog es uns am nächsten Nachmittag schon wieder weiter – wir wollten die in Ruanda vertrödelte Zeit langsam wieder einholen.

Pater Jean-Marie und Lea begleiteten uns noch bis zur einzigen „Touristenattraktion“ in Burundi, zu den berühmten südlichsten

Nilquellen. Allerdings wurde uns auch schon im Nyungwe-Forest in Ruanda erzählt, dass dort die südlichsten Nilquellen entspringen würden. Das Ursprungsland des Nils zu sein stellt wohl eine ganz große Ehre dar und wird wohl deshalb von mehreren Staaten für sich in Anspruch genommen. Zumindest in Burundi ist das ein absolut unscheinbares Fleckchen, wo die Quelle selbst auch noch mit einem Plastikrohr „verschönert" wurde. Naja, so können die Menschen wenigstens das saubere Wasser zapfen und nutzen, aber schön ist anders.

Auf dem Berg über dem Quellaustritt ist dann auch noch ganz pathetisch als Symbol des Nils in Ägypten eine kleine Pyramide errichtet worden. Irgendwie niedlich.

Mehr als die Pyramide haben uns von dem Hügel aus die wunderschöne Aussicht und das sichtbar herannahende Gewitter beeindruckt. Dementsprechend kurz fiel auch der Abschied von Lea und dem Pater aus. Wir behalten den Besuch in Burundi aber in sehr schöner Erinnerung.

Weiter fuhren wir am nächsten Tag über eine Grenze, über die wohl nur selten Ausländer nach Tansania einreisen – wir waren weit und breit die einzigen Wazungu. Nachdem wir im letzten Ort in Burundi in einem unscheinbaren Häuschen, das nur durch die Nationalflagge als Immigration und Zoll erkennbar war, unsere Formalitäten erledigt hatten, fuhren wir mehrere Kilometer über eine Piste durch Niemandsland, in dem allerdings immer noch die Felder bestellt wurden, und konnten dann in Tansania wieder problemlos einreisen – diesmal kannten wir uns mit den Gebühren ja bereits zur Genüge aus.

**Tansania – Klappe die zweite**

In Kigoma, dem ersten größeren Ort hinter der Grenze, verbrachten wir den Nachmittag am traumhaften Strand eines Campingplatzes am Tanganjika-See. Der Jacobsen-Beach rangiert auch auf unserer Top-Ten-Übernachtungsplatzliste. Und dann hatten wir den feinen Strand auch noch ganz für uns alleine – die Regenzeit mit ihren eindrucksvollen Schauern hatte wohl andere Urlauber oder Tagesgäste davon abgehalten, zusätzlich noch ein Bad zu nehmen.

Trotz des traumhaften Platzes trieb es uns am nächsten Tag schon weiter nach Süden. Wir hatten noch ein paar Kilometer bis Südafrika vor uns und wollten eigentlich auch gerne noch ein wenig mit unseren Freunden aus Belgien und aus der Schweiz reisen, die sich mittlerweile bereits in Malawi bzw. Sambia aufhielten. Zudem sagte uns der sympathische norwegische Campingplatzbesitzer, dass die Straße besser zu befahren sei, wenn es nicht regne – was nach mehreren Tagen mit viel Regen gerade der Fall war.

Über chaotische Schlammschlachten und die Fahrbahn versperrende Lkws hatten uns die Belgier bereits ausführlich berichtet, als sie etwa zwei Wochen vor uns auf der einzigen Straße nach Süden im Westen Tansanias entlanggefahren waren. Folglich nutzten wir das traumhafte Wetter, das uns die drei Tage lang bis nach Sumbawanga im Südwesten Tansanias treu bleiben sollte. Nur nachts sollten ab und an ein paar Tropfen fallen.

Die Piste verlief durch viel dünnen Wald vereinzelten Ansammlungen von Kalksteinfelsen. Nur selten sah man einen Menschen. Das Navi behauptete zwar mehrmals, dass wir gerade durch eine Ortschaft fahren würden, aber da war nichts zu sehen. Nur diese arg dünnen Bäumchen und Büsche, die kaum Schatten spendeten.

In der nächsten Siedlung ging uns dann auf, weshalb das so war. Die Bewohner vernichten dort ihren Wald, um Holzkohle herzustellen und diese zu verkaufen. Rund um die Siedlung rauchten die Kohlenmeiler und die Holzkohle wurde in großen, übervollen Säcken am Straßenrand aufgeschichtet. Regelmäßig scheint dann ein Lkw diese großen Mengen abzuholen.

Nach einer ungestörten Nacht irgendwo im Busch landeten

wir im Katavi-Nationalpark, der uns von einer Holländerin in den Usambara-Bergen empfohlen worden war. Dummerweise war die Regenzeit dann doch nicht die richtige Jahreszeit für diesen Park. Zum einen versperrten uns auf weiten Strecken mannshohes Gras und grüne Büsche die Sicht auf eventuell vorhandene Tiere, zum anderen mussten wir mehrmals auf den sehr schlechten Seitenwegen umdrehen, da sich die Pisten im Sumpf verloren. Der Park besteht nämlich aus einer weiten Schwemmlandebene mit riesigen Sümpfen sowie etlichen nur in der Regenzeit auftretenden Seen und Flüssen.

Dazu kam, dass wir fast überall von tausenden Tsetsefliegen verfolgt wurden, so dass wir nur mit geschlossenen Fenstern fahren konnten, was vor allem am Nachmittag zu einer Bruthitze im Auto führte. Da hatten sich mal wieder die zusätzlich eingebauten Ventilatoren bewährt – aber was hätten wir nicht alles für eine Klima-Anlage gegeben!

Am Katavi-See und entlang des großen Flusses Katuma hatten wir hin und wieder doch das „Safari-Feeling“. Wir begegneten vielen Büffeln, Nilpferden, Giraffen, Zebras und was sonst noch so dazugehört. Einer der Büffel war uns diesmal nicht so wohl gesonnen und verfolgte uns in erschreckendem Tempo.

Und dann hat uns Hobbes mal wieder einen gewaltigen Schrecken eingejagt. Bei dem Versuch, die Stufe einer kleinen Böschung zu überwinden, gab es einen heftigen Knall, und dann ging erst mal gar nix.

Gang rein, Kupplung kommen lassen - und Hobbes blieb an Ort und Stelle... Was war das denn nun schon wieder!?!

Torsten hatte schon so seine Erfahrung mit zerstörten Differentialgetrieben und malte sich gleich die Hölle aus. Zum Glück konnten wir uns mit der Differentialsperre behelfen und auf den Hauptweg fahren.

Nachdem wir auf der etwas größeren Schotterpiste im Park angehalten hatten, stieg Torsten aus und legte sich unter

Zum Glück haben wir den Overdrive!

Hobbes, während ich probierte anzufahren. Torsten wollte wissen, welche Achse die Probleme machte. Es war die hintere Kardanwelle, die durchdrehte – was ihn irgendwie beruhigte.

Während wir wieder einstiegen, sah Leonie gute 100 Meter von uns entfernt am Wegrand eine Löwin stehen und zu uns blicken. Als wir langsam näher kamen, verdrückte sie sich nach links ins Gebüsch. Wir fuhren ganz sachte weiter zu dieser Stelle, in der Hoffnung sie von hier aus nochmals sehen zu können. Pech, sie war weg. Und Leonie war nicht mehr zu halten: „Stop! Bleib stehen! Da sind die Jungen!"

Tatsache! Die vier jungen Fellknäul blieben mucksmäuschenstill an der Böschung liegen und versuchten, sich hinter viel zu kleinen Grasbüscheln zu verstecken. Nach und nach verdrückten sich drei von ihnen, aber das Letzte blieb noch eine ganze Weile nicht weit von unserer Tür entfernt sitzen. Ganz mutig beäugte es uns und man konnte seine Aufregung richtig sehen. Die Ohren drehten sich, das Mäulchen war offen und man sah beim Hecheln die kleine rote Zunge. Es schnupperte ganz aufgeregt und machte zaghaft Anstalten, sich an Hobbes heranzurobben. Bis dann die Mama irgendwo rief und es merkte, dass es ganz alleine war. Miau, und weg war es! Leonie drehte einen hübschen Zwei Minuten-Film.

Die 160 Kilometer bis zur nächsten Werkstatt in Sumbawanga waren anschließend aber doch etwas weit gewesen. Es ratterte zeitweise fürchterlich von der Hinterachse her und Torsten entsperrte hin und wieder das Differential. Daraufhin hörte das Rattern unmittelbar auf, aber wir rollten ohne Antrieb dahin - Sperre wieder rein - und nach zehn Kilometern ratterte es wieder.

In Sumbawanga hielten wir bei der Straßenmeisterei, die, wie es die Regel war, über eine eigene Werkstatt verfügte. Dort hatte Torsten den Fehler schnell gefunden. Die lange Steckachse zwischen Differential und linkem Hinterrad war „abgedreht". Und das, obwohl wir gar nicht heftig im Gelände unterwegs gewesen waren. Wir wunderten uns nicht schlecht, hatten wir doch weitaus heftigere Passagen über Wochen gemeistert.

Torsten konnte dann mit Hilfe der netten Mechaniker der tansanischen Straßenmeisterei eine neue Steckachse organisieren und einbauen, während ich in der Zwischenzeit Computer und Internet nutzen konnte. Das war recht wichtig für mich, da ich mich bereits für die Zeit ab September online um eine Stelle beworben hatte.

In der darauf folgenden Nacht haben wir beide gegen 23:30 Uhr den nächsten Schrecken bekommen: Hobbes Alarmanlage fing plötzlich an zu hupen! Nun, ich hätte dieses gleichmäßige Hintergrundgeräusch wohl noch eine Weile länger in meinen Traum eingebaut, aber Torsten ist wie von einer Tarantel gestochen in Unterwäsche und barfuß aus dem Zimmer gestürzt und stand nach dem vierten Hupen neben Hobbes. Da hatte doch tatsächlich jemand die Fahrertür aufgemacht – wie auch immer.

Der Nachtwächter kam erst angetrabt, als Torsten bereits da war. Entweder wusste er ganz genau, was da los gewesen war, oder er hatte selig geschlafen. Unsere Kompressorhupe, Modell „Trompete von Jericho", machte jedenfalls mächtig Eindruck!

Von Sumbawanga fuhren wir ganze neun Stunden über die überwiegend matschige und rutschige Piste nach Mbeya, der letzten Stadt vor der malawischen Grenze – heftigste Schlitterpartien kostenlos inklusive, aber immerhin ohne quer stehende Lkws. Aber wir haben deren Löcher gesehen! Die mussten noch bis vor ein paar Tagen darin gesteckt haben. Fürchterlich! Die Piste sah aus wie bei uns ein umgepflügter Rübenacker, nur dass die Rillen tiefer und alles andere als parallel verliefen. Wir fuhren wie auf Schmierseife, kamen aber ohne Ausrutscher in den Graben oder in die Löcher durch. Der lehmige Boden setzte das Profil der Reifen ruck, zuck zu und dann kam man nur durch, wenn man genügend Schwung hatte und durch nichts unfreiwillig abgebremst wurde.

## Malawi

Die Einreise nach Malawi war dermaßen easy und schnell, dass das Schreiben der paar Zeilen darüber mehr Zeit in Anspruch nimmt als die Prozedur selbst – zumindest die Einreise auf dem Papier. Die Pässe wurden abgestempelt, Gebühr wurde keine erhoben und mit den Worten: „It is good to have you guys here!“, durften wir zum Customs-Schalter. Auch dort wurde das Carnet sehr professionell in der kürzesten Zeit abgestempelt und wir durften einreisen.

Leider war dann aber keiner für den Schlagbaum zuständig, denn die Zöllner waren mit der Begutachtung der Waren eines Sattelschleppers voll ausgelastet. Der Brummi wurde gerade von Hand komplett entladen! Auweia, wenn uns das auch blühen sollte, hätten wir direkt an der Grenze übernachten können!

Wir sprachen einen Soldaten an, weshalb keiner da sei um die Schranke zu öffnen. Nach kurzem Palaver darüber, dass wir bereits alle Stempel hätten, trabte er ins Customs-Büro. Torsten ging hinterher und hörte nur die Worte: „Mzungu!“ - und schon brach Hektik hinter dem Schalter aus. Es kam dann sogar der Chef höchstpersönlich heraus, öffnete den Schlagbaum und wünschte uns eine gute Reise. Wir waren baff.

Kurz darauf gerieten wir wieder in eine Polizeikontrolle und unsere Dokumente wurden gecheckt. Der Polizist fragte uns, wohin wir fahren würden, und meinte dann: „Bevor you enter the next police stop, be save and place these reflective stickers to the front and rear.“ Hier musste man, zusätzlich zu den ja sowieso schon reflektierenden Lichtern, vorne und hinten am Fahrzeug jeweils zwei pinkfarbene Reflektorstreifen anbringen. Das Fehlen derselben hätte natürlich Geld gekostet. Dieser Polizist hatte aber tatsächlich Verständnis dafür, dass wir unmittelbar nach der Einreise noch keine Reflektoren hatten kaufen können – wir wussten bis dahin auch nichts davon.

## Leonies Untergang

In Karonga, der ersten Stadt nach der Grenze, übernachteten wir direkt am Malawi-See auf dem Gelände einer ehemaligen Feriensiedlung, die trotzdem noch als Campingplatz ausgewiesen war. Das Anwesen war leider total heruntergekommen. Die Dächer waren zum Teil eingestürzt, der Putz bröckelte überall und das Wasser leckte aus den Rohrleitungen. Hier machte schon lange keiner mehr Urlaub. Wir waren auch die einzigen Gäste...

Da es in der Nacht und am Morgen wie aus Kübeln gegossen hatte, hatten wir keine Eile, unser Camp schnell zu verlassen. Zum ersten Mal auf der Reise frühstückten wir sogar oben im Bett und lauschten dem Regen. Der ganze Platz stand gegen zehn Uhr, als es endlich aufgehört hatte zu regnen, knöcheltief unter Wasser.

Wir packten und machten uns auf ins Städtchen, um auf dem Markt einzukaufen – wir brauchten neben Lebensmitteln ja auch noch die besagten Reflektoren für Hobbes, die man ebenfalls auf dem Markt bekommen sollte. Auch hier stand alles komplett unter Wasser. Die Fahrbahn, die Gehwege, der Platz - alles eine einzige riesige Pfütze!

Leonie stieg mit ihren Gummistiefeln am Markt aus, und ich suchte um die Ecke einen Platz im Schatten für Hobbes. Es wurde verdammt schnell heiß und unangenehm schwül durch die hohe Luftfeuchtigkeit.

Kurz darauf kam Leonie pitschnass, aber lachend bei Hobbes an. „Hast du meinen Untergang nicht gesehen?“ fragte sie mich. „Nö, du warst plötzlich weg gewesen.“ „Richtig...“ Es stellte sich heraus, dass Leonie einen jungen Mann gefragt hatte, wo wir die Reflektoren bekommen könnten. Der war sehr freundlich und lief los – von Leonie dicht gefolgt. Sie lief aber dummerweise nicht direkt hinter ihm, sondern schräg versetzt. Im trüben Wasser konnte man nichts erkennen, also auch keine Vertiefungen wie Löcher oder Gräben. Und als sie auf den „Haupteingang“ zum Markt zustiefelten, trat sie prompt ins Leere und setzte sich unsanft auf den Allerwertesten – das Wasser ging ihr bis zur Hüfte!

Dem jungen Mann war das furchtbar peinlich – er hatte ja den Weg über den unsichtbaren schmalen Steg über den Straßengraben gekannt! Aber Leonie nahm's mit Humor. Wir hatten ja noch saubere und trockene Ersatzkleidung dabei.

Wir fuhren an diesem Tag noch bis nach Livingstonia, einer Missionsstation in den Bergen. Die Strecke nach oben war mal wieder wunderschön, aber verdammt anstrengend. Von der Hauptstraße am See führte die grottenschlechte Piste immer am steilen Hang entlang nach oben. Durch die Regenzeit bestand der Untergrund aus losem Geröll und die Wasserfälle hatten die Kurven gut ausgewaschen.

Für die zehn Kilometer nach oben brauchten wir anderthalb Stunden, mussten zeitweise beide Sperren benutzen und kamen nur selten in den dritten Gang der Untersetzung. Anstrengend war's, aber gelohnt hat sich's!

Vor Livingstonia campierten wir im Lukwe Camp. Das war mal wieder eine sagenhafte Location mit traumhafter Aussicht über den Dschungel, die Wasserfälle und den Lake Malawi. Direkt am steilen Hang hatte der belgische Besitzer auf Stelzen ein Restaurant mit Bar errichtet, wo man das Gefühl hatte, über dem Abgrund zu schweben. Dort fühlten wir uns mal wieder so richtig wohl.

Anderntags wollten wir eine Abkürzung zum Nyika Nationalpark fahren. Die entsprechende Piste sollte flacher sein als die, die uns gestern zum Camp geführt hatte, und uns nun über Livingstonia nach Rumphi führen – so meinte zumindest der Chef des Camps.

## Festgefahren III

Zunächst hatten wir noch Geröll zu bewältigen, aber die Piste war zumindest nicht mehr ganz so steil. Nach einigen Kilometern wurde es schlammiger und sandiger und beidseits des Weges stand meterhoch Gras und Schilf. Nach etwa 30 Kilometern war der Weg schließlich nicht mehr von einem Bachbett zu unterscheiden.

Das Wasser stand in großen Löchern und floss durch die Spurrillen der letzten Fahrzeuge, die dadurch natürlich noch tiefer ausgewaschen wurden. Wir bahnten uns wacker den Weg, bis irgendwann Holzstämmchen von vorausgegangenen Bergungsversuchen eines Lkws zeugten.

Ich hielt vor einer Kurve an und Leonie sollte zunächst die Lage checken - nicht, dass wir uns durch das Schlammfeld quälten um dann hinter einem stecken gebliebenen Lkw stehen bleiben zu müssen.

Dummerweise parkte ich Hobbes so, dass Leonie auf dem Trockenen aussteigen konnte – und prompt sackte die Fahrerseite im Schlamm so tief ab, dass Hobbes so schräg stand, dass nicht einmal mehr die Tür richtig aufging. Ungünstig...

Ich betrachtete mir die Bescherung und Leonie verschwand mit der Kamera um die Ecke. Nach ein paar Minuten kam sie mit einer ernüchternden Nachricht zurück: Um die Ecke ginge es genauso matschig weiter, aber am gegenüberliegenden Hang könne man sage und schreibe acht Lkws ausmachen, die auf dem Feldweg „parkten“.

Dort oben hätte es einmal eine Brücke gegeben, die aber durch einen Erdrutsch weggerissen worden sei. Ein Einheimischer meinte, dass die Lkws bereits seit zwei Wochen dort oben warten würden. Tja, das war’s dann.

Ich stieg wieder ein und manövrierte Hobbes aus dem Schlammloch: zunächst mehrmals vor und zurück, um eine

Spur für ein wenig Anlauf zu graben, dann die hintere Sperre zusätzlich rein und „ausparken" - Schreibt sich so easy. Der Matsch spritzte ganz ordentlich, aber so langsam wühlte sich unser Kleiner wieder auf den festeren Weg. Leonie schob gleichzeitig noch ein paar der Äste und Baumstämmchen unter, die wohl zum gleichen Zweck bereits vorher einmal verwendet worden waren. Als ich rückwärts wieder auf das Festland kam, merkte ich, dass ich mir das Leben unnötig schwer gemacht hatte – die Handbremse war die ganze Zeit geschlossen gewesen!

Auf dem Rückweg nach Lukwe passierten wir an einem Steilstück wieder einen maroden Wasserdurchlauf, der unter dem Weg verlief. Und gerade als die Hinterachse darüber stand, brach das Teil prompt zusammen. Hobbes setzte mit der Rutschplatte des Hinterachsdifferentials so schlagartig auf, als hätte er den Anker geworfen.

Nur mit dem Wagenheber und durch Unterbauen der Hinterräder konnten wir uns hier wieder befreien – was aber dank der tatkräftigen Unterstützung einiger Malawier recht zügig klappte. Doch danach hatten wir ständig ein metallisch schepperndes Geräusch von der Vorderachse. So ein Mist. Was war denn das jetzt wieder?

Frustriert fuhren wir zurück und verbrachten eine weitere Nacht in Livingstonia – auf Weiterfahren hatten wir an dem Tag doch keine Lust mehr. Dafür trafen wir zufälligerweise das verrückte Hippie-Paar aus Israel wieder, das wir bereits in Äthiopien im Bale Mountain NP getroffen hatten. Die beiden haben uns dann auch haarsträubende und lustige Erlebnisse geschildert. Zu Fuß und per Anhalter waren sie durch den unsicheren Norden Kenias getrampt und in einem Nomadendorf etwa eine Woche hängengeblieben, weil ihr Auto keinen Sprit mehr hatte... Und in Malawi hatten sie sich im Wald auf der Suche nach Pilzen verlaufen und hatten ohne ihr Gepäck, das im Zelt auf dem Campingplatz stand, nur mit ihren Klamotten am Leib im Freien übernachten müssen.

Was waren wir froh, Hobbes zu haben und nicht so leichtsinnig unterwegs zu sein. Aber Verrückte schaffen es ja anscheinend auch irgendwie!

## Auf dem Nyika Plateau

Am nächsten Tag wollten wir dann aber trotzdem weiter, fuhren also den Steilhang wieder hinunter und über die Asphaltstraße am See entlang nach Rumphi und weiter in den Nationalpark Nyika. Nyika ist ein Hochplateau auf 1.500 bis 2.500 Metern Höhe.

Der Weg dort hinauf hat die Bezeichnung „Weg“ gar nicht verdient! Wir waren ja bislang schon viele Pisten und Tracks gefahren – aber gegen diese 80 Kilometer waren alle anderen fast allesamt Panoramastrecken zum Entspannen gewesen. Normalerweise entwickelt man so einen Rhythmus mit der Piste. Wellblech nimmt man am besten zwischen 50 und 70 km/h – wobei das Schlimmste daran ist, diese Geschwindigkeit erst einmal zu erreichen. Ab dann schluckt das Fahrwerk easy die Löcher, springt von Bodenwelle zu Bodenwelle, und es wird merklich ruhiger im Auto.

Auf dem Weg nach Nyika ging das gar nicht. Zweihundert Meter Wellblechpiste, dann eine Kurve oder eine diagonale Bodenwelle, dann wieder Kurve, Bodensenke, Wellblechpiste, Schlaglöcher, Wasserdurchfahrt, Spurrillen. Man kam nicht über 25 km/h hinaus, und das war dauerhaft mörderisch! Zu alledem kam immer wieder das scheppernde Geräusch von vorne, das wir immer noch nicht orten konnten.

Im Park verbrachten wir drei Nächte und befuhren tagsüber die Hochebenen und Gebirgszüge mit phantastischen Ausblicken. Wir waren ständig über 2.000 Meter NN, und nachts wurde es empfindlich kalt. Dafür hatten wir eine Campsite für uns ganz alleine, mit Duschen und Waschräumen - von der deutschen Entwicklungshilfe gebaut - und ein Ranger versorgte uns jeden Tag mit einem Stapel Brennholz für ein Lagerfeuer.

Gefährliche Tiere soll es dort oben nicht geben, so dass wir lange am Feuer saßen, die Sterne betrachteten und den Geräuschen der Zebras und Roan-Antilopen lauschten, die sich über unser Camp auf ihrer Wiese zu beschweren schienen. Roans – oder auch Pferdeantilopen genannt – sind recht seltene, lustig ausschauende Antilopen, die irgendwie mit Eseln verwandt sein könnten; sie haben ebenso lange Ohren, sind aber im Gegensatz doch richtig flink.

Morgens kamen die Tiere auch richtiggehend nah an unser Camp heran – toll. Zum Frühstück umzingelt von Zebras!

Die Landschaft dort oben hatte irgendwie rein gar nichts mit Afrika zu tun. Es gab langgezogene Hügelketten, alle mit saftigem Gras und wunderschönen bunten Blumen bewachsen, jedenfalls als wir, zum Ende der Regenzeit, da waren. Und in den steilen Taleinschnitten wuchsen Wacholderbüsche und kleinere Bäume, wie zum Beispiel Kiefern und Lärchen. So stellt man sich doch eher das Schottische Hochland vor – wenn einen nicht ab und zu ein Zebra, eine Antilope oder ein Elefantenshit nach Afrika zurückholen würden. Und dann sah Torsten doch noch eine Raubkatze! Sehr scheu und schnell war sie im Gebüsch verschwunden, und bis heute wissen wir nicht, ob es eine junge Löwin oder sogar ein Caracal, eine sehr seltene Raubkatze, gewesen ist.

Und jeden Abend lag Torsten unter Hobbes, um herauszubekommen, was da so fürchterlich schepperte – mit mäßigem Erfolg! Er hatte mittlerweile die Gelenke der Spurstange in Verdacht.

Nach unseren drei Tagen im Park fuhren wir wieder über die grottenschlechte Piste bergab nach Rumphi, wo wir zum Glück eine Tankstelle fanden, die noch Diesel hatte. Zu der Zeit herrschte nämlich Dieselmangel in Malawi. Nachdem wir unten ankamen lagen Torstens Nerven blank, der Weg war einfach zu übel gewesen: „Die nächsten 1.000 Kilometer verlasse ich den Asphalt nicht mehr!“ – Na, mal sehen...

## Von Mzoozoozoo und kleinen Bestien

In der nächsten Stadt, Mzuzu – schon ein witziger Name – quartierten wir uns in einem ziemlich abgewrackten, aber chaotisch-sympathischen Hostel ein, dem Mzoozoozoo – auch bereits lustige Stadtnamen sind noch steigerungsfähig. Torsten machte direkt einen Termin in der Werkstatt aus, um die Gelenke der Spurstange und des hinteren Querlenkers zu wechseln. Nach einem Wortgefecht mit dem Werkstattbesitzer darüber, ob er dabeibleiben könne oder nicht, wurden unter seinen Augen die Spurstange ausgebaut und die neuen Kugelgelenke organisiert. Nach dem Zusammenbau wurde auch die Spur wieder fachmännisch eingestellt, und Torsten war zufrieden.

Mit der Firma Taubenreuther konnten wir am Nachmittag auch noch klären, was es mit dem Problem mit dem Fahrwerk auf sich hatte, das wir ja in Ruanda komplett hatten auswechseln müssen. Das hatte Herrn Taubenreuther nämlich keine Ruhe gelassen. Die Firma verkauft viele dieser OME-Fahrwerke und hatte bisher nur wenige Reklamationen. Es konnte einfach nicht sein, dass sich bei uns der Schaden auf drei Federn bezog. Der Fehler musste irgendwo anders liegen.

Torsten verglich dann die Nummern der Federn mit denen der TÜV-Eintragung, und der Fehler lag auf der Hand: Torsten war der zweite Besitzer von Hobbes und der Vorbesitzer hatte ein Fahrwerk von OME bei einer Fachfirma für Expeditionsfahrzeuge in Norddeutschland einbauen lassen. Zudem hatte er damals ein paar Stauboxen ins Heck bekommen, war auf 2.950 kg Gesamtgewicht aufgelastet worden und hatte dadurch die Sonderzulassung als Kfz für Expeditionszwecke erhalten.

So hatte Torsten den Landy dann gekauft. Dumm war halt nur, dass das Fahrwerk auf ein Reisegewicht von nur 2.400 kg ausgelegt worden war! So etwas Bescheuertes! Und wir dachten, dass unser maximales Reisegewicht von 3.100 kg das Fahrwerk ja nur zeitweise um 150 kg über Gebühr strapazieren würde. Weit gefehlt. Wir lagen mit 700 kg permanent weit darüber! Und dafür hat es dann doch sehr lange gehalten…

Während Torsten einige Stunden in der Werkstatt verbrachte, tourte ich durch Mzuzu, über den Markt, ins Internetcafé und durch mehrere Supermärkte. Hier wurde man wieder mit einer typisch afrikanischen „Absurdität“ konfrontiert. Dass in afrikanischen Ländern Supermärkte, soweit es sie überhaupt gibt, regalweise mit den gleichen Artikeln vollgestopft sind, war mir ja schon bekannt. Aber einen Supermarkt zu betreten, der Regale voller Geschirrspülmaschinentabs und Backofenreiniger anbot, war dann doch eine Stufe zu viel des Guten. Da schwirrten dann Fragen in meinem Kopf herum, wie: War das eine der vielfältigen unsinnigen Schenkungen aus Europa? Wann kommt die Geschirrspülmaschinen-Lieferung? Und die Backöfen? Hat sich der Einkaufsleiter vertippt und wollte etwas anderes bestellen? Was zum Teufel sollen die Menschen hier damit anfangen? Wer weiß, ob es in Mzuzu überhaupt eine einzige Geschirrspülmaschine gibt? Kann man das Zeug auch noch für etwas anderes verwenden, wovon ich nur noch nichts weiß? - Ich jedenfalls erleichterte das Regal um einen Backofenreiniger – das einzig brauchbare Mittel, um unseren mittlerweile ungeheuer verklebten Gasherd sauber zu bekommen...

Zwei Tage später hatten wir alles erledigt, was wichtig war, und fuhren weiter an den Lake Malawi. Und, was sollen wir sagen: Das metallische Scheppern war immer noch da! Auf einem Campingplatz direkt am See verbrachte Torsten einen ganzen Vormittag unter und um Hobbes herum. Das Quietschen der Bremsen konnte er schnell beheben – und als er so an der Vorderachse, jetzt ohne Rad, werkelte, schepperte es wieder. Ihr werdet es nicht glauben, es war so einfach! -

Als wir uns im Schlamm bei Livingstonia festgefahren und dann rückwärts ausgeparkt hatten, musste der Unterfahrschutz wohl als Schaufel fungiert haben. Wir hatten offensichtlich einige Steine aufgegabelt, und einer davon war so groß, dass er nicht durch die Abflusslöcher passte und von der Lenkstange immer wieder am Herausfallen gehindert wurde. Und bei jedem Schlagloch schepperte es seitdem eben metallisch. Jetzt war endlich Ruhe!

Dann kam Augenblick der Wahrheit: Da wir an diesem wirklich paradiesischen Strand drei Tage verbracht hatten und auch mehrmals Schwimmen waren, mussten wir uns mit der Medizin gegen die berüchtigte Bilharziose eindecken. Der Malawi-See gilt nämlich als Bilharzia-verseucht. Das wussten wir zwar, aber das Wasser war doch so verlockend in der schwülen Hitze, dass wir ihm nicht widerstehen konnten.

Bilharziose ist eine Krankheit, die durch Parasiten, die sogenannten Schistosomen, verursacht wird. Die Parasitenlarven sind winzig und schwimmen im Süßwasser, von wo aus sie sich unbemerkt durch die menschliche Haut bohren können. Im Körper wandern die Larven dann ins Darm- oder Harnsystem und entwickeln sich zu wurmartigen Parasiten, die in der Blase lange unbemerkt Schäden verursachen können, bis man dann Blut pinkelt.

Ganz übel ist diese Plage im Schilf, da der Zwischenwirt der Parasiten eine kleine Schnecke ist, die gerade dort lebt. Also: nie in der Nähe von Schilf schwimmen oder da ins Wasser gehen, wo der Strand von diesen Schnecken bedeckt ist!

In Lilongwe, der recht übersichtlich großen malawischen Hauptstadt, mussten wir uns also in einer Apotheke das einzig wirksame Mittel gegen Bilharziose besorgen, das es gibt. Einnehmen sollten wir es aber erst nach mindestens zwei Wochen, da es nur gegen im Körper bereits entwickelte Würmer wirkt. Die Dosis richtet sich nach dem Körpergewicht, daher mussten wir nacheinander auf eine Personenwaage steigen. Leonie meinte ganz entsetzt: „Das kann nicht wahr sein! Die MUSS vorgehen!“ Nachdem ich auf die Waage gestiegen war, meinte ich lapidar: „Von mir aus kann das Teil weit vorgehen. Dann habe ich nämlich mehr als die zehn Kilo abgenommen! “

Tja, da sieht man mal: Torsten schien noch von seiner Zwangsdiät, die er in den Bale Mountains einhalten musste, zu profitieren – Leonie hingegen fehlte die gewohnte Bewegung und ihre Hosen wurden langsam eng...

Auf dem Golfplatz von Lilongwe, dem offiziellen Zeltplatz für Overlander, konnten wir Jeroen und Els endlich wieder einholen. Dank Handys und entsprechendem Empfang hatten wir uns von unterwegs aus problemlos verabredet. Nach einer Grillorgie mit frischem Fisch aus dem Lake Malawi wurde an diesem Abend noch lange geratschert.

Da das malawische Geld im Ausland nicht gewechselt wird, sahen wir zu, dass wir möglichst ohne Restbestände das Land verlassen konnten. Da bot sich immer an, noch so viel wie es ging, zu tanken. Dummerweise war unser Tank noch gut gefüllt, und die Ersatzkanister mussten bei Grenzübertritten wohlweislich leer bleiben.

So zapften wir an einer Zapfsäule stadtauswärts keine 20 Liter. Der Tankwart kam dann mit einem handgeschriebenen „Beleg", auf dem stand, dass wir 80 Liter gebunkert hätten! Wir stellten uns quer und bezichtigten ihn des Betruges. Wir konnten unmöglich innerhalb von drei Minuten so viel Sprit getankt haben und wurden dementsprechend laut.

Er gab dann auch sehr schnell klein bei und meinte, dass ein anderer Mitarbeiter wohl das Zählwerk nicht auf null gesetzt hätte. Normalerweise achteten wir immer darauf, nur wurden wir hier so tief in ein Gespräch verwickelt, dass das schon Absicht gewesen sein konnte. Wazungu!

In einem Supermarkt erstanden wir dann wieder zwei neue Faltstühle und verbannten unsere Holzstühle in die Transportbox auf dem Dach. Die Faltstühle nahmen doch wesentlich weniger Platz weg.

## Hippoalarm

Nach unserem Kurzbesuch von Lilongwe überquerten wir die Grenze nach Sambia. Auch wieder eine leichte Prozedur. Wir waren ja mittlerweile wirklich geübt in Grenzübertritten. Nur die Tatsache, dass im Büro des Zolles gerade ein Kung-Fu-Film über den Bildschirm flimmerte, kostete etwas mehr Zeit. Der Beamte war nur ungern gewillt, unsere Papiere zu stempeln und etwas zu verpassen. Die Arbeitsauffassung unterscheidet sich halt doch ein wenig von der unserer deutschen Behörden. Lachen mussten wir auch über die Verbotsschilder für Handys – mit dem Hinweis, dass Kunden schließlich vorgehen würden.

Wir trafen in Chipata, dem ersten Ort hinter der Grenze, auf einer Campsite Rita, eine sympathische Deutsche, die alleine mit ihrem Motorrad im südlichen Afrika unterwegs war. Zusammen fuhren wir anderntags über eine Piste zum South Luangwa NP. Diese Piste hatte es mal wieder in sich.

Von den 130 Kilometern waren etwa die ersten 20 asphaltiert, die nächsten 50 führten durch eine einzige Baustelle mit recht guten Wellblechpassagen, teilweise aber auch tiefem Sand, und gegen Ende hin, als wir dachten, wir hätten es gleich geschafft, wurde es wieder richtig übel. So tiefe Auswaschungen, dass Hobbes mit einem Rad schon den Halt verlor, hatten wir seit der Zufahrt zum Masai Mara nicht mehr gehabt. Wir kamen durch, keine Frage, aber über 15 km/h im Schnitt waren nicht drin. Tja, da war Torstens Vorsatz, nach der Nyika-Piste nur noch Asphalt zu fahren, schon wieder vernichtet.

Wir landeten schließlich außerhalb des South Luangwa Nationalparks in einer wunderschönen Lodge mit Tented-Camp, wo die Gäste statt in Gebäuden in luxuriös ausgestatteten Zelten einquartiert wurden. Auf dem dazugehörigen Campingplatz schlugen wir direkt am Luangwa-Fluss unser Lager auf. Das Camp hat den ungewöhnlichen Namen „Flatdogs-Camp".

Uns war das anfangs kein Begriff, bis uns jemand aufklärte:

Oben: *Die tausend Hügel von Ruanda*

Unten: *Die Virunga-Vulkane, Kongo / Ruanda / Uganda*

Oben: *Bwindi-Impenetrable-Forest, Uganda*

Unten: *Seeufer im Matobo-Hills NP, Simbabwe*
*Jasmin, Ananas- und Bananen-Transport*

Oben: *Ich bin ein grooooßer wilder Löwe! Sagt Mama...*

Unten: *Piste im Südwesten Tansanias*
*Zehn Minuten nach Sonnenuntergang!*

Oben: *Aussicht vom Lukwe-Camp, Malawi*

Rechts: *Malawi-See bei Vollmond*

Unten: *Wege zum Nyika NP, Malawi, Festgefahren III*

Oben: *eingestürzter Wasserdurchlauf*

Links: *Nyika - ganz tief im Busch*

Unten: *Besucher zum Frühstück*
*Aussicht über das Nyika-Plateau*

Oben: *Sonnenuntergang am Sambesi, Simbabwe*
Nächste Seite: *Matobo-Hills-NP*

Unten: *Die Löwen-Meute, Hwange-NP*
*Leonie beim Filmen der Wildhunde im Mana-Pools NP*

„Flat dog" ist ein lokaler Ausdruck für Krokodil. Schon witzig. Nun, die flachen Hunde haben wir im Luangwa-Fluss leider nicht gesehen, dafür später im Park Unmengen von „striped donkeys" und „longnecked horses", wie von uns im „Fachjargon" Zebras und Giraffen genannt wurden.

Im Flatdogs-Camp ist die Wahrscheinlichkeit groß, nachts auf Elefanten und Flusspferde zu stoßen. Und die Elefanten haben einen Ruf als Autoknacker erlangt, da sie sich darauf verstehen, an die Lebensmittel im Innern zu gelangen. Gerade Zitrusfrüchte und Ananas sollen sie richtiggehend anlocken und dazu verleiten, auch mal eine Seitenscheibe „auszubauen", um an den Vorrat zu kommen. Feinfühlig sind die nicht gerade! Torsten hat einmal eine Zarges-Box gesehen, nachdem sie von einem Elefanten „geöffnet" worden war.

Da wir über Ostern mehrere Tage in dem schönen Camp bleiben und tagsüber auf Safari in den Park gehen wollten, bauten wir unser großes Heckzelt auf und deponierten wie immer unsere Stühle, die Leiter und unseren Wasserkanister darin, damit wir nicht immer alles ein- und auspacken mussten, wenn wir unterwegs sein wollten. Außerdem wollten wir den guten Standplatz im Schatten nicht an andere Safaribegeisterte verlieren, denn über die Feiertage sollte das Camp noch gut voll werden.

Abends machten wir es uns dann an einem Lagerfeuer zwischen Bar und Fluss bequem. Die Nacht war warm, Moskitos gab es kaum, die Cocktails von der Bar waren auch gut, und so langsam stiegen die Nilpferde aus dem Fluss, um im Camp zu grasen. Sie liefen keine zehn Meter an uns vorbei und beachteten uns überhaupt nicht. Um jeden Baum und um jedes Auto machten sie einen Bogen. Erschrecken sollte man sie aber nicht, und auf keinen Fall zwischen ein Muttertier und ein Junges oder einfach nur zwischen Hippo und Fluss geraten – das könnte tödlich enden und ist übrigens die häufigste Todesursache bei Safari-Unfällen!

Während wir die Cocktails testeten und uns über die Reise unterhielten, war mit einem Mal ein ziemliches Tohuwabohu auf dem Campingplatz. Scheinbar kappelten sich dort zwei Nilpferdbullen. Das hörte sich fürchterlich an! Zum Glück waren wir weit genug weg davon. Noch einmal brüllten die Viecher, und dann hörte man nur noch schweres Stampfen und schließlich einen dumpfen Platscher ins Wasser. Da hatte wohl eines der Hippos die Flucht ergriffen und war in den Fluss gehechtet.

Später gingen wir mit unseren Taschenlampen bewaffnet zu Hobbes und wurden von einem Nachtwächter empfangen: „Was that your tent?“ Was meinte der mit „WAR das euer Zelt?“, dachten wir noch. Und dann sahen wir die Bescherung. Scheinbar hatten die Bullen direkt neben Hobbes gekämpft und der Unterlegene hatte den schnellen Rückzug zum Fluss angetreten. Unser Heckzelt war etwas offen gewesen und allem Anschein nach wollte er den kürzesten Weg durch unser Moskitonetz nehmen...

Auf einer Länge von 15 Metern lagen unser Zelt, die neu gekauften Campingstühle, der Wassertank und die Leiter verstreut herum. Ein Stuhl war richtig zusammengefaltet, das war nett, der andere dafür leicht verbogen. Der Wasserkanister war zwar arg deformiert, aber immer noch dicht, und die Leiter nur mit Schlamm versaut. Dafür war das Gestänge des Zeltes an zwei Stellen gebrochen, drei Spannriemen an den Nähten herausgerissen und auch die Zeltplane hatte mehrere Risse. Leonies Sonnenbrille fanden wir anderntags in einem beachtlichen Fußabdruck des 3-Tonnen-Ungetüms – platt...

Fazit: Mit einem Hippo im Zelt wird dir wenigstens nicht langweilig.

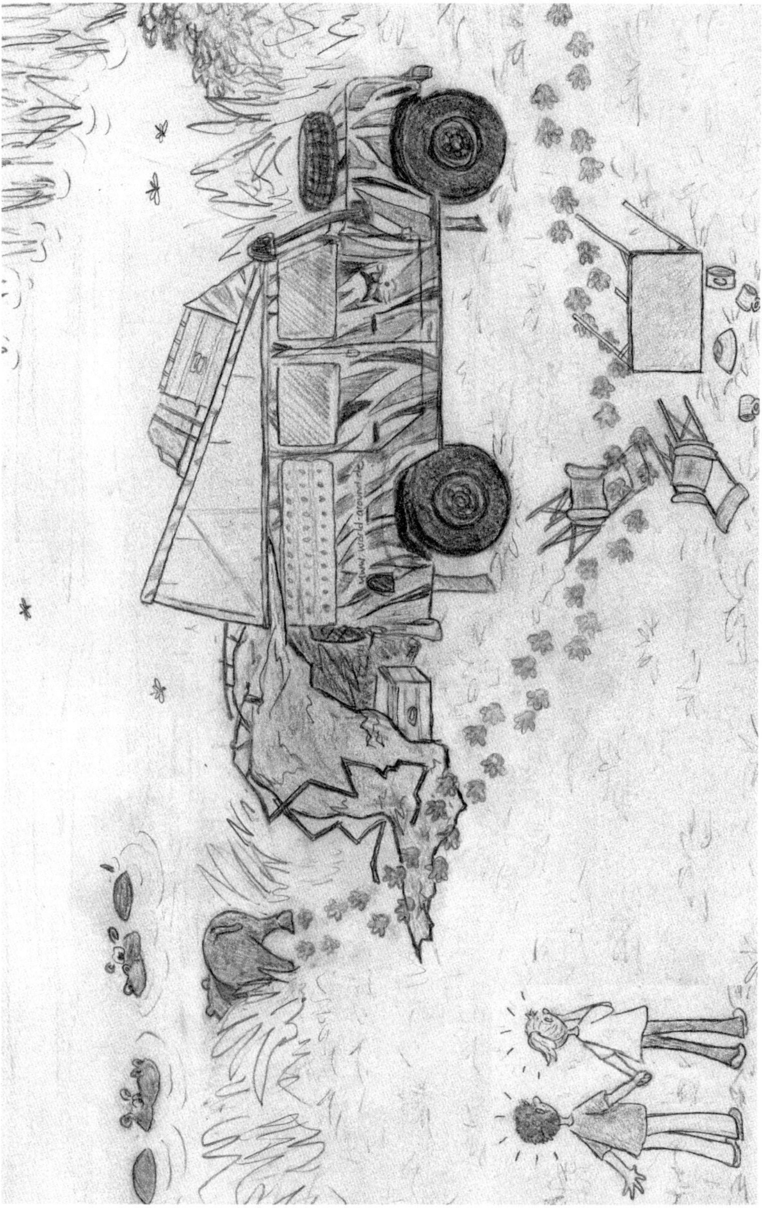

**Luangwa**

Wir fuhren in den Tagen zweimal mit Hobbes in den South Luangwa Nationalpark und genossen die schöne Landschaft mit Fluss, Wäldern, Savanne und Hügeln. Von der Tierwelt waren wir diesmal aber nur mäßig begeistert. Wahrscheinlich waren wir auch einfach nur „safariverwöhnt", nach all den Nationalparks, die wir bisher gesehen hatten und vielleicht auch etwas zu erwartungsvoll nach all dem, was wir alles über diesen Park schon gehört und gelesen hatten. Außerdem waren wir wohl auch noch in der falschen Jahreszeit da. Auch in Sambia war die Regenzeit gerade beendet und alles noch schön grün.

Viele Wege waren überwuchert und etliche Bäche hatten sie so tief ausgewaschen, dass man sie nicht befahren konnte. Mehrmals mussten wir nach 15-20 Kilometern Track wieder umkehren – einmal sogar nur zwei Kilometer vor dem Ausgang des Parks, als wir auf dem Rückweg waren. Durch das Zurückfahren gerieten wir dann etwas in Zeitnot, denn auch im South Luangwa durfte man nicht alleine nachts durch den Park fahren.

Jeroen und Els versuchten mit ihrem Landcruiser einen Graben zu überqueren, da sie anderntags die Spuren von Hobbes sahen und dachten, wir wären dort durchgefahren. Waren wir aber nicht – und sie saßen für drei Stunden in der prallen Sonne fest - das linke Vorderrad in anderthalb Meter Höhe, die rechte Hinterachse tief im bodenlosen Schlamm versunken, das Heck in der Böschung kalt verformt. Und dann mit Schaufeln und Spaten in einem Park mit Löwen und Büffeln zu graben- das ist eine Erfahrung, die ich nicht unbedingt machen wollte.

Für Jeroen war jedoch die Vorstellung, uns mit dem Handy anzurufen und sich von einem Landrover bergen zu lassen, viel zu peinlich… Dann doch lieber Löwenfutter...

An einem Abend machten wir mit einem Guide und vier Amerikanern im Flatdogs-Safari-Car einen Night-Drive im

Park. Und was soll ich sagen, auch dieser Toyota fuhr sich fest! Ich sah die Böschung noch und fragte den Fahrer, ob das sein Ernst sei... zack, warf der Toyo den Anker und wir durften bei Nacht im Park alle Mann aussteigen...

Wir hatten zwar rote Augen weiter hinten im Gebüsch gesehen, aber die Löwen oder Leoparden dort ließen uns in Ruhe und wollten offensichtlich auch nicht von uns gesehen werden. Immerhin sahen wir mehrere Ginster- und Zibetkatzen, das sind beides sehr scheue, gepunktete Wildkatzenarten.

Leonie wagte sich am nächsten Morgen dann noch auf eine Walking-Safari mit Guide und versuchte anschließend, Torsten davon zu überzeugen, das irgendwo anders auch einmal zu probieren – leider ohne Erfolg für diese Reise. Neben hauptsächlich harmlosem Getier gab es vor allem Interessantes über Kleinlebewesen, Pflanzen und Spuren zu hören und zu entdecken. Nun, dass den Fußgängern auch ein paar Elefanten in sicherem Abstand folgten, trug zum Adventurefeeling wenigstens ein bisschen bei.

Wir fuhren nach der herrlichen Zeit im Flatdogs-Camp und Nationalpark über die schreckliche Piste zurück und anschließend über eine Asphaltstrecke nach Lusaka. Unterwegs überquerten wir den Luangwa-River über eine mächtige Hängebrücke.

Wir fuhren hinter einem Lastwagen her, der vor der Brücke anhielt und auf einen entgegenkommenden Bus wartete. Die Brücke war aber so breit, dass beide Fahrzeuge bequem Platz gehabt hätten.

Wir hatten es nicht eilig und warteten hinter dem Lkw – das Überholen so kurz vor der Brücke wollten wir nach Peters Erfahrung in Uganda auch nicht gerade ausprobieren. Als der Lkw sich in Bewegung setzte, folgten wir ihm und wurden dann am anderen Ufer mächtig von einem Polizisten angemosert. Das wäre verboten! Es dürfe immer nur ein Fahrzeug auf der Brücke sein! Das koste Geld!

Was hat der getobt, als wir ihm sagten, wenn das verboten sei, dann müsse vor der Brücke ein Schild stehen. „Dort steht ein Schild! Genauso eines wie hier!“ - und damit zeigte er auf ein rostiges Schild neben seinem Wachhäuschen. Aber wir waren uns sicher, dass auf der anderen Seite nichts gestanden hatte.

„Das kostet jetzt 50 $ Strafe!“, tobte er weiter. Torsten blieb cool und meinte, dass dort drüben kein Schild stehe und wir deswegen auch nichts zu bezahlen hätten. Der andere blieb allerdings bei seiner Behauptung und wollte die 50 $ kassieren: „Wir können gerne rüberfahren, und dann zeige ich dir das Schild!“

„Okay“, entgegnete Torsten, „wenn dort ein Schild steht, bekommst du deine 50 $. Wenn dort keines steht, zahlst du mir 25 $, abgemacht?“ Daraufhin überlegte er es sich noch einmal und ließ uns fahren. Später erfuhren wir, dass es dort tatsächlich kein Schild gibt. Er hatte einfach hoch gepokert.

Es gab auf der gesamten Strecke zwischen Chipata und Lilongwe nur eine Möglichkeit zu campen, und zwar kurz hinter der fabelhaften Brücke. Logisch, dass wir dort wieder Rita, Jeroen und Els trafen.

Mit den dreien erlebten wir am nächsten Morgen ein Abenteuer weit außerhalb des Nationalparks, während eines Kanutrips auf dem Luangwa-Fluss.

Zwei Bootsleute paddelten uns fünf flussabwärts. Nach anfänglich trügerischer Stille auf dem Fluss, es war ja fast schon langweilig, auf dem langsamen Gewässer einfach so dahinzutreiben, schreckten wir wohl ein im Schilf vor sich hin dösendes Hippo auf. Das schnaubte dann ganz gehörig in unsere Richtung. Aber unsere beiden Guides würden ja wohl wissen, worauf sie sich einlassen...

Dann wurde uns allen doch ein wenig mulmig, als das Hippo abtauchte und urplötzlich zehn Meter näher an uns schnaubend wieder nach oben kam. Das war echt angefressen. Ich (Torsten) drehte mich nach dem Guide hinter mir um und sah nicht so ein vollkommen cooles John-Wayne- oder Chuck-Norris-Gesicht. Nein, ich sah einen panischen Gesichtsausdruck und wollte ab da am liebsten zu Fuß weitergehen! Els wäre sofort mitgekommen, wenn wir uns nicht mitten auf dem Fluss befunden hätten...

Dank der Strömung waren wir zum Glück schneller als das Nilpferd, oder es hatte eingesehen, dass wir schon auf der Flucht waren – auf jeden Fall ließ es uns in Ruhe weiterpaddeln. Aber dummerweise mussten wir denselben Flussabschnitt ja später auch wieder hinauf, was nicht nur den zwei Bootsmännern, sondern auch uns fünf Teilnehmern den Schweiß auf die Stirn trieb.

Flussaufwärts geht das Paddeln dann doch nicht so schnell und leicht. Die Guides versuchten zuerst, auf der anderen Seite der Insel entlangzupaddeln, doch da war die Wassertiefe nicht ausreichend für uns. Also navigierten sie uns dicht an der Uferböschung vorbei. Torsten warf sich mächtig ins Zeug und paddelte uns mit dem zweiten Bootsmann kräftig flussaufwärts, während alle anderen Hand anlegten, um uns am Schilfgras nach oben zu ziehen. Das Hippo kam uns wieder recht nahe und beäugte uns misstrauisch, aber zum Glück war die Strömung zwischen ihm und uns wohl doch zu stark, um uns zu attackieren. Naja, Spaß ist anders, aber ein Afrikatrip ohne ab und zu ansteigenden Adrenalinpegel wäre ja langweilig.

Auf der Weiterfahrt hatten wir ja eigentlich durch den Lower Zambesi Nationalpark fahren wollen, aber davon hatte uns der Campbesitzer am Luangwa abgeraten. Noch sei der Nationalpark quasi unter Wasser und die Parkeinfahrt, die wir hätten nehmen wollen, wäre eh nicht zu empfehlen, da dort meist kein Durchkommen durch den Dschungel wäre. Aha. Das müssen wir dann wohl ein andermal machen...

Also fuhren wir ganz unspektakulär kilometerweit durch hügeliges Buschland, ohne eine Menschenseele zu sehen, bis wir nach Lusaka kamen. Natürlich landeten wir just zur Rushhour im katastrophalen Verkehrschaos, das durch mehrere komplett gesperrte Straßen und viele Baustellen nicht gerade verbessert wurde. Unsere Tussi hatte auch gut zu tun, uns da durchzulotsen, da wir ausgerechnet auf der entgegengesetzten Stadtseite auf einen Campingplatz wollten, der zu einer Wildtierfarm gehörte.

Der Platz war auch schick. Drum herum grasten die Antilopen der Farm, ab und zu schwankte eine Giraffe vorbei oder verirrte sich das ein oder andere Zebra auf das Campingplatzgelände.

Dort lernten wir Ilona und Manfred kennen, supernette Leute, die seit Jahren im südlichen Afrika unterwegs waren, uns viele gute Tipps geben konnten und auch lustige Geschichten zum Besten gaben. Beim Verabschieden fragte Ilona uns noch, ob wir denn einen Botswana-Reiseführer hätten. Nein, wir waren nur mit dem schlechten Lonely Planet unterwegs, über den Leonie sich regelmäßig aufregte. „Ach, ich hab da noch einen, den könnt Ihr gerne haben!“, meinte Ilona dann und reichte uns einen nigelnagelneuen Reiseführer. Wir waren baff – damit hatten wir ja gar nicht gerechnet... Und dann klingelte es langsam... Das war der Botswana-Reiseführer von Ilona Hupe und Manfred Vachal. Ilona und Manfred. Hupe-Verlag. Aha!!!

In Sambia blieben wir nicht mehr lang. Am Kariba-Stausee verbrachten wir noch eine letzte gemeinsame Übernachtung mit Jeroen und Els, die sich leider doch nicht hatten überzeugen lassen, mit uns durch Simbabwe zu fahren. Ihre Planung führte sie weiter nach Botswana und Namibia, also trennten sich unsere Wege ein weiteres Mal. Aber wir sollten uns später wiedersehen, was allerdings keineswegs absehbar war, zu vielfältig waren die Möglichkeiten, wo man überall hinfahren konnte.

## Simbabwe

„Es war einmal Afrikas Kornkammer...“ - so könnten wir jetzt anfangen und die Geschichte vom eifersüchtigen Herrscher erzählen, der seine reichen Bauern aus dem Land jagte und es so allmählich in den Ruin trieb.

Aber wir wollen nicht über Simbabwes politische Vergangenheit und seine nicht wirklich prickelnde aktuelle Lage schreiben.

Ursprünglich hatten wir gar nicht geplant durch Simbabwe zu reisen – bei allem, was man so Negatives bisher durch die Presse erfahren hatte. Wir wollten nicht in ein Land, in dem Weiße offensichtlich unerwünscht sind. Aber in Nairobi hatten wir mit Andrew und Kristina die ersten Overlander getroffen, die echt begeistert von Simbabwe und seinen Nationalparks gewesen waren, so dass wir doch unterwegs allmählich in Betracht zogen, einen Abstecher in dieses einst so blühende Land zu wagen. Und je mehr Menschen wir danach trafen, die dort gewesen waren, desto mehr festigte sich unser Entschluss, es doch wenigstens zu probieren.

Die Einreise war unerwarteterweise doch nicht so einfach, wie in bisher sämtlichen Ländern nach Ägypten. Wir sollten ein Papier von Interpol vorzeigen, um zu beweisen, dass Hobbes nicht gestohlen war. Na fein, wo denn das nächste Interpol-Office sei, wollten wir wissen. Das sei ja nicht ihr Problem, meinten die „Polizisten“ in schmuddeligen T-Shirts in ihrer Holzbaracke neben dem Zollgebäude. Nach einer ganzen Weile Warten und der richtigen Einstellung: „Wenn Ihr Zeit habt, haben wir sie auch“, kamen sie mit uns zu Hobbes und verglichen Chassis-Nummer und Motornummer mit den Nummern in den Fahrzeugpapieren und dem Carnet. Das überzeugte sie dann doch anscheinend, dass wir die rechtmäßigen Besitzer unseres Hobbes seien, und sie drückten uns den ach so dringend notwendigen Stempel auf ein abgerissenes Blatt Papier, das wir anschließend beim Zoll vorweisen mussten. Geht ja doch ohne Bakschisch – wenn man Zeit hat. Am Zoll entrichteten wir auch die Gebühren für die CO2-Steuer und eine Versicherung, da Simbabwe nicht auf unserer äthiopischen Yellow-Card stand, und bekamen dafür ein ordentliches Dokument ausgestellt, das, wie sich herausstellen sollte, später noch öfters im Land zur Kontrolle vorgezeigt werden musste.

In Simbabwe wird seit 2008 wegen der unvorstellbaren Inflation nur noch mit US$ bezahlt oder kleinere Beträge mit südafrikanischen Rand. Die eigene Währung wurde quasi über Nacht abgesetzt, und man erhält seitdem an den Geldautomaten nur noch US$. Das macht das Reisen in dem Land schon viel entspannter. Die Qualität der Scheine, die man erhält, ist allerdings, gelinde gesagt, ekelhaft. Schmutzig, klebrig, zerfleddert – teilweise in so einem schlechten Zustand, gerade die kleinen Scheine, dass sie bei Banken nicht mehr angenommen werden. Zudem blüht die „Eigendruck-Initiative“, was zur Folge hat, dass außerhalb Simbabwes Scheine, die vor 2006 gedruckt wurden, nicht mehr akzeptiert werden.

Ein ganz anderes Thema ist die Spritversorgung. Die ist ähnlich heikel wie in Malawi, und man fährt mehrere Tankstellen an, um zu erfahren: „Sorry, NO Diesel! Maybe next week.“ So lernten wir auf den ersten 300 Kilometern sämtliche Tankstellen kennen. Wir hatten Simbabwe über den kleinen Grenzübergang bei Kariba betreten, über den gleichnamigen Damm des gleichnamigen Sees.

Die erste Tankstelle in Kariba hatte kein Diesel, die zweite in Makuti, an der Hauptverkehrsstraße zwischen Lusaka und Harare, auch nicht. Die nächste Tankstelle lag in Richtung Mana-Pool Nationalpark am Hauptgrenzübergang Chirundu und hatte auch kein Diesel. So befuhren wir die Steilstrecke zwischen Chirundu und Makuti an einem Tag drei Mal, denn auf dem Rückweg hatte die zweite Tankstelle ihre Lieferung erhalten, und wir konnten retour den Weg wieder hinunterfahren und zum Gate des Mana-Pools NP abbiegen. Bei jedem Befahren des Weges entdeckten wir in den Böschungen und Schluchten der Kurven weitere Details abgestürzter Lkws.

### Mana Pools

Für insgesamt weniger Geld, als wir für unsere zwei Tage in der Serengeti gezahlt hatten, konnten wir fünf Tage im Nationalpark mit diesem lustigen Namen, der von seinen Wasserlöchern herrührt, verbringen, und das in einem Camp direkt am Ufer des Sambesi - inklusive kostenlosem Nebenprogramm!

Nebenprogramm? Das waren tage- und nächtelange Kämpfe zwischen Nilpferden im Fluss, Besuche von Elefanten und Hyänen abends und nachts sowie von Pavianen und Meerkatzen tagsüber im Camp. Wir wurden tatsächlich von Hyänen umkreist, als wir unsere Boerewurst - eine Art Bratwurst, nur besser - am Grillen waren! Plötzlich kamen sie keine zehn Meter hinter uns vorbei. Zuerst sahen wir nur die Augen in der Dunkelheit. Es ist zum Glück ein scheues Gesindel, das alles, was größer ist als es selbst, in sicherem Abstand umkreist – um dann vielleicht doch von hinten anzugreifen! Eine Hyäne ist dabei kein Problem, zwei sind aber schon anspruchsvoller, und bei dreien haben wir dann zusammen unseren Kocher bewacht. Es ist schon eine ganz abenteuerliche Atmosphäre, nachts nur mit der Beleuchtung unserer kleinen Petroleumlampe zu grillen und am Tisch zu sitzen, ab und zu eine Hyäne vorbeischleichen zu sehen und im Sambesi die Hippos kämpfen und grunzen zu hören – und von weiter weg ab und an einen Löwen. Und - was hatte da eben im Busch geknackt?

Dann hörte man auch noch das tiefe Grummeln eines Elefanten, den markerschütternden Schrei eines Pavians, der vor einem Leoparden warnte und dann wieder das Kichern einer Hyäne oder das Jaulen der Schakale. Und alles untermalt von zirpenden Zikaden und dem Quaken der Frösche im Sambesi – DAS MUSS MAN ERLEBEN!

Der Mana Pools NP ist der einzige Nationalpark in Afrika, in dem Löwen und andere gefährliche Tiere leben, wo man aber trotzdem ohne bewaffneten Ranger zu Fuß unterwegs sein darf. Wir haben uns allerdings immer nur wenige Meter von Hobbes zu entfernen getraut und sind dafür noch am Leben. Ein anderer Tourist muss in der Woche, in der wir im Park waren, weniger vorsichtig gewesen sein und wurde von Löwen in der Dämmerung attackiert und getötet. Das passierte aber auf einer anderen Campsite als der unsrigen, die für ihre Löwenbesuche

Es möchte sicher nur
Marshmallows...?!

bekannt – und damit auch mehr für oder weniger regelmäßige Überfälle von Löwen auf Menschen berüchtigt ist.

Ganz klasse war eine unserer nachmittäglichen Rundfahrten, auf der wir beobachten konnten, wie sich ein Rudel afrikanischer Wildhunde sammelte, um auf Beutezug zu gehen.

Das war ein Rudel von bestimmt 30 Tieren. Große und Starke, Alte und Schwache, ein trächtiges Weibchen – alle hielten sie zusammen. Das faszinierte uns an diesen Tieren – und natürlich auch die Tatsache, dass etwa 90 % ihrer Beutezüge erfolgreich zu enden pflegen.

Wir sahen, wie das Leittier in der Entfernung etwas witterte, sich gemächlich streckte und in die entsprechende Richtung losging. Kurz darauf folgte ihm ein weiteres Tier, dann ein drittes.. Danach erhob sich ein viertes Rudelmitglied und lief in einem anderen Winkel davon. „Die umzingeln etwas!“ rief Leonie, die auf dem Kotflügel von Hobbes stand und filmte. „Die schwärmen gerade aus. Da geht einer, dort geht der Nächste…“ Wir waren hin und weg. Ganz zum Schluss folgten dann die Alten und Gebrechlichen teilweise hinkend hinterher – mitsamt den Geiern im Gefolge. Später konnten wir durch das Fernglas erkennen, dass sie eine Antilope gerissen hatten und sich um die Beute balgten.

Ein paar Kilometer weiter sahen wir einen offenen Safari-Wagen mit Touristen am Wegrand stehen. Wir hielten an und erzählten von den Wildhunden – und hätten dabei beinahe die zwei Löwen übersehen, die direkt neben dem Fahrzeug lagen. Die zwei waren aber bereits so alt und kahl, dass sie das Essen auf Rädern vor ihrer Nase verschmähten.

Andere unangenehme Zeitgenossen fanden sich im Mana Pools NP auch mal wieder ein: TseTse-Fliegen! Da wir sie quasi täglich erlebten, stellten wir irgendwann eine Theorie bezüglich dieser Fliegen auf, die allerdings keinen Anspruch auf allgemeine Gültigkeit erhebt und besser noch wissenschaftlich untersucht werden sollte: Tsetsefliegen scheinen fahrende Landrover vor allem dann zu attackieren, wenn diese vormittags in südwestliche Richtung fahren. Komischerweise gab es nämlich auf den gleichen Strecken auf dem Rückweg keine Attacken mehr. Als wir am nächsten Tag nach Nordosten aufbrachen, blieben wir unbehelligt – und auf dem Rückweg machten sie uns wieder die Hölle heiß. Und dies passierte nicht nur einmal, sondern an den fünf Tagen tatsächlich regelmäßig. Im South Luangwa hatten wir zuvor schon einen ähnlichen Verdacht, konnten unsere Theorie damals nur noch nicht wirklich präzisieren. Vielleicht sollten wir die unterwegs kennengelernten Biologen mal mit unserer Theorie konfrontieren...

Wo wir es gerade schon von unangenehmen Zeitgenossen hatten - unsere Einnahme der Bilharziose-Medikamente stand mittlerweile auch an. Nach dem Abendessen erinnerten wir uns daran und schluckten beide die mächtige Portion Pillen – Torsten musste 9 ½ und Leonie 6 ½ von diesen dicken Tabletten nehmen. Die sollten alle auf einmal, und nach dem Essen genommen werden. „Nach dem Frühstück“, hatte die Apothekerin noch gesagt. Ein Glück, dass wir sie nicht zum Frühstück eingeworfen hatten!

Eigentlich wollten wir nach dem Abendessen wie jeden Abend noch gemütlich im Schein der Petroleumlampe sitzen und den Geräuschen um uns lauschen oder auch noch bei unseren Nachbarn, den verrückten Amis, auf ein Schwätzchen vorbeischauen, aber als ich (Leonie) noch das gespülte Abendessengeschirr wegräumte, sagte Torsten: „Du, mir wird ganz schwindelig. Ich geh schon mal ins Bett...“ Und kaum war er aufgestanden, wollte er das Abendessen samt der Tabletten durch die falsche Öffnung wieder loswerden... Ganz prima. Er schaffte es zum Glück noch alleine hoch ins Bett – ich weiß auch gar nicht, wie ich ihn hätte nach oben hieven sollen! Ich beeilte mich, alles im Auto hyänen-, elefanten- und paviansicher zu verstauen, und kam auch noch gerade so selbst hoch ins Bett, da wurde mir ebenfalls furchtbar schwindelig. Wir schliefen ziemlich schnell ein und lagen da wie Steine. Beide!

## Berge, Felsen und Steine

Im Nationalpark lernten wir mal wieder mehrere nette Leute kennen – aus allen Kontinenten. Kurz vorstellen möchten wir hier nur zwei Paare. Da waren zum einen die verrückten Amis, die mit den Fahrrädern von Alexandria nach Kapstadt unterwegs waren und den Mana Pools zu Fuß erkunden wollten, nachdem sie mit dem Rad doch nicht hatten hineinfahren dürfen und zum anderen ein simbabwisches Paar, Cynthia und Dave, die uns, als wir sie auf dem Weg zum Parkausgang wieder trafen, spontan zu sich nach Hause einluden. Wir nahmen die Einladung an und verbrachten zwei sehr nette Tage mit ihnen auf dem Land, inmitten von Hühnern, Perlhühnern, Schafen, Ziegen, Hunden und Katzen.

Sie lebten als weiße Simbabwer in recht einfachen Verhältnissen, in einem winzigen Häuschen, das aus kleiner Küche, Schlafzimmer, Gästezimmer, Dusche und Toilette bestand. Das „Ess- und Wohnzimmer" war draußen vor der Tür. Investitionen in Besitztum würden sich laut Dave nicht mehr lohnen, denn von einem auf den anderen Tag könne man in Simbabwe alles verlieren – auch heute noch!

Die beiden engagierten sich trotzdem sehr in ihrer Gemeinschaft mit Kinderheim, Schule, landwirtschaftlichem Betrieb, Fortbildungen für Selbstversorger und Mikrokredit-Anstalt. Alles notwendige Einrichtungen für die ländliche Bevölkerung.

Wir fuhren in der Gegend auch an riesigen verlassenen oder heruntergewirtschafteten Farmen vorbei. Es war alles marode, verwahrlost und nicht mehr in Betrieb. Jammerschade! Das tut echt weh, wenn man bedenkt, dass aus diesem Land früher Weizen exportiert werden konnte.

Auf dem Weg nach Harare besuchten wir die an der Hauptstraße gelegene Chinhoyi Cave, eine Höhle mit einem glasklaren, aber abgrundtiefen, stahlblauen See. Der hatte aus der Distanz eine ganz unnatürliche Färbung und je näher man kam, desto klarer wurden die Felsen unter Wasser sichtbar. Ein längerer Halt lohnte sich aber nicht, so dass wir am selben Tag weiterfuhren.

Zwei Nächte blieben wir in Harare, wo Hobbes eine neue Lichtmaschine erhielt, nachdem wir im Mana Pools festgestellt hatten, dass die alte Lichtmaschine die Batterie nachts entlud – was ja nicht gerade Sinn der Sache war. Dank der Solarzellen auf dem Dach und Torstens beherztem Abklemmen des Teils war es uns in den zwei Tagen bei Cynthia und Dave gelungen, die Batterien so weit aufzuladen, dass wir bis nach Harare fahren konnten.

Außerdem waren, wie in jeder größeren Stadt, mal wieder Einkaufen und vor allem Internet angesagt, denn vom Weltgeschehen bekamen wir unterwegs nur wenig mit, und das auch dann meist mit entsprechender Verzögerung. Also waren Nachrichten bei uns sehr beliebt, wenn's mal irgendwo CNN oder Al Jazeera gab – oder eben Internet. Ab und zu kauften wir uns eine internationale Zeitung, so etwas hat allerdings Seltenheitswert in Afrika. All die Umbrüche in Nordafrika waren uns immer nur bruchstückhaft zu Ohren gekommen, ebenso wie der Ausgang des Referendums im Südsudan oder dann die Katastrophe in Fukushima. Irgendwie lebten wir in Afrika doch in einer komplett anderen Realität – ohne den Informations-Overflow, der einen zu Hause im täglichen Leben so überrollt – gewollt oder ungewollt.

Von Harare aus fuhren wir auf Daves Anraten hin über die Bergkette der Bvumba-Mountains im Osten Simbabwes, an der Grenze zu Mosambik entlang. Was für ein guter Ratschlag. Wir waren auf Anhieb von der hügeligen Landschaft und von den Felsformationen aus rotem und gelbem Sandstein ganz begeistert. Manda Hill ist der „simbabwische Ayers Rock", ein riesiger Felsbrocken, der im Unterschied zu seinem australischen Pendant, aber von Büschen und Bäumen umgeben ist. Später sahen wir noch viele andere Felsen, die wie riesige umgekippte und verwitterte Bauklötzchen aussahen.

In einer Ortschaft wurden wir am Eingang von der Polizei gestoppt. Einer kam ganz wichtig aufgeplustert auf uns zu: „In Simbabwe haben wir Gesetze, an die sich auch Weiße halten müssen! Man darf in Orten nur 60 km/h schnell fahren!“ „Ich weiß,“ entgegnete Torsten. „Deswegen fahre ich nie schneller!“ „Doch!“ polterte der andere. „Ihr seid genau 65 km/h gefahren, das kostet 50 US$!“

Torsten ließ sich aber so schnell nicht einschüchtern und gab nicht klein bei: „Nein, ich bin nicht zu schnell gefahren und kann das auch beweisen!“ - „Wie willst du das beweisen?“

Torsten kramte daraufhin unseren Laptop aus und verkabelte ihn mit dem GPS-Gerät. „Das dauert nur ein paar Minuten. Wo haben Sie uns denn gemessen?“ Der Polizist rief zunächst einmal seinen Chef, der auch nicht glauben wollte, dass wir beweisen konnten, nicht zu schnell gefahren zu sein. Anschließend wiesen sie auf eine Stelle in etwa 200 Metern Entfernung.

Das GPS hatte bis dahin alle Routendaten des Tages in den Laptop überspielt und Torsten zeigte auf der Karte die beiden letzten Wegpunkte: „Hier stehen wir jetzt, und der vorherige Punkt gibt eine Geschwindigkeit von 55 Stundenkilometern an. Und ich habe euch gesehen und bestimmt nicht mehr beschleunigt!“ „OK, ihr könnt weiterfahren. Wo bekommt man denn so ein Ding her und wie viel kostet das?“

In den Bvumba-Bergen verbrachten wir auf über 1.500 Höhenmeter eine feuchtkalte Nacht. Mittlerweile war Mai, und so langsam fing der Winter auf der Südhalbkugel an. Morgens war das Zelt vom Nebel pitschnass! Wir standen auf einem traumhaften Platz, der großen Wiese des Kivu-Backpackers mit phantastischer Aussicht und sehr sympathischen Besitzern. Wir fragten uns, wie die überhaupt finanziell über die Runden kamen, denn wir waren die einzigen Gäste und hatten den Tipp von einem Deutschen, den wir in Harare getroffen hatten. Der hatte uns erzählt, dass er für mehrere Nächte der einzige Gast hier gewesen sei. Der Tourismus ist in Simbabwe seit ein paar

Jahren zusammengebrochen, denn viele Menschen trauen sich nicht mehr in dieses schöne Land. Die einzigen Orte, an denen wir andere Touristen gesehen hatten, waren die Nationalparks. Davon ausgenommen war der Nationalpark in den Bvumba-Bergen, in den verirrte sich wohl nur selten jemand. Das ist allerdings auch kein richtiger Nationalpark, sondern ein ehemaliger botanischer Garten, der irgendwann kurzerhand in „Nationalpark“ umgetauft wurde. Der Flecken ist mittlerweile sehr verwildert und leider bis auf einen sehr kleinen Teil wirklich heruntergekommen.

Von den Bvumba-Bergen aus fuhren wir in südwestlicher Richtung weiterhin durch eine großartige und die Phantasie anregende Felsenlandschaft zu den „Great Simbabwe Ruins“. Dies sind die einzigen großen historischen Steinbauten im südlichen Afrika, die von Afrikanern erbaut worden waren. Lange wurden von Weißen Theorien gehegt, andere Kulturen hätten diese Burgen gebaut – den Afrikanern wurde einfach keine solche Kultur „zugetraut“. Die bantustämmigen Erbauer waren die Vorfahren der heutigen Shona, der größten simbabwischen Bevölkerungsgruppe.

Im Mittelalter existierte im heutigen Simbabwe und in Botswana ein großes Königreich, das von Great Simbabwe aus regiert wurde. Die Stadt soll bis zu 20.000 Einwohner gehabt haben. Allerdings sind von ihr nur noch die Ruinen der Burg- und Tempelanlage auf einem Hügel sowie eine große und mehrere kleine Umfriedungen übrig geblieben.

Ein wenig gewagt schien uns trotzdem der Vergleich mit den alten Ägyptern und dem Römerreich, wie er im Touristenguide aufgeführt wurde. Wahrscheinlich war der Autor dieses Heftchens nie in Ägypten oder in Europa gewesen, um die Bauten dieser Kulturen zu besichtigen.

Von Great Simbabwe ging es weiter in den Matobo Nationalpark, der für seine außergewöhnlichen Felsformationen und Buschmannzeichnungen in vier Höhlen bekannt ist.

Auf dem Weg gerieten wir wieder in eine Polizeikontrolle. Zunächst wurde Leonie von einem sehr jungen Polizisten um die Papiere gebeten. Leonie meinte: „Ich kann Ihnen die Papiere gerne geben, aber ich bin nicht der Fahrer!“ Daraufhin stutzte der Polizist, schaute ins Auto und kam dann lachend auf die Fahrerseite unseres Hobbes.

Ich (Torsten) gab ihm dann die „Papiere“. Also meinen internationalen Führerschein, die internationale Zulassung und das Carnet. Ich vermute, dass er die CO2-Bescheinigung und die Versicherung sehen wollte. Jedenfalls schaute er etwas erstaunt, fragte woher wir denn kämen und trabte dann zu seinem Chef, der am Wagen auf der anderen Straßenseite saß.

Wenig später kam er wieder, überreichte mir händeschüttelnd meine Papiere und meinte: „It is so nice to have you here in our country, I hope you enjoy your holidays and I hope you will come back!“ Wir waren so was von fassungslos, das ist unbeschreiblich!

Im Matobo-Nationalpark besuchten wir zunächst den „Game“-Park, also den Teil des Parks, in dem wilde Tiere leben. Der andere Teil ist der „Cultural“-Park, in den wir später auch noch fahren wollten. Im „Game“-Park sollte es einige weiße und schwarze Nashörner geben. Die versteckten sich jedoch so gut, dass wir nur ihre gewaltigen Misthaufen als Zeichen für ihre Anwesenheit ausmachen konnten. Die Felsen aktivierten dafür Leonies kreative Ader und sie fing an, lauter Menschen, Tiere und Fantasiefiguren in den Felsen zu sehen, bis ich zu dem Schluss kam, dass sich hier wohl eine längerfristige Lariamschädigung ankündigte…

Kleine Anmerkung: Lariam ist das Mittel zur Malariaprophylaxe, das Leonie seit Addis Abeba nahm und welches so phantastische Nebenwirkungen hat, dass ich lieber darauf verzichtete und ein anderes Medikament - mit anderen Nebenwirkungen - nahm.

Mitten im Busch trafen wir auf einen Toyota der Park-Ranger

mit einem Plattfuß. Während drei Ranger die Umgebung beobachteten und ihre Knarren im Anschlag hielten, half Torsten den Reifen zu flicken. Hobbes hat ja einen eigenen Kompressor, mit dem wir Reifen auffüllen können. Leider wollten oder konnten uns die Ranger nicht sagen, wo denn die Nashörner im Park derzeit steckten. Sie gaben uns aber den Tipp, zu den Buschmannhöhlen im anderen Teil des Parks zu fahren.

Zwei der vier Höhlen waren dann auch wirklich sehenswert! Schon allein der knapp zwei Kilometer lange Aufstieg zur Bamata Cave war ein Erlebnis. Wir kraxelten durch dichten Dschungel und später über das riesige Felsplateau mit einer tollen Aussicht auf die umliegenden Felsen bis zur versteckten Höhle.

Drinnen entdeckten wir die roten und gelben Zeichnungen von laufenden Männern, vielen Elefanten, einem Leoparden sowie Nashörnern, Giraffen, Antilopen und verschiedenen abstrakten Gebilden, die wir leider nicht entschlüsseln konnten! Wow!

Nach einer sehr netten Übernachtung auf einem Campingplatz mitten im „Cultural“-Park an einem See, wo die Warzenschweine bis an unser Camp herankamen und die Meerkatzen in sicherem Abstand eine Party feierten, fuhren wir am nächsten Nachmittag weiter nach Norden zum Hwange Nationalpark.

**Hwange Nationalpark**

Nach anfänglichen Schwierigkeiten, wie denn dieser Park auszusprechen sei, lernten wir nach einer Weile, dass es wie „Wängie“ klingen muss.

Simbabwes größter Nationalpark hat alles an wilden Tieren zu bieten, was es in der Region so geben kann. Allerdings versteckten diese sich mal wieder vor uns, und in dem riesigen Areal von 14.650 Quadratkilometern gibt es eben doch Bereiche, die nicht mit dem Auto erreicht werden können. Der Park ist fast so groß wie Schleswig-Holstein!

Landschaftlich weist der Park viel Buschland mit Kameldornakazien und Mopane, einem unserer Buche recht ähnlichen Laubbaum, auf, durch das man nur schlecht sehen kann. Die Dornen der Akazien sind so starr und spitz, dass sie ohne Probleme durch Autoreifen gehen! Sämtliche Bäche und Flüsse führen nur in der Regenzeit Wasser, zur Zeit unseres Besuches waren sie nur staubige Pisten. Es gibt recht viele Wasserlöcher, an denen man fast immer Tiere beim Trinken beobachten kann. Das geht dann am besten von einem höhergelegenen und schattigen Lookout aus.

Sehr schön ist auch die Möglichkeit, auf einer Picknicksite ganz alleine zu campen. Es gibt dort immer einen Angestellten, der für das abendliche Feuer sorgt und ansonsten für die „speziellen Gäste" da ist. Dieses Angebot haben wir bei zwei der vier Übernachtungen genutzt und sehr genossen. Vor allem das nächtliche Löwengebrüll ganz in der Nähe, die darauf antwortenden Warnrufe von Antilopen oder auch das Grummeln von Elefanten waren mal wieder echt ein Erlebnis – und das alles sogar einmal von einem atemberaubenden Gewitter untermalt.

Wir lernten Marc aus Australien am Rande des Parks im Camp kennen. Er kam völlig aufgelöst nach Sonnenuntergang an und schilderte uns sein Erlebnis. Seit Jahren war er auf Reisen in Afrika unterwegs, die jedoch immer mal wieder durch Arbeitsabstecher nach Hause unterbrochen wurden. An jenem Tag hatte er zum ersten Mal eine Säbelantilope von sehr nah gesehen und fotografiert. Und gerade als er so das Bild seines Lebens machte, riss ein Löwenrudel genau diese Antilope! Wahnsinn! Dummerweise war das genau bei Sonnenuntergang und er musste sich sputen, um noch rechtzeitig zum Gate zu kommen, da auch im Hwange NP das Fahren nach Einbruch der Dunkelheit verboten ist.

Wir vereinbarten, am nächsten Morgen um sechs Uhr abfahrbereit am Gate zu sein, um an die Stelle zu fahren, an der die Antilope ihr Leben gelassen hatte. Gesagt, getan. Wir standen um fünf Uhr dreißig auf, packten zusammen, Frühstück sollte es später unterwegs geben, und fuhren gemeinsam zügig zum Schauplatz des Gemetzels.

Marc stand mit seinem Toyota diagonal auf dem Feldweg, als drei junge Löwen zwischen ihm und uns über den Weg liefen. Dann kamen zwei erwachsene Löwinnen, die Marc aggressiv anfauchten – er hatte das Fenster heruntergekurbelt und lag mit der Kamera im Anschlag auf dem Fensterrahmen - zumindest bis sie fauchten… Ein kleiner Satz hätte gereicht, um ins Auto einzusteigen... Aber sie verschwanden, den Jungen hinterher, im Gebüsch.

Wir fuhren ein Stück weiter, drehten dann um und parkten seitlich des Weges im Schatten. „Die kommen bestimmt gleich wieder!“ meinte Marc per Funk. Und so war es dann auch. Nach fünf Minuten kamen von links die zwei Löwinnen über die Böschung auf den Weg und blieben vor uns, etwa 15 Meter entfernt, stehen.

Sie beäugten erst uns und dann die Umgebung, und dann kamen nach und nach fünf jugendliche Löwen aus dem Busch auf die Böschung, und alle blickten uns, die wir in Hobbes saßen, an. Uns läuft heute noch bei dem Bild eine Gänsehaut den Rücken rauf und wieder runter. Das hatte alles gepasst, die Sicht, die Löwen, das Licht durch die Bäume… perfekt!

Sehr unterhaltsam war auch das Erlebnis mit einem jugendlichen Elefanten, der beinahe auf ein Krokodil am Wasserloch getreten wäre, und sich so erschreckte, dass er fast in die Luft hüpfte. Dummerweise schreckte er damit eine danebenstehende Giraffe vom Trinken auf, was den Elefanten wiederum so erschreckte, dass er sich genötigt sah, die Giraffe trompetend zu verscheuchen.

Oder ein anderer junger Elefant an einem künstlichen Wasserloch: Genau wie ein Kind mit Strohhalm und Wasserglas hängte er den Rüssel ins Wasser und machte Blubberblasen. Wir haben uns fast weggeworfen vor Lachen!

Am Nachmittag des vierten Tages hörten wir immer lauter werdende Geräusche, die von Hobbes' Kupplung herzurühren schienen – na toll, er schien wohl mal wieder Sehnsucht nach einer Werkstatt zu haben! Als Torsten dann im Park noch feststellte, dass das Kreuzgelenk der Kardanwelle der Vorderachse fast durchgebrochen war, wurde die Sorge groß, bald überhaupt nicht mehr weiterfahren zu können. Mit extrem langsamem Tempo schafften wir es jedoch zu einer Campsite, wo Torsten mit hilfreichen Mechanikern der Rangerstation das kaputte Teil, also die komplette vordere Kardanwelle ausbauen konnte. Anschließend konnten wir immerhin bis zur nächsten Stadt mit Hinterradantrieb fahren.

Neben einer Tankstelle gab es dort glücklicherweise eine Werkstatt und direkt daneben einen Ersatzteilhändler. Das Teil wird standardmäßig in vielen Lkws und Pickups verbaut, so dass es auch hier vorrätig war. Nach einer knappen Stunde war Hobbes wieder 4x4 unterwegs, und wir konnten weiter nach Victoria Falls fahren.

## Victoria Falls

Mosi-oa-Tunya, zu Deutsch „donnernder Rauch", nennen die Einheimischen die Wasserfälle des Sambesi, der sich hier über eine Breite von 1.700 Metern etwa 110 Meter in die Tiefe stürzt. Mit „Rauch" ist die Nebelbank der Gischt gemeint, die man schon aus mehreren Kilometern Entfernung sehen kann. Sie steigt ab der Regenzeit, die wir ja gerade hinter uns gelassen hatten, bis zu 300 Meter hoch, denn dann stürzen bis zu 10.000 $m^3$ Wasser pro Sekunde über die Abbruchkante in die Schlucht.

Wir quartierten uns auf dem großen Touristen-Campground neben gefühlten zehn Overland-Bussen ein. Der Platz war riesig und nur zu vielleicht zehn Prozent belegt. Hier trafen wir auch das sympathische Schweizer Paar wieder, das wir im Hwange NP bereits kennengelernt hatten. Brigitt und Rüedi hatten sich von einem Verleihservice in Botswana einen Landcruiser mit Dachzelt und Küchenausrüstung für vier Wochen geliehen.

Sie waren bereits am Ende ihrer Reise angelangt und hatten einiges über die Qualität des gemieteten Fahrzeuges zu berichten: undichter Wassertank, durchgescheuerte Ersatzkanister, fehlende Differentialsperre, zu kleiner Wagenheber, schlechte Reifen…

Sie waren leidgeprüft – aber von den bereisten Ländern durchweg begeistert.

Am Gate des Vic-Falls Nationalparks, mitten in der Stadt, erfuhren wir, dass man ein Ticket für einen halben Tag lösen musste, um die Fälle sehen zu können. Das hoben wir uns für den nächsten Tag auf, denn mittlerweile schüttete es wie aus Kübeln. Dafür gönnten wir uns mit den Schweizern zusammen einen sehr leckeren Restaurantbesuch mit Live-Musik einer guten simbabwischen A-cappella-Showtanz-Gruppe. Vic Falls ist halt doch eine Touristenstadt – gebaut für Millionen von Touristen und deshalb mittlerweile doch recht weitläufig...

Tags darauf konnten wir die berühmten Fälle bei strahlendem Sonnenschein sehen - das heißt, so weit man sie überhaupt zu Gesicht bekam, denn selbst bei Regen hätten wir nicht nasser werden können! Rauschend und schäumend fielen die Wassermassen in die Tiefe, so dass die Gischt sogar das Atmen schwer machte! Kein Witz, es war alles bereits 30 Meter vor der Abbruchkante klatschnass. Die Gischt, das war kein Nieselregen, nein, richtige Regenschauer kamen mit den Windböen aus der Tiefe hoch!

Zu Anfang hatten wir noch über die Wichtelmännchen aus den Reisebussen gelacht, die in ihren Müllsack-Kapuzen nebeneinander über die Wege liefen. Wir hatten einige, die uns entgegen gekommen waren gefragt, ob man diese Kapuzen brauche: „Nö, es geht auch ohne ganz gut.“ – Das muss dann aber echt britischer Humor gewesen sein.

Wir warteten immer eine Pause des böigen Winds ab, um an die Aussichtsplätze zu hechten, Bilder zu machen und dann schnellstens wieder aus dem Aquarium zu verschwinden. Denn wenn der Wind wieder drehte, kamen die Wassermassen von oben, vorne, hinten und unten…

Leonie wagte sich noch bis zum Ausguck zur Stahlbrücke über den Sambesi vor, vorbei an Livingstone-Island. Sie war kurz darauf so nass, dass sie weiter oben in der Sonne schlotternd vor Kälte eine Pause machen musste. Selbst die Socken konnte sie auswringen und in die Sonne legen – zusammen mit den Teilnehmern einer anderen Reisegruppe. Auch sie waren, trotz ihrer Plastikmäntelchen, gut „angefeuchtet“.

Nachdem wir uns beide einigermaßen getrocknet hatten, schlenderten wir über die Stahlbrücke durchs „Niemandsland“ in Richtung Sambia. Man muss hier nur am Immigration Office Bescheid sagen und kann dann ohne Stempel im Pass auf die Brücke.

Auf halbem Weg kamen wir an einer Stahltribüne vorbei, an der reger Andrang herrschte. Bungee-Jumping! Wir betrachteten uns ein paar Absprünge und waren uns sofort klar darüber, dass das nichts für uns wäre. Wir waren uns auch nicht sicher, ob dort so auf Sicherungsmaßnahmen geachtet und das Seil regelmäßig ausgetauscht werden würde. Nee, lass‘ mal gut sein. - Als wir dann ein halbes Jahr später zu Hause in den Nachrichten hörten, dass eine australische Bungee-Jumperin dort tatsächlich abgestürzt war, weil das Seil gerissen war, fühlten wir uns in unseren Bedenken nachträglich bestätigt. Die Frau hatte den Sturz allerdings wie durch ein Wunder überlebt...

Der Sambesi unter uns brodelte ganz gewaltig ob der Wassermassen der verspäteten Regenzeit. Leider war aus dem Grund auch die geplante Rafting-Tour buchstäblich ins Wasser gefallen. Die hatte ich nämlich Leonie zum Geburtstag schenken wollen.

Da die bisherige Aussicht auf die Fälle insgesamt etwas enttäuschend gewesen war, entschlossen wir uns kurzerhand, am nächsten Morgen die trockenere Besichtigungstour zu buchen – aus der Luft nämlich, in einem 15-minütigen Helikopterflug.

Früh am Morgen machten wir uns auf zum Landeplatz des Helikopters, der sinnigerweise neben dem Golfplatz des wohl teuersten Hotels in ganz Simbabwe gelegen ist. Fünf weitere Touristen sollten noch mit uns fliegen. Vorher mussten wir mitsamt unserem Gepäck nacheinander erst auf eine riesige Waage steigen und bekamen danach unsere Sitzplätze zugewiesen.

Ich (Torsten) wusste dabei nicht, über was ich mich mehr freuen sollte, über die Anzeige auf der Waage oder den Sitzplatz am Fenster, diagonal hinter dem Piloten. Die Aussicht war einfach spitze.

Der Pilot drehte mehrere Runden über den Fällen und über der daran anschließenden Schlucht, die der Sambesi in das Hochplateau im Laufe der Jahrmillionen gefressen hat. Das Wasser schäumte auch von hier oben betrachtet ganz beachtlich, und ich war dann doch froh, dass aus der beabsichtigten Rafting-Tour nichts geworden war.

Nach dem Rundflug packten wir zusammen und fuhren zur Grenze nach Botswana. Von anderen Reisenden hatten wir schon erfahren, dass man dort als nichtsahnender Grenzgänger schnell seinen ganzen Proviant an frischen Lebensmitteln loswerden könne. Aus dem Grund hatten wir Vorsorge getroffen und unsere noch komplett verpackten Wurst- und Fleischvorräte aus dem Kühlschrank verbannt und zu den Klamotten gepackt.

## Botswana

Schon vor der Grenze wurde man auf die strenge Lebensmittelkontrolle durch große Schilder aufmerksam gemacht und auch darauf hingewiesen, dass Felle, Stoßzähne sowie Schnitzereien ohne offizielle Ausfuhrpapiere nicht die Grenze passieren dürften.

An der Kontrolle selbst durften wir anhalten und unsere Schuhe wegen der Gefahr von Maul- und Klauenseuche in einer Wanne desinfizieren. Der Wachposten wollte aber auch alles in Hobbes‘ Innenleben sehen, insbesondere den Inhalt des Kühlschrankes. So sind wir neben unserer Paprika auch unsere Eier losgeworden, weil es vor Jahren einmal ein Problem mit der Hühnergrippe in Simbabwe gegeben haben soll. Auf unsere Nachfrage hin bekamen wir das entsprechende Schreiben vom November 2005 vorgelegt - schade um die Eier....

Aus dem Augenwinkel sah ich (Torsten), dass der Kollege Interesse am Inhalt unserer Dachbox zeigte. Dort hatten wir Sachen untergebracht, die wir nur sehr selten benötigten, wie unsere Rucksäcke, Wanderstöcke, ein zusätzliches kleines Zelt, den gestorbenen Computer, die zwei Stühle aus Nairobi, Leonies Gummistiefel und kleinere Mitbringsel von unterwegs. Also nichts von Belang...

Unvorbereitet auf die Frage des Zöllners, was denn in der Box sei – das hatte bis dato niemanden an einer der überschrittenen Grenzen interessiert - antwortete Leonie etwas unbedarft: „Oh, it’s only Souvenirs!“ Torstens Kinnlade war gerade am Herunterfallen, aber es war schon zu spät. Der Zöllner wollte natürlich alles darin sehen und fischte immerhin die noch nicht desinfizierten Gummistiefel heraus...

Nachdem Hobbes dann zum Abschluss der Kontrolle durch das Desinfektionsbad hatte fahren dürfen, erledigten wir die Zollformalitäten für uns und durften OHNE Stempel einreisen, um bei der nächsten Bank Geld zu holen. An diesem Grenzübergang wurde nämlich nur die botswanische Währung Pula in bar akzeptiert – keine US-Dollar, keine Visa-Karte, keine Euros – und es gab keine Wechselstube und nicht einmal einen der inoffiziellen Geldwechsler, die uns bisher an jedem Grenzübergang angesprochen hatten. Pulas, so die Bezeichnung der Währung hier, bekamen wir erst ein paar Kilometer weiter an einer Tankstelle. Mit dem eingetauschten Geld fuhren wir zurück zur Grenze, um unsere Schulden im Tausch gegen die nötigen Einreisestempel zu bezahlen.

Am späten Nachmittag erreichten wir außerhalb des Chobe-NPs noch ganz in der Nähe der simbabwischen Grenze, eine kleine nette Lodge mit Campsite direkt an einem Wasserloch – das Senyati Camp. Dort trafen wir auch die Schweizer Brigitt und Rüedi wieder. Spontan beschlossen wir, am Abend das geschmuggelte Fleisch über offener Holzglut keimfrei zu machen und zu entsorgen.

Es ist schon fast beängstigend, am Grillfeuer zu stehen und das Fleisch zu wenden, wenn keine zehn Meter von einem entfernt eine Gruppe Elefanten zum Wasserloch strebt. Und das war sehr gut besucht! Eine Karawane wurde von der anderen abgelöst.

Beim Essen, Folienkartoffeln mit Torstens 500-Gramm-Steak – Leonie wählte die Lady-Größe – und einem Glas Rotwein konnten wir lange das Verhalten der Tiere beobachten.

Da gab es Gruppen, die in einigem Abstand warteten, bis die erste Gruppe das Wasserloch verließ. Manchmal wurden auch Kommandos trompetet. Und dann gab es eine Gruppe, die von einem sehr aggressiven Weibchen angeführt wurde. Die bahnte sich schnurstracks ihren Weg zur Quelle und schubste die anderen einfach weg.

Für uns war es auch äußerst amüsant zu sehen, wie so eines der ganz Kleinen die restliche Herde in Schach hielt. Die hatten nämlich Narrenfreiheit und rutschten die schlammige Böschung zum Wasser hinab, tauchten unter und prustend wieder auf. Ganz klasse.

Tja, und dann kamen die Teenager unter den Elefanten - ganz wie die menschlichen Exemplare in diesem hormon- und stimmbruchgeplagten Alter: können alles, wissen alles und sind vor allem leicht reizbar...

So eine Gruppe strebte auch dem Wasserloch entgegen und fing an, es in ein Schlammbad zu verwandeln. Wer aber trinkt schon gerne das Badewasser eines anderen? Elefanten jedenfalls nicht. Und so wurden wir Zeuge von richtigen Erziehungsmaßnahmen durch die älteren Gruppenmitglieder. Die ganz Kleinen wurden aus der Gefechtszone gezogen, und dann wurden die Teenager in die Schranken gewiesen.

Tja, und genau wie die menschlichen Exemplare machten die dann empörend trötend ihrem Unmut Luft und suchten nach einem Ausweg, um die aufgestauten Aggressionen loszuwerden. Jaja, Testosteron und Adrenalin sind schon schlimme Chemikalien...

Sich an den ganz Kleinen zu vergreifen schied aus – die Muttertiere reagierten genauso aggressiv wie menschliche Mütter mit Beschützerinstinkt. Also zogen die Halbwüchsigen in den Busch und tobten sich an der Natur aus. Das hat vielleicht gekracht! Die Jungspunde suchen sich nämlich junge Bäume aus, legen die Stirn an und drücken – knack! Und je nach Temperament braucht es schon drei bis vier Bäume, um sich abzureagieren. Sehr zum Leidwesen der hiesigen Stromversorger! Denn dummerweise fallen die Masten der Stromleitungen auch in ihr „Beuteschema“. Deswegen sind in manchen Gegenden die Pfosten in anderthalb bis zweieinhalb Metern Höhe mit Stacheldraht umwickelt, so dass sich so ein Rüpel zwangsweise noch einmal durch den Kopf gehen lassen muss, was er da gerade vorhat.

In der Nacht gesellten sich zum tiefen Brummeln der Elefanten das Gejaule von Schakalen und spät in der Nacht noch eindrucksvolles Löwengebrüll. Boah, Gänsehaut pur – und das außerhalb eines Nationalparks!

Am nächsten Morgen erfuhren wir dann, dass die Löwen gar nicht weit weg vom Camp gesichtet worden waren. Alleine an der Lautstärke ihres Brüllens kann man nämlich ihre Entfernung nicht ausmachen. Je nach Bewölkungsgrad und Feuchtigkeit der Landbedeckung beträgt die Hörweite eines anständigen Löwengebrülls zwischen fünf und acht Kilometer!

Da die Löwen sich in unserer Umgebung häuslich eingerichtet hatten, waren die abendlichen Grillereien bis auf weiteres abgesagt. Wir aßen lieber im Auto, nachdem ein Brüller aus vielleicht 100 Metern Entfernung Leonie einmal das Brot aus der Hand hatte fallen lassen. Faszinierend, wie die Urtriebe da hoch kommen – der Löwe brüllt und unmittelbar stellten sich bei uns die Nackenhaare…

Drei Tage und einige Hundert Elefanten später ging es für uns weiter, durch den nördlichen Teil des Chobe-NPs, immer am Fluss entlang, der namibischen Grenze entgegen. Der restliche, größere Teil des Chobe National Parks und insbesondere die Übernachtungen auf den mittlerweile privatisierten Camp Sites sind so teuer, dass es für uns Sinn machte, den Umweg über den Caprivi-Strip zu nehmen und um das Okavango-Delta herumzufahren. Die Lodges kassieren 50 US$ pro Person und Nacht auf den vorreservierten Zeltplätzen und man braucht, je nach Zustand des Weges, bis zu drei Tage zur Durchquerung des Parks.

## Durch den Caprivi-Strip

So entschlossen wir uns, wie gesagt, über den namibischen Caprivi-Strip um das Okavango-Delta zu fahren. Auf diesem schmalen Landstrich, der ursprünglich dazu ausersehen war, Deutsch-Südwestafrika (heute Namibia) und Deutsch-Ostafrika (heute Tansania) mit einer Eisenbahntrasse zu verbinden, machten wir die Bekanntschaft einer Frankfurter Familie: Gert, Jana und Anna. Sie waren ebenfalls mit einem Landrover in Namibia unterwegs, hatten ihr Fahrzeug aber seit geraumer Zeit in der Nähe von Windhoek auf einer Farm geparkt und benutzten es es nur für Urlaubstouren wie diese.

Wir trafen sie am Straßenrand der Hauptstraße durch den Caprivi-Strip, wo sie vor ihrem Auto standen und uns zuwinkten. Ihr

Landy war nur sehr schwer vorwärts zu bewegen und machte ganz fürchterliche Geräusche. Torstens Diagnose: Da war etwas mit dem Transfergetriebe nicht in Ordnung. – Auch wenn Gerd beteuerte, dass er vor dieser Tour sämtliche Öle in einer Werkstatt hatte auswechseln lassen. Wir demontierten kurzerhand die Antriebswellen von der Vorder- und Hinterachse, und Hobbes zog den „Kleinen" 80 Kilometer zurück nach Katima Mulilo, die einzig nennenswert große Ortschaft im Caprivi. Zum Glück war hier alles topfeben. Bei der Hitze hätten wir es Hobbes wohl kaum zugemutet 2,5 Tonnen Anhängelast so eine lange Strecke über Berge zu bewegen.

Wir hielten bei der ersten Werkstatt, die mehrere Lkws auf dem Hof stehen hatte. Dort bestätigte sich unser Verdacht: Das Transfergetriebe, das die Kraft gleichmäßig auf die Vorder- und Hinterachse übertragen sollte, war hinüber. So wie es schien, hatten die Mechaniker in Windhoek zwar das Öl abgelassen, aber kein neues aufgefüllt! Unfassbar! Und Gert hatte darauf vertraut, dass alles in Ordnung sei, und ist immerhin 2.000 Kilometer damit gefahren – bis sich die Lager festgefressen hatten.

Jetzt musste er irgendwoher ein neues Getriebe auftreiben, und zwar möglichst schnell, da die Familie nur noch eine Woche Urlaub hatte. Nach einem kurzen Smalltalk mit dem Werkstatt-Besitzer und zwei Telefonanrufen zu Landrover Windhoek wurde man sich schnell einig: Hier in der Garage wollte man das Getriebe des Werkstatt-Landys aus- und dann in Gerts Fahrzeug einbauen. Das defekte Getriebe sollte von Gerd nach Windhoek gebracht, dort, sofern möglich, instand gesetzt und dann in die Werkstatt zurückgeschickt werden. Andernfalls käme ein anderes gebrauchtes Getriebe zum Einsatz. So hatten die Frankfurter zwar die Kosten für den Einbau doppelt zu zahlen, vermieden aber lange Wartezeiten und die teuren Abschleppkosten ins 1.200 Kilometer entfernte Windhoek.

Wir verabschiedeten uns von der netten Familie und machten uns wieder auf den Weg. Die Straße führte - wie mit dem

Gewehr geschossen - über 800 Kilometer immer nach Westen. Nach einer Nacht in einem sehr romantisch am Fluss gelegenen Camp in einem Nationalpark erreichten wir Divundu. Zu unserer größten Überraschung trafen wir dort mitten auf der einzigen Straßenkreuzung auf Jeroen und Els, unsere belgischen Freunde. Sie hatten nach unserer letzten Mail aus Botswana ungefähr gewusst, wann wir die Grenze überqueren würden, und dort auf uns gewartet. Großartig!

Zusammen fuhren wir zu einer traumhaften Campsite am Okavango und tauschten drei Tage lang Reiseinfos und Erfahrungen aus, grillten, hüpften nachmittags auch mal in den ziemlich kühlen „schwimmenden" Pool im Okavango oder saßen einfach nur bei sternklarem Nachthimmel an seinem Ufer um unser Lagerfeuer. Das sind Momente, die man im Leben nicht vergisst...

Viele Neuigkeiten erfuhren wir, auch sehr traurige. Wir hatten doch in Luxor, in Ägypten, zum ersten Mal die drei verrückten Australier auf Quad-Bikes kennen gelernt. Später hatten wir zusammen die Fahrzeuge über den Assuan Stausee verfrachtet, sind durch den Sudan und durch Äthiopien gereist. Wir hatten sie immer mal wieder getroffen, zuletzt bei Tim & Kim in Äthiopien.

Auch sie waren auf dem Weg nach Kapstadt gewesen. Von Els und Jeroen erfuhren wir nun, dass einer der dreien bei Lilongwe in Malawi in einen Verkehrsunfall verwickelt worden war. Ein Autofahrer, auf der Flucht vor der Polizei wegen eines unbezahlten Parktickets, hatte beim Überholen eines Pkws die Kontrolle über seine Kiste verloren, war ins Schleudern geraten und genau in das mittlere der drei entgegenkommenden Quads geprescht.

Die beiden Freunde leisteten sofort Erste Hilfe und verhinderten, dass die Polizei den verletzten Valerio in ihr Auto zerrte, um ihn ins Krankenhaus zu schaffen. Valerio war zunächst noch bei Bewusstsein und meinte, dass ihm alles weh tue und er nach Hause möchte. Jamil tat sein Bestes, beruhigte den Freund und zog ihm die mitgeführte Halskrause an, bevor sie ihn ins Krankenhaus brachten. Dort wurde Valerio, mittlerweile bewusstlos, aus den Klamotten geschnitten und geröntgt. Ein Arzt meinte später zu Jamil, dass sie ihren Freund umgehend nach Johannesburg in Südafrika bringen müssten, da sie in Lilongwe nicht die notwendigen Operationen durchführen könnten.

Umgehend machten sich die Freunde daran, den Rückflug zu organisieren, wurden aber durch den Bürokratismus arg behindert: „Er darf das Land nicht verlassen, bevor wir nicht wissen, ob er überhaupt einen Führerschein hat.“ - Solchen und anderen Blödsinn, wie die Diskussionen mit der australischen Krankenversicherung, die zunächst den Flug nicht bezahlen wollte mussten sie über sich ergehen lassen. Bis Jamil in der Britischen Botschaft aufräumte! Dann ging wohl doch alles noch einigermaßen schnell. Valerio wurde in einen Flieger verladen und mit Jamil nach Johannisburg geflogen. Leider verstarb Valerio de Simoni auf dem Flug über Simbabwe. Er wurde gerade einmal 24 Jahre alt.

Unser Freund Peter hingegen wurde noch lange in Uganda aufgehalten wegen seines Visums für Äthiopien. Als er es endlich in den Händen hielt, machte er sich auf den Weg zurück dorthin, um nach seinem Projekt, einem Heim für Waisenkinder bei Awasa, zu sehen. Tja, sein Geld war irgendwie anderweitig verwendet worden, Peter sah es nicht wieder, und ein Waisenhaus war auch nicht mehr in Planung. Er meinte noch, dass er besser zusammen mit uns weitergefahren wäre. Nach diesem unglücklichen Ergebnis flog er erst einmal zurück nach England, um ein paar private Sachen zu klären. Ein paar Monate später sollte er seine Reise nach Südafrika fortsetzen – dieses Mal allerdings mit seiner Lebensgefährtin.

Wir vereinbarten vor unserem Abschied, uns mit Jeroen und Els Mitte/Ende Juli in Kapstadt zu treffen. Sie hatten ihre Fracht und ihren Rückflug bereits für Mitte August gebucht. Die beiden waren ja schon kreuz und quer durch Botswana gefahren und wollten noch ausgiebig Namibia bereisen.

Wir beide brachen allerdings wieder nach Botswana auf. Nach einem problemlosen Grenzübergang, diesmal ohne besonders strikte Kontrollen, erreichten wir nach einer halben Tagesreise die heiligen Tsodilo Hills, die durch zahlreiche Buschmannzeichnungen bekannt geworden sind.

Dort unternahmen wir mit einem San, also einem Nachkommen der Künstler, eine sehr interessante Wanderung durch die Berge, wo an über 200 Stellen insgesamt etwa 4.500 Felsmalereien zu sehen sind. Unter anderem sind an einem Felsen auch ein Wal und ein Pinguin zu erkennen. Irgendwie irre, wo das Meer doch über 1.000 Kilometer weit entfernt ist und die Tsodilo Hills mitten in sehr kargem Land stehen. Torsten glaubte nicht daran, dass diese beiden Zeichnungen tatsächlich bis zu 20.000 Jahre alt sein sollten...

Etwas Spannung kam bei dieser Tour auch auf, als eine lange, silbergraue Schlange enorm schnell vom Weg vor uns weg ins Gebüsch glitt. Als unser Guide dann auch noch meinte, dass das eine schwarze Mamba gewesen sei, wurde uns doch etwas anders. „Aber die tun ja nichts, sie haben große Angst vor Menschen und nehmen schnell Reißaus.“ Ach so. Aber tödlich sind sie trotzdem...

## Okavango

Nach einer öden Tour über 700 Kilometer nach Maun, dem Ausgangspunkt für Touren ins Okavango-Delta, machten wir für einige Tage im Old-Bridge-Camp halt. Wir hatten vor, mit Hobbes in eine Werkstatt zu fahren und sämtliche Gummilager der Achsen zu wechseln. Nach 270.000 Kilometern konnte so etwas nicht schaden. In Mike Cross‘ Garage wurde Torsten schnell mit dem Besitzer einig. Wir sollten die Teile besorgen und er würde uns für einen Tag seine hydraulische Presse und zwei Arbeiter zur Verfügung stellen.

Die Teile organisierten wir noch am selben Tag Downtown und erstanden hier zusätzlich zwei Thermo-Becher, zwei Decken sowie Mützen und Handschuhe aus Fleece. Mittlerweile wurde es nachts ungemütlich kalt und morgens betrug die Innentemperatur in Hobbes nur noch sieben Grad!

Da der folgende Tag ein Feiertag war, konnte Torsten erst am Freitag mit der Arbeit beginnen, und wir nutzten den Feiertag zu einer Kanu-Tour im Okavango-Delta.

Der Okavango entspringt irgendwo im angolanischen Hochland, fließt dann recht lange als Grenzfluss zwischen Angola und Namibia Richtung Osten und durchquert Namibia durch den westlichen Teil des Caprivi-Strips. Dort, wo der mittlerweile ansehnlich große Strom ganz ruhig, aber mit Nachdruck nach Südosten fließt, hatten wir ja an seinem Ufer gecampt. In Botswana fächert er dann so breit auf, dass diese Unmengen von Wassermassen im Delta nur selten eine Höhe von über einem Meter erreichen und zu guter Letzt im Sand der Kalahari restlos versickern und verdunsten. Dieser gewaltige Fluss, der sich über 1.800 Kilometer seinen Weg bahnt, erreicht nie das Meer.

Zunächst wurden wir mit beachtlicher Geschwindigkeit in einem Motorboot vom Old-Bridge-Camp aus stromaufwärts ins Delta des Naturreservats gefahren. Frühmorgens war das ein verdammt kaltes „Vergnügen“. Wir hatten mehrere Schichten unserer wärmsten Kleidung an und uns zusätzlich in gewachste Ponchos gegen den eiskalten Fahrtwind gehüllt. In der Nacht war die Temperatur auf 5°C gefallen. Brrr.

An einem Sammelplatz wurden wir abgesetzt und bekamen einen Guide zugewiesen. Mit seinem Mokoro, einem sehr langen, aber auch sehr schmalen Einbaum, stakte er uns mit einem langen Stab ins Delta. Das Teil war so kippelig, dass Torsten um seine Kamera im Rucksack ganz angst und bange wurde. Unser Gondoliere stand aufrecht hinter ihm in dem weniger als 50 Zentimeter breiten Bötchen.

Nach einigen Minuten hatten wir uns an die seitlichen Kippbewegungen, die bei jedem Schub nach vorne entstanden, gewöhnt und konnten die Aussicht genießen.

Strahlend blau wie der Himmel waren die Lichtspiegelungen vor uns, glasklar das Wasser und leuchtend grün die mit Palmen besiedelten Inseln. Und dazwischen immer wieder Schilf und die Pfade der Hippos und der Elefanten, die von Insel zu Insel führten. Wir legten nacheinander an zwei Inseln an und unternahmen Wanderungen mit unserem Guide. Dabei schreckten wir eine Pavian-Gruppe auf, die im wilden Galopp durchs Wasser hechtete, die Jungen am Bauch hängend oder huckepack tragend. Krokodile und Hippos sahen wir keine – weder an Land noch auf dem Wasser, was uns auch ganz recht war. Eine einzige kleine Elefantengruppe sah Leonie in sicherer Entfernung am Ufer, als sie sich auch mal traute, im wackeligen Mokoro aufzustehen.

Unser Guide meinte an einer sicheren Stelle, dass wir auch gerne schwimmen könnten – bei einer Wassertemperatur von vielleicht 18 °C sahen wir jedoch davon ab – an Schwimmzeug hatten wir bei den eisigen Temperaturen am Morgen sowieso nicht gedacht.

Am Nachmittag holte uns das Speed Boot des Old-Bridge an der gleichen Stelle wieder ab, an der wir morgens ins Mokoro gestiegen waren, und es ging im rasanten Tempo die 20 Kilometer zurück. In der Nachmittagssonne konnten wir es jetzt richtig genießen, im Drift um die Kurven der Wasserstraße zu schießen. Spontan erhielt unser Fahrer den Titel „Driver of Hell“, was diesen aber ganz und gar nicht entzückte.

Im Camp hatten derweil mehrere Personen eingecheckt – zum Glück keine organisierte Reisegruppe. Unter anderem trafen wir auf Jack aus den USA. Er hatte die Leiter der Nationalparkverwaltung auf ein Computerprogramm geschult und nutzte nun die letzten Tage, um durch das Land zu Reisen. Er war ein sympathischer Kerl mit langen Haaren und Vollbart

– und einer Gitarre. Er spielte nebenher in einer Band richtig gute Pop- und Countrymusik, und das kam im Camp sehr gut an.

Die Nächte am Lagerfeuer wurden seeeehr lang! Die Bar war bis um vier Uhr beschäftigt, so fetzte die Musik, und am Morgen hatten alle sehr schmale Augen beim Frühstück. Am Freitag mussten trotzdem früh raus – Torsten hatte mit Hobbes ja einen Termin in Mikes Garage.

Die zwölf Lager, das Öl aus dem Motor und dem Transfergetriebe sowie der Öl- und Luftfilter waren in knapp fünf Stunden gewechselt. Damit stand dem Ritt in die Kalahari eigentlich nichts mehr im Wege. Es war aber so schön im Camp, zusammen mit Jack und anderen jungen Leuten aus allen Kontinenten, dass wir noch zwei weitere Tage und Nächte dort verbrachten. Richtig gut wurde es Freitagabend, als eine Aushilfe auch ihre Gitarre mitbrachte und ihre Geige Leonie zur Verfügung stellte. Das hat gefetzt! Erst als das Brennholzlager komplett geleert war ging es ins Bett.

Zu meiner Überraschung hatte Leonie, als ich in der Werkstatt war, für den Samstag einen Rundflug über das Delta gebucht. Zusammen mit einem Portugiesen, einem Schweizer und einer Französin wollten wir uns den Flug teilen. Es kam allerdings anders als erwartet. Der Flug war nämlich bereits für 9 Uhr vorgesehen, nicht erst die Abfahrt vom Camp. Somit brach etwas Hektik aus, zumal keiner wusste, wo die Französin steckte. Meinte der Manager: „Gebucht hat sie Zelt zwei. Aber die hat gestern so vielen Männern am Lagerfeuer den Kopf verdreht, ich kann beim besten Willen nicht sagen, aus welchem Zelt sie herauskommt. Außerdem hab‘ ich fürchterlich Kopfweh!“ Sie kam dann doch aus ihrem Zelt.

Letztendlich waren wir nicht ganz pünktlich, es fehlten dann auch noch die Reisepässe von zwei Mitfliegern, die noch einmal zurück zum Camp mussten, und so weiter... Wir flogen also eine gute halbe Stunde später als geplant los, in der wir zwei wenigstens noch einen Kaffee am Flughafen trinken konnten. Der Flug war dann sehr turbulent, und wir waren alle froh, dass wir keine Zeit gehabt hatten, zu frühstücken.

Von dort oben konnte man auch die Größe der Fläche nur erahnen, die dieses Delta ausfüllt. Man sah weite, offene Wasserflächen, Inselchen mit Palmen und riesige Schilfbestände die durch schmale Wasserwege entweder durch Mokoros, Elefanten oder Hippos frei gehalten wurden. Wir konnten auch einige Mokoros sowie zahlreiche Elefantengruppen entdecken. Auf einer größeren Insel, die so gut wie nie überschwemmt wird, befand sich eine Lodge mit eigener Landebahn für Kleinflugzeuge. Das war eine der zahlreichen privaten Game-Lodges für sehr betuchte Safariteilnehmer aus aller Welt.

Je länger der Flug dauerte, desto turbulenter wurden die Luftmassen. Über den Inseln stieg die warme Luft bereits auf, während sie über den Seeflächen abrupt wieder runterfiel. Dazu roch es in der Maschine nach Kerosin – uns wurde einem nach dem anderen speiübel! Irgendwann musste Torsten das Fotografieren einstellen und den Blick weit voraus auf den Horizont richten – das hilft gegen Seekrankheit, und das half auch oben in der Luft!

Wir waren allesamt heilfroh, als wir über der Lodge den Wendepunkt erreicht hatten und es jetzt nur noch zurück zum Flughafen ging. Alle etwas grünlich um die Nasenspitze nahmen wir in einem deutschen Café Platz und bestellten unser Frühstück: „Wie, du willst jetzt etwas essen? Mir ist speiübel!“ - „Klar, esse ich jetzt was, sonst kann ich mich ja nicht übergeben…“

Und mit Kaffee, Frühstück und der lustigen Gesellschaft verflog auch bald die Übelkeit.

Nachmittags buchten wir noch unsere Übernachtungen für den Kalahari NP. Zum Glück wusste Leonie, dass wir die Übernachtungen im Voraus im Parkoffice in Maun zu buchen und zu bezahlen hatten – im Park selbst wäre das nicht mehr möglich gewesen, und das hätte einen Umweg von 700 Kilometern bedeutet!

## Kalahari

Die Fahrt nach Rakops, dem Abzweig zum Kalahari-NP, war dann alles andere als erfreulich. Zum einen mussten wir feststellen, dass auch in Botswana ab und zu an Tankstellen der Sprit ausgehen konnte und zum anderen bockte Hobbes auf einmal.

Das konnte nur mit den neuen Gummilagern zu tun haben. Geradeaus, auf dem Highway, hatten wir keine Probleme. Wie bisher konnten wir hier mit 90 bis 100 km/h dahinrollen. Kam allerdings eine kleine Biegung, fing das Lenkrad an zu schlackern und hörte nicht mehr auf, bis Hobbes wieder geradeaus fuhr. Merkwürdig. Da die nächste Tankstelle noch 70 Kilometer entfernt war, hatten wir ausreichend Gelegenheit, dieses Phänomen zu untersuchen. Es trat nur auf festem Untergrund bei Geschwindigkeiten jenseits der 50 km/h auf. Da wir in der Kalahari nur auf Pisten unterwegs sein sollten, auf denen wir nie eine solche Geschwindigkeit erreichen würden, beschlossen wir, die Fahrt durch den Park zu wagen und danach erst wieder eine Werkstatt aufzusuchen. Uns war vollkommen schleierhaft, was jetzt das Problem sein konnte.

Die Kalahari ist nicht, wie viele Menschen glauben, eine Sandwüste, sondern eine Trockensavanne. Der karge Niederschlag im Jahr reicht aus, um doch einige Vegetation zu ermöglichen. Landschaftlich erinnerte sie uns streckenweise an die Serengeti mit ihren mit Savannengras bewachsenen Weiten, die Kalahari war aber doch noch trockener, hügeliger und hatte auch streckenweise Buschland vorzuweisen.

Drei Tage und Nächte verbrachten wir im Park. Direkt am Eingang sahen wir eine Puffotter, die sich genüsslich auf der Fahrbahn im Sand sonnte. Puffottern sind richtig giftige

Schlangen, die nicht, wie die meisten Schlangen bei Gefahr Reißaus nehmen, sondern erstarren. Wenn man ihnen dann dummerweise zu nah kommt, beißen sie sofort zu. In Hobbes fühlten wir uns aber sicher genug und fuhren direkt neben sie, was sie dann doch zu einem langsamen Rückzug ins Gras veranlasste, wo wir sie sofort nicht mehr erkennen konnten, so gut war das Tier durch seine Farbe und Musterung getarnt

Ansonsten gibt es in der Kalahari zahlreiche Oryx-Antilopen, wunderschöne Wüstenantilopen mit beeindruckend langen Hörnern, Hyänen, Springböcke, Strauße, Riesentrappen und jede Menge Erdhörnchen. Einen Löwen, der direkt am Wasserloch faul seine Siesta abhielt, konnten wir auch beobachten. Löwen soll es in der Kalahari übrigens unheimlich viele geben, sehr zum Leidwesen der umliegenden Rancher. So ein Rind lässt sich halt leichter reißen als eine sportliche Antilope. Ein paar Verhaltensforscher versuchen, mit präparierten Tierkadavern den Löwen den Geschmack auf Rind zu vergällen. Allerdings gab ein Ranger selber zu, dass das Projekt bisher nur sehr mäßigen Erfolg gezeigt hatte. Die Löwen sind ja nicht dumm und lernen wahrscheinlich sehr schnell, dass ein frisch gejagtes Rind viel besser schmeckt als ein totes…

Die Camps im Park waren fast alle unbelegt. Auf der ganzen Fahrt haben wir nur das Fahrzeug der Ranger getroffen sowie zwei von Holländern gemietete Camper. Ansonsten war der Park menschenleer.

Unsere letzte Übernachtung machten wir auf einer Campsite, die scheinbar von diesen Holländern gebucht worden war. Es gab keine genaue Angabe zu unserem Platz, so dass wir uns den schönsten ausgesucht hatten. Da wir bereits vor ihrer Ankunft aufgebaut hatten, zogen sie einen Kilometer weiter auf die nächste Fläche.

Wir grillten unser Steak und genossen den Abend – der Löwenrastplatz lag circa 20 Kilometer zurück, so schnell mussten wir also nichts befürchten.

Oben: *Elefanten im Senyati-Camp, Botswana*

Vorige Seite: *Bushcamp im Mondlicht, Simbabwe*

*Rechts:* *Mokoro-Trip durch das Okavango-Delta*
*Chapmans Baobab, Makgadikgadi-Pans*

Unten: *Kalahari NP*

Oben: *Nebel am Okavango im Ngepi-Camp, Namibia*

Unten: *Die Auffahrt zum Sani-Pass, Lesotho*

Oben: *Krüger NP, Südafrika*

Unten: *Hole in the wall, Südafrika*
*„Kontrolliertes“ Buschfeuer, Blyderiver-Canyon*

Oben: *Tiefsandpiste zum Deadvlei, Namibia*

Unten: *Sossusvlei*
*Deadvlei*

Oben: *Elefanten-Karawane, Etosha NP, Namibia*
*„Ei was ist den das?“ neugieriges Rhino*

Unten: *Stolzer Straußen-Papa*

Oben: *Haubenbart-Vogel* *Marabu im Sonnenuntergang*

Unten: *Die beiden Autoren an der Spitzkoppe*

Sattrot verschwand die Sonne hinter den Schirmakazien am Horizont. Danach glühten die paar Wolken am Himmel. Nichts war zu hören – auch nicht unsere Nachbarn. Und dann hörten wir das Brüllen, ups…

Die Camps hier sind nicht, wie in manch anderen Nationalparks, eingezäunt. Wir verzogen uns also schleunigst in Hobbes, in dem wir ruhig und sicher schliefen. Ob die Löwen nachts bei uns vorbeigekommen waren, wussten wir nicht. Gehört hatten wir sie jedenfalls nicht mehr in der Nähe. Nach Sonnenaufgang standen wir auf und machten uns ans Frühstücken und Packen, bevor es auf die letzte Etappe zum Parkausgang gehen sollte. Und dann sahen wir die Fußabdrücke vieler Tatzen auf dem Weg vor uns. Kleine und große, mal in die eine Richtung führend, dann wieder zurück. Zunächst dachten wir, dass die schon ein paar Tagen alt seien – bis wir entdeckten, dass sie genau über der Fahrspur der Holländer vom Abend zuvor verliefen!

Ein paar Kurven weiter standen dann die Camper ebenfalls auf dem Weg Richtung Gate am Pistenrand. Die Damen waren kurz im Busch verschwunden, also hielten wir an und zeigten ihnen die Spuren. Ihr Toilettengang war dann sehr schnell beendet…

Leider konnten wir die Löwenfamilie selbst nicht sehen. Irgendwann verliefen sich ihre Spuren im Busch und kurz darauf erreichten wir das Gate.

Da wir in der Kalahari keinerlei Probleme mit Hobbes gehabt hatten, sahen wir auch nicht die Notwendigkeit, sofort zurück nach Maun, zu fahren und machten daher einen Umweg durch die Makgadikgadi-Salzpfannen östlich der Kalahari. Über die Ntwetwe-Pan fuhren wir zunächst ins Planet-Baobab Rest Camp. Die Piste war zu Anfang sehr schmal und die Kameldornakazien machten ganz üble Geräusche, wenn wir mit Hobbes daran entlangschrappten. Wir fuhren zig Kilometer an einem doppelten Zaun entlang, immer dem Track des GPS‘ folgend. Und genau wie eingezeichnet erreichten wir einen Durchgang mit einem Wachposten.

Aufgrund einer Maul- und Klauenseuche-Epidemie waren in ganz Botswana Viehzäune errichtet worden, die das Land grob in vier Teile zerschneiden. Je nachdem, in welchem Abschnitt es ein Problem gibt, müssen die Fahrzeuge vor dem Befahren des nächsten Abschnittes desinfiziert werden, und die Einfuhr von Frischfleisch ist natürlich verboten.

Die Gates kann man nicht so einfach überwinden. Sie bestehen meist aus einer doppelten Zaunanlage mit zwei stabilen Toren und mächtigen Vorhängeschlössern.

Da auf den Pisten durch die Salzpfannen sehr wenig Verkehr herrscht, gehen die Wachposten gerne anderen, sinnvolleren Beschäftigungen nach und sind nicht so einfach zu finden – vor allem dann nicht, wenn die Station auf der anderen Seite des Zaunes liegt. Murphy lässt grüßen.

Nachdem die Dornakazien endlich den Salzpfannen weichen, ist es ein Riesenspaß, über die Salzwüste zu „fliegen“. Der Übergang geht recht abrupt: Gerade noch im Busch - und zack, sieht man in die weite weiße Ebene mit einigen kleinen grünen Grasinseln am Horizont.

Leonie hatte sich noch in Maun erkundigt, ob die Strecke befahrbar sei, denn in und nach der Regenzeit kann es vorkommen, dass die Salzpfannen überschwemmt werden und das Wasser dann langsam im Untergrund versickert. Dann bildet sich eine sehr trügerische dünne Salzkruste, auf der man zwar stehen kann, durch die ein Fahrzeug aber unweigerlich einbricht. Darunter befindet sich dann ein zäher Brei aus Salz, Wasser und Matsch.

Wir sahen mehrere Fahrzeugspuren und konnten anhand der Tiefe der Eindrücke gut abschätzen, ob die Fläche tragen oder ob es riskant werden würde. Wurden die Eindrücke kurzzeitig tiefer, half einem die Geschwindigkeit darüber hinwegzukommen. Wurden sie auf einem längeren Teilstück zunehmend tiefer, war es besser, darum herumzufahren und sich nach Möglichkeit an einer der Inseln zu orientieren.

Wir hatten viel Spaß und meisterten die Strecke ohne Pannen. Auf der anderen Seite der Pfanne angekommen, sahen wir schon von Weitem den berühmten und wirklich riesigen Baobab, den sogenannten „Chapman-Tree“. Dieser Affenbrotbaum hat einen Stammes-Umfang von 25 Metern und soll über 3.000 Jahre alt sein. Er hatte immer eine besondere Bedeutung für die Einwohner, aber auch für die frühen Siedler. Durch seine immense Größe ist er nämlich auf diesem flachen Land über Kilometer hinweg deutlich am Horizont zu sehen und half so den Treckführern, sich zu orientieren.

Ab diesem Baobab wurde die Piste wieder genauso schlecht und von tiefen Spurrillen durchzogen wie auf der anderen Seite der Ntwetwe-Pan. Spätabends erreichten wir unser Ziel, das Camp „Planet-Baobab“, ein recht großes Gelände, auf dem mehrere dieser ungewöhnlichen Bäume standen, die nachts auch noch hübsch angestrahlt wurden und dann erst recht aussahen wie von einem anderen Stern.

Leonie muss bei Baobabs auch immer an die Geschichte denken, die ihr vor Jahren ein Afrikaner erzählt hatte: Baobabs haben ja ein sehr spezielles Aussehen. Die Erklärung dafür ist ganz simpel: Als Gott die Welt schuf, machte er auch den Baobab. Der war besonders stolz, ein so mächtiger und schöner Baum zu sein, und verkündete allen anderen Bäumen, dass er von ihnen der Schönste und Wertvollste sei. Als Gott seine Hochnäsigkeit mitbekam, nahm er ihn kurzerhand, zog ihn aus der Erde und steckte ihn mit der Krone nach unten wieder ein. Deshalb sieht der Baobab bis heute so aus, als hätte er die knorrigen Wurzeln oben.

Das „Planet Baobab“ war auch mal wieder ein irres Camp. Inmitten der skurrilen Landschaft gelegen, hatte es die wohl ungewöhnlichste Bar, die wir bisher unterwegs gesehen hatten, dazu einen eiskalten, dafür aber riesigen Pool und sehr schöne Standplätze, auf denen wir mal wieder nette und interessante

Reisende trafen - wobei der Russe, der mit seinem Landrover von Moskau bis nach Südafrika unterwegs war, mittlerweile doch als richtiger Exot unter den „normalen“ Touristen auszumachen war, die sich in der Regel in Südafrika, Namibia oder Botswana ein geländegängiges Fahrzeug mit Campingausrüstung gemietet hatten und individuell durch Nationalparks und andere schöne Gegenden zogen.

Am Tag darauf fuhren wir doch zurück nach Maun in die Garage. In der Werkstatt hatte man dann auch schnell eine Antwort auf den Fehler parat: zum einen sei die Verbindung des Lenkstockhebels zur Lenkstange ausgeschlagen, zum anderen seien die Schrauben des Stabilisators der Vorderachse abgenutzt. So wurde auch beides getauscht, aber Torsten blieb skeptisch, ob das mit rechten Dingen zugegangen war.

Am nächsten Tag fuhren wir zunächst von Maun zurück und dann wieder durch die Saltpans, diesmal aber Richtung Südosten. Wieder hatten wir viel Spaß auf der salzigen Piste und fluchten nachher über deren schlechte Fortsetzung jenseits der Ntwetwe-Pan.

Nach einer Nacht im Bushcamp am Rand der Salzpfannen zielten wir Francistown im Osten Botswanas an. Diese Stadt suchten wir nur auf, weil unsere Gasflasche zum Kochen mittlerweile leer war. Die letzte Füllung hatte immerhin seit Malawi gehalten – nicht schlecht! Dummerweise hatten in Botswana sowie in Südafrika und Namibia, wie sich später noch herausstellen sollte, sämtliche Gasflaschen einen anderen Anschluss als unsere vier Adapter, mit denen wir bisher immer wieder Gas hatten auffüllen können. So musste eben der Benzinkocher, den wir als Ersatz mitgenommen und bisher noch nie benutzt hatten, herhalten.

Da gibt es noch eine kleine Geschichte am Rande: Diesen Kocher hatte ich (Torsten) auf meiner Weltreise vor 10 Jahren gekauft und danach so gut wie nicht mehr benutzt. Beim Auspacken merkte ich nun, dass eines der drei Standbeine, warum auch immer, abgefallen war. Glücklicherweise kennen sich Landrover-Fahrer ja mit Nietwerkzeug aus und haben immer einen Vorrat dabei. Mittels der kleinen Bohrmaschine bohrte ich in der Dunkelheit unseres Bushcamps ein Nietloch durch das Standbein und den Kocher, suchte dann die passende Niete und montierte das Beinchen. Wie gesagt, es war recht finster und ich sah nicht genau hin. Als alles zusammengebaut war, stellte ich fest, dass ich das Beinchen genau falsch herum angesetzt hatte…

Gerade als wir aus der Stadt herausfahren wollten und Hobbes beschleunigte, fing das Lenkrad wieder an zu schlackern – wie auf der Strecke zur Kalahari! Jetzt reichte es! Wie es der Zufall wollte, war gleich nebenan eine Landrover-Fachwerkstatt, und wir fuhren hin.

Zusammen mit dem Werkstattmeister drehte Torsten eine Runde mit Hobbes und der meinte fachmännisch: „Das sind entweder die Radlager oder die Lager des Achsschenkelbolzens. Haben wir alles da, morgen um 7:30 Uhr können wir anfangen."

Gut, wir übernachteten in Francistown im Camp des botanischen Gartens, und am nächsten Morgen waren wir mit Hobbes in der Werkstatt. Dort zeigte Torsten dem Mechaniker, was ihm noch aufgefallen war: Wenn Hobbes auf festem Boden stand und er das Lenkrad bewegte, schob sich die ganze Karosserie jeweils einen guten Zentimeter nach rechts oder links über die Räder hinweg. Das war nicht normal!

Der Mechaniker wusste auf Anhieb, was in Maun verbockt worden war. Dort hatte man statt der originalen Schrauben des Panhardstabes - das ist der Stabilisator der Vorderachse - Schrauben verwendet, deren Hals einen guten Millimeter dünner war, als er sein musste. Beim Lenken verhindert dieser Stab, dass die Karosserie über die Räder nach rechts oder links verschoben werden kann. Durch die falschen Schrauben und die enormen Hebel summierte sich der Effekt auf einen ganzen Zentimeter Radversatz. Bei leichten Biegungen auf der Straße begann dann die Karosserie von Hobbes sich aufzuschaukeln, und das erzeugte das Schlackern im Lenkrad. Minimale Ursache – enorme Wirkung! Die zwei Schrauben wurden gewechselt, und seitdem läuft Hobbes wie frisch aus dem Werk geliefert.

Da Leonie im Camp Internet nutzen konnte, erfuhren wir, dass unsere beiden Schweizer Freunde Addi und Corinne auf dem Weg von Südafrika in ein Camp am Limpopo-River auf der botswanischen Seite waren – vier Stunden später trafen wir auch dort ein und verbrachten wieder einmal ein paar traumhafte Tage und Nächte mit den Freunden am Lagerfeuer.

Auf dem Weg dorthin überquerten wir die Letzte der Veterinärkontrollen, von denen wir ja mittlerweile schon einige im Land überquert hatten, immer an den besagten Zäunen gegen die Maul- und Klauenseuche. Mal wurde mehr, mal weniger nach rohem Fleisch gefilzt, und normalerweise mussten wir unsere Schuhe desinfizieren und Hobbes durch ein Lösungsbad fahren. Bei dieser letzten Kontrolle meinte der Beamte, es besonders gründlich machen zu müssen, und sprühte auch unsere beiden Ersatzräder komplett mit Desinfektionsmittel ein, obwohl die, seit ihrem Kauf in Deutschland, noch nie auf irgendeinem Boden gestanden hatten. Ganz toll. Die weiße Brühe klebte natürlich auch auf der Windschutzscheibe und an der Hecktür. Das war eine Sauerei! Völlig unnötig.

Nun ja. Der Ärger verflog, als wir gemütlich mit Addi und Corinne einen Kaffee tranken und die Neuigkeiten der letzten Wochen austauschten. In Kigali hatten wir uns das letzte Mal gesehen. Das war ja schon furchtbar lange her gewesen! In der Zwischenzeit hatten wir immer mal wieder sporadisch via Email oder SMS Kontakt gehabt, und mittlerweile stand auch fest, dass wir mit ihnen zusammen Ende August unsere Fahrzeuge von Walfishbay aus in einem gemeinsamen Container nach Bremerhaven auf die Reise schicken würden. Unsere Rückflüge waren auch bereits gebucht. Die große Reise ging so langsam dem Ende zu... Nur noch zehn Wochen hatten wir vor uns!

Torstens Sabbatjahr währte nur bis Mitte September und er wollte die Option, nach einer Verlängerung zu fragen, nicht nutzen – sein Chef hatte nämlich gemeint, das könne er gerne tun, er bräuchte dann aber gar nicht mehr wiederzukommen. Okay. Aber schön, wenn man die Wahl hat...

## Zwischen Wildnis und Zivilisation

Nach drei relaxten Tagen mit kleinen Spaziergängen und vielem Erzählen verabschiedeten wir uns von den Schweizern – wir sollten uns erst in Namibia kurz vor der Heimreise wiedersehen...

Über einen sehr kleinen Grenzübergang kamen wir problemlos von Botswana nach Südafrika, wo uns alles auf Anhieb sehr europäisch vorkam – selbst im kleinsten Ort gab es dort eine Tankstelle mit Bankautomat und Shop, in dem man so gut wie alles, was das Herz begehrte, erhielt. Es gab wieder feste Preise an den Artikeln und es wurde nicht mehr gefeilscht. War das wirklich noch Afrika?

Der nordöstlichste Teil des Landes, durch den wir zunächst fuhren, war aber doch noch ziemlich afrikanisch – einfache Hütten, frei herumlaufende Kühe und Ziegen, Gemüsestände am Straßenrand, überfüllte Minibusse und Pickups.

Uns führte der Weg zunächst zum neuen, in unserem Reiseführer in höchsten Tönen gelobten Mapungubwe Nationalpark – doch die historischen Stätten, Stadtruinen mit Königsgräbern, konnte man spontan leider nicht besuchen, und der Tierreichtum ließ sich leider auch nicht sichten, so dass wir, abgesehen von der sehr schönen Landschaft am Rand des steilen Felsabbruchs zum Limpopo, etwas enttäuscht von diesem Park waren.

Nun gut, kommt halt auch mal vor. Da keine Campsite im Park mehr frei war, kamen wir nicht weit davon auf einer Wildlife-Farm unter und erschraken angesichts der Massen von Wohnwagen, Zelten und Wohnmobilen auf engstem Raum.

Das waren wir ja wirklich nicht mehr gewohnt – Zustände wie auf einem deutschen Campingplatz in den Sommerferien! Vor allem liebten wir ja diese Dauercamper – wie bei uns zu Hause - es fehlten nur noch die Gartenzwerge im Vorgarten...

Bushcampen, was wir natürlich viel lieber gemacht hätten, als uns auf den Campingplatz zu zwängen, war in Südafrika quasi nicht mehr möglich, da so gut wie jeder Flecken Land eingezäunt und in Privatbesitz oder eben Nationalpark war. Schade.

Nach einer Nacht dort flohen wir in den wenig besuchten Norden des Krüger-Parks, wo wir dann doch nicht so alleine waren, wie gedacht. Wir fuhren in einer Woche einmal der Länge nach durch den Park, mit einem kurzen Abstecher zum Blyderiver Canyon. Leonie war schon zweimal im Krüger-Park gewesen und hatte ihn, wie sie sagte, spektakulär in Erinnerung – aber wenn man wie wir nun in schon so vielen Parks gewesen ist, ist man vielleicht auch einfach zu verwöhnt.

Am Informationsschalter erfuhren wir, dass wir eine Jahreskarte für die Nationalparks in Südafrika erwerben könnten und damit in jedem Park nur noch die Übernachtungen zu bezahlen hätten. Diese Karte würde für einzelne Personen wie auch für Partner ausgestellt – fortan waren wir natürlich Mitglied.

Aber auch ohne die Eintrittsgebühr reißen die Übernachtungen in den Parks ein Loch in das Reisebudget. Sämtliche Übernachtungsplätze sind im Voraus zu buchen und zu bezahlen – und manchmal hatten wir eben das Pech, dass, gerade an Wochenenden, diese Camps ausgebucht waren. Dummerweise fingen just auch die südafrikanischen Winterferien an.

Da der Krüger-Park riesig ist und die Entfernungen zwischen den Camps dementsprechend weit sind, muss man sich schon an einen Zeitplan halten, um rechtzeitig vor Sonnenuntergang das Gate oder den Campground passieren zu können – und sinnigerweise sind im Park auf den Asphaltstraßen automatische

Geschwindigkeitskontrollen installiert – kassiert wird dann ebenfalls am Gate…

Im Norden des Parks gab es nicht wirklich viele Tiere zu sehen – die Mopane-Wälder und Büsche waren einfach zu dicht, um weit sehen zu können, und im Süden drängelten sich so viele Autos um ein interessantes Tier, dass man bald weder vor- noch rückwärts kam, weil alles zugestellt war.

Trotzdem haben wir so manchen Moment mit den Tieren genossen: zum Beispiel die Büffelherde, die über eine halbe Stunde brauchte, um gemächlich vor uns die Piste zu überqueren, oder der Elefant, der in nur einem Meter Abstand neben uns graste, als wir zu Fuß zu einem Aussichtsplatz gingen – nur durch eine dünne Bretterwand von ihm getrennt... oder die spielenden Hyänen und letztendlich die Leopardenmutter mit zwei Jungen im Busch, nur etwa zwei Meter von uns entfernt.

## Hippoalarm für Leonie

Am Blyderiver-Damm außerhalb des Krüger-Parks hatte ich (Leonie) dann auch ein weniger schönes Wildlife-Erlebnis. Wir übernachteten auf einem großen Campingplatz ganz in der Nähe des grandiosen Stausees in phantastischer Landschaft. Und da es noch nicht spät am Nachmittag war, wollte ich einen kleinen Spaziergang machen. An der Rezeption hatten wir einen Plan erhalten, auf dem auch Fußwege gerade außerhalb des Campingplatzes eingezeichnet waren. Also machte ich mich alleine mit der Kamera auf den Weg – Torsten musste ja unbedingt seinen Krimi fertig lesen.

Unten gab es einen Bergbach, der vielleicht drei Meter breit war und über viele Felsen nach unten schäumte. Genau da wollte ich hin, sah ja auch alles sehr schön aus. Kaum zückte ich die Kamera, schnaubte mich in etwa vier Meter Entfernung ein Nilpferd an, das ich offensichtlich erschreckt hatte. Ich verzichtete spontan auf das Foto und zog mich langsam rückwärts zurück – ich wollte ja keinen Stunk anfangen. Das sah das Hippo aber wohl anders. Als ich bemerkte, dass es Anstalten machte, aus seinem Pool zu steigen, nahm ich die Beine in die Hand und rannte, so schnell ich auf dem mit lauter groben Kieselsteinen bedeckten Boden halt rennen konnte, in die andere Richtung. Dann hörte ich, dass das Tier auch anfing, über die Steine zu poltern – in meine Richtung natürlich. Panik. Die meisten tödlichen Begegnungen mit wilden Tieren in Afrika gehen auf das Konto von Nilpferden, die nach dem Motto „Angriff ist die beste Verteidigung“ den vermeintlichen Angreifer einfach überrennen – und so ein paar Tonnen überlebt ein Normalsterblicher halt meistens nicht. Abgesehen davon haben die Viecher auch noch so richtig mächtige Stoßzähne im Maul, die einem dann vollends den Garaus machen können!

Zum Glück ging der Bach durch einen Wald und mir schoss durch den Kopf, dass Nilpferde nicht auf Bäume klettern, also musste das nächstbeste Bäumchen herhalten. Dummerweise musste ich in der Kürze der Zeit ein passendes finden, eines, das mich vermutlich tragen würde und auf das ich mit meinen rudimentären Kletterkünsten auch schnell hinaufkommen könnte! Da stand eines in Fluchtrichtung und das hatte in gerade einmal zwei Metern Höhe eine Astgabel. Schwupps, rauf, und dann hockte ich dort „oben“ und hoffte nur, dass das Hippo meinen Logenplatz nicht rammen würde. Das wäre sonst wohl das Aus gewesen. Zum Greifen nahe rannte das Tier unter mir vorbei und platschte etwa 30 Meter weiter wieder ins Wasser.

Zur Sicherheit wartete ich noch eine Weile, bevor ich zitternd herunterstieg und sofort zurück zum sicheren Camp lief. Der Rest des Tages war ab da für mich gelaufen. Was für ein Schock. Ich erzählte noch ganz blass und zitternd Torsten die Geschichte und legte mich dann lieber hin, irgendwie fühlte ich mich pulslos. Den Abend, den wir mit einem deutschen Ehepaar verbrachten, das etwa ein Jahr vor uns die Tour von Deutschland nach Südafrika gemacht hatte und jetzt im Ruhestand immer wieder für mehrere Monate im Jahr in den Süden kommen wollte, konnte ich nicht wirklich genießen.

Am nächsten Tag fühlten wir uns ganz wie Touristen und besuchten zunächst eine Höhle mit sehr schönen Tropfsteinformationen, fuhren später am Blyderiver Canyon entlang - mit immer mal wieder grandiosen Ausblicken in die Schlucht - und genossen nachmittags sehr leckere Pfannkuchen im Touristenort Graskop. Dort trafen wir auf andere Overlander – Adela und Francois aus Spanien und Frankreich, die mit ihrem Fahrzeug in etwa acht Monaten durch Westafrika bis nach Südafrika gekommen waren. Gemeinsam verbrachten wir einen netten Abend – auch wenn es windig und damit mal wieder so richtig kalt war.

In der ganzen Gegend wurde gerade das Gras abgebrannt – mehr oder weniger kontrolliert. Warum weiß eigentlich kein Mensch! Ähnliches hatten wir ja bereits in Uganda erlebt, und egal wo dies in Afrika geschieht, die Gründe hierfür liegen immer im Dunkeln. - That is Africa.

Torsten schlief in dieser Nacht jedenfalls nicht besonders gut – am Abend brannte der gesamte gegenüberliegende Berg lichterloh, und dann knisterte es nachts auch noch in bedrohlicher Nähe. Aber vielleicht wurde das Feuer ja doch gut genug kontrolliert, um nicht zu nah an den Campingplatz heranzukommen. Wir mussten jedenfalls nicht panisch unsere Siebensachen packen und fliehen, wie es ihm sein Alptraum vorgaukelte.

Nach einer guten Woche in Südafrika wollten wir noch einen Bekannten von Leonie in Maputo besuchen, und somit war der nächste Grenzübergang notwendig – einer, den wir so schnell nicht vergessen sollten.

## Mosambik

Südafrika zu verlassen ging problemlos – aber kaum waren wir am mosambikanischen Grenzposten angekommen, nahm uns ein sogenannter „official guide“ unter seine Fittiche, den wir mit unserer Bemerkung, bisher an die 30 Grenzen auf diesem Kontinent ohne Hilfe überquert zu haben, keineswegs beeindrucken oder von seinem Vorhaben abbringen konnten, uns durch die einzelnen Stationen der Grenze zu schleusen.

So problematisch wäre diese Grenze an sich ja nicht gewesen, die Beamten konnten zum Glück Englisch, denn die nicht vorhandenen Beschilderungen auf Portugiesisch hätten uns wohl nicht viel weitergeholfen, nur als es dann ums Bezahlen ging, kamen auf einmal horrende Summen zusammen, natürlich auch für den Zoll und so weiter.

Torsten blieb hart, der Guide war nicht gerade begeistert, und der Zollbeamte hatte wohl keine Lust, Hobbes zu kontrollieren. Wunderbar. Und dann kamen diese Geldwechsler, die Leonie sogar einen tatsächlich guten Kurs anboten.

Sehr oft sind wir vorher rigoros an den aufdringlichen Geldwechslern vorbei in eine offizielle Wechselstube gegangen, um zunächst den „gültigen“ Kurs zu erfahren. Nur hier, an diesem Grenzübergang, gab es nun mal keine Wechselstube, und ohne einheimisches Geld reist man doch ungern.

Nachdem uns Addi und Corinne Horrorgeschichten über die mosambikanischen Geldautomaten erzählt hatten, an denen sie mehrmals betrogen worden waren, wollten wir diese einzige Alternative, an mosambikanisches Geld zu kommen, lieber nicht nutzen. Also gingen wir auf den Deal ein.

Wir schauten und zählten beide. Es stimmte nicht. Also nochmal. Das Geld wechselte wieder die Hände, wurde laut vorgezählt – es stimmte, wurde von uns gezählt – es stimmte nicht! Und dann brach auf einmal Hektik aus. Jemand klopfte barsch an Torstens Scheibe – wir müssten jetzt schnell weiter, zum Zoll, wir würden unnötig den Platz blockieren… Wir waren nur ein, zwei Sekunden abgelenkt – und reingefallen! Torsten meinte: „Ach komm! Der Kurs ist gut, auch wenn der uns einen Schein unterschlagen hat. Wir fahren.“

Misstrauisch zählte ich später die Scheine noch einmal nach und stellte fest, dass uns knapp die Hälfte des Betrages fehlte!

Keine Ahnung, wie das wirklich abgelaufen war, vielleicht mit einem bekannten Taschenspieler-Trick: Die Geldscheine waren wahrscheinlich beim letzten Vorzählen im Bündel gefaltet worden, so dass jeder Schein zweimal gezählt werden konnte! Aber zu spät, die Wechsler waren mit unseren südafrikanischen Rand längst über alle Berge, und wir waren seit Ägypten das erste Mal so richtig hereingelegt worden – das kratzte dann schon an unserem Traveller-Ego. Wir waren doch eigentlich keine Anfänger mehr!

In Maputo verbrachten wir ein paar nette Tage mit Alex, einem ehemaligen Kollegen von Leonie, als sie mit „Ärzte ohne Grenzen" in Guinea gearbeitet hatte. Jetzt konnte sie endlich seine Frau und die drei mehr oder weniger pubertierenden Söhne kennen lernen. Ein interessantes Erlebnis war der Sonntagnachmittag auf dem Fischmarkt, wo man sich frischen Fisch, Shrimps, Langusten und was auch immer direkt auf einer der Grill- und Kochstationen zubereiten lassen konnte.

Das „Menü" war ein riesiger Teller mit rohem Fisch und Meeresfrüchten – jeder durfte auf das zeigen, was er haben wollte, und dann ging Alex mit der Kellnerin zum Abwiegen und Preise aushandeln. Das ganze dauerte fast eine Stunde. O-Ton Alex: „Wenn man nicht daneben steht, wird man wohl nach Strich und Faden beschissen." Bis dann die ersten Prawns gegrillt mit Pommes auf dem Tisch standen, waren nochmals zwei Stunden vergangen, und als auch der letzte Fisch endlich geliefert wurde, saßen wir seit über vier Stunden da. This is Africa!

Langweilig wurde es allerdings nicht. Das Schauspiel der Lebenskünstler, die ihre Waren, Kunstartikel, Stoffe und Sonstiges herumtrugen und lautstark anpriesen, war ein nettes Nebenprogramm. Und natürlich ist Leonie auch mal schwach geworden und hat eine schöne Tasche gekauft. Das sprach sich natürlich blitzartig bei der Konkurrenz herum, und sie wurde fortan sehr fürsorglich behandelt, in der Hoffnung, ihr noch etwas verkaufen zu können.

Montags lernten wir Maputo aus dem Auto heraus kennen – denn auf der Suche nach einer Stelle, wo wir unsere Gasflasche endlich auffüllen lassen konnten, gurkten wir kreuz und quer durch die Innenstadt und von Industriegebiet zu Industriegebiet. Aber wir fanden sie tatsächlich nach mehreren Anläufen!

Auf Alex' Empfehlung fuhren wir noch für ein paar Tage an den Strand nach Bilene, nördlich von Maputo, wo es eine schöne Lagune gibt.

Zum Glück wurde dieser Teil Afrikas schon mehrfach von Travellern bereist, und viele schienen ihre Tracks und Routeninformationen an Tracks4Afrika geschickt zu haben. Hier waren jeder Speedbump und jede Polizeikontrolle eingetragen. Wir wurden gewarnt, dass es auf einem kleinen Streckenabschnitt von Radarkontrollen nur so wimmeln sollte, und fuhren dementsprechend gesittet. Nicht, dass wir sonst so rasend schnell unterwegs gewesen wären – aber sicher war sicher.

In Bilene konnten wir drei Tage die Ruhe am Strand genießen – auch wenn es zum Baden fast zu kalt war. Nur einmal haben wir uns überwunden und sind ins kühle Nass gehüpft. Versorgt wurden wir von Einheimischen, die uns ihre fangfrischen Meeresfrüchte direkt vom Boot aus anboten. Zu dumm, dass wir keinen geeigneten Topf für so eine riesige Languste hatten. Jammerschade. So mussten halt pfundweise Prawns, die großen Garnelen, daran glauben.

Nach nur einer guten Woche in Mosambik machten wir uns auch schon wieder auf den Weg zurück nach Südafrika. Diesmal überquerten wir aber den kleinen Grenzübergang bei Ponto d'Ouro an der Küste. Und um da hinzukommen, mussten wir nicht nur in Maputo mit der Fähre den Fluss überqueren, was in Afrika immer ein Erlebnis ist, sondern danach noch einige Kilometer über eine Piste fahren, die alles zu bieten hatte: mal war sie grottenschlecht, mal recht passabel, und zuletzt ging es so richtig schön durch Tiefsand. Das hat letztendlich den

Spaßfaktor enorm angehoben. Torsten lebte auf wie ein kleiner Junge im Sandkasten. Unterwegs genossen wir ein einsames Bushcamp mitten im Dschungel, dann ein Camp direkt am Strand und die tollen Aussichten auf die Dünen, die teilweise mit Urwald, meistens aber nur mit Gras bewachsen waren.

**Südafrika**

Der Grenzübergang bei Ponto d'Ouro verlief wieder absolut problemlos. Dort war auch nicht viel los, man traf nur auf ein paar Südafrikaner, die schon auf dem Weg in ihre Ferien waren.

Auf der südafrikanischen Seite ging die phantastische Landschaft geradeso weiter, und wir konnten noch einmal eine traumhafte Nacht auf einer Düne über der Meeresbrandung genießen. Leider zog das Wetter zu, sodass wir nicht länger an diesem Strand bleiben wollten – im Regen musste das ja nicht gerade sein. Dafür erlebten wir den Küstenregenwald im wahrsten Sinne des Wortes.

Da wir bis dato noch in keinem Park Nashörner gesehen hatten, war klar, dass wir durch den Rhino-Park schlechthin, den Hluhluwe-Imfolozi, sprich Schluschlui-Umfolozi, fahren wollten, der uns auch tatsächlich nicht enttäuschte. Nicht nur die schöne hügelige Landschaft, auch ganze sieben Nashörner konnten wir auf unserer Tagespirsch beobachten – und das, dank unserer Membercard der Südafrikanischen Nationalparks, kostenlos.

Später kamen wir allerdings auch durch einige kleinere Nationalparks und machten dort die Erfahrung, dass die Ranger nichts von einem Mitgliedsausweis der Nationalparkverwaltung wussten - oder wissen wollten. Es gab öfter Diskussionen, dass gerade dieser Park nicht darunterfallen würde. Nun, teilweise durften wir trotzdem durchfahren, teilweise verzichteten wir dann eben darauf. Komisches System. Da gibt's wohl verschiedene Zusammenschlüsse von Nationalparks und nicht alle arbeiten zusammen.

Der Hluhluwe-Imfolozi Nationalpark liegt mitten im Zulu-Land, und als wir abends am Gate ankamen, empfahlen uns die Ranger, im nächsten Ort, Ulundi, am Zulu-Museum zu übernachten. Sie waren so begeistert von dem Platz, dass wir, müde wie wir waren, gerne darauf eingingen. Also verbrachten wir eine Nacht in einer Zulu-Hütte neben der historischen Stelle, an der der letzte unabhängige Zulukönig gewohnt hatte. Im Museum erfuhren wir am nächsten Tag auch noch vieles über die Geschichte und Kultur der Zulus, des berühmten südafrikanischen Krieger-Volks.

In Durban wohnten wir ein paar Tage bei Leonies Cousin, der zu der Zeit auch seine Eltern zu Besuch hatte. Ihr Onkel war in den 1950er Jahren nach Südafrika ausgewandert und dort geblieben, nachdem er seine Frau kennengelernt hatte, der es in Deutschland viel zu kalt gewesen wäre...

Leonie: So kommt es, dass ich schon mit 14 Jahren zum ersten Mal in Südafrika war und mehrere familiäre „Anlaufstellen" im Land habe. Das war ein schönes Wiedersehen nach vielen Jahren – und ein freudiges Kennenlernen von Torsten. Wir wurden im Gästehaus einquartiert und genossen den Luxus von Betten, einer Dusche neben dem Schlafzimmer, bekocht zu werden und in Fußmarschentfernung ein kleines Einkaufszentrum zu haben.

Zweimal trafen wir auch meine Freundin Cathrin, die ich während meiner Zeit als Kinderkrankenschwester in Lausanne kennengelernt hatte. Sie war auch viel in der Weltgeschichte herumgekommen, hatte in der Schweiz gearbeitet, auf einem Segelschiff auf dem Mittelmeer, in Taiwan und Chile - und ist letztendlich doch wieder hier in ihrer Heimat gelandet. Tja, Englisch-Muttersprachler haben den unschlagbaren Vorteil, quasi überall auf der Welt einen Job als Englischlehrer zu bekommen. Fast wie Krankenschwestern, die werden ja auch überall gesucht!

Von Durban aus fuhren wir zunächst hoch in die Drakensberge, wo wir einen Tag in Lesotho im Schnee verbrachten – richtig, im Schnee! Die Fahrt den kurvigen Sani-Pass hinauf, einer der steilsten mit dem Auto befahrbaren Pässe der Welt im Übrigen, und dann wieder hinunter war schon ein tolles Erlebnis. Auf schlechter Piste ging es, ein wenig wie in Äthiopien, im Tal hoch, wurde immer steiler, immer kurviger - bis wir dann oben an der Grenze neben einem alten Wohnwagen ankamen.

Auf dem Weg zum Pass halfen wir einem indischen Ingenieur aus der Patsche. Er stand mit seinem sündhaft teuren Range-Rover am Rand des Abgrundes und kam weder vor noch zurück. Die Räder des Vehikels hatten sich tief in den Radkästen versteckt, so dass es aussah, als ob ein tiefergelegter „Geländewagen" im Schotterbett abgestellt wäre.

Torsten half dem Herrn, mit Hobbes Kompressor den Drucklufttank aufzufüllen. Sein integrierter Kompressor hatte den Geist aufgegeben. Daraufhin war die Luft aus Stoßdämpfern und Luftfederbälgen entwichen und hatte den Wagen so abgesenkt, dass er letztendlich festsaß. Nach einer halben Stunde, in der die Kinder des Ingenieurs Hobbes bestaunten, konnten sie die Fahrt ins Tal fortsetzen.

Oben am Pass gibt es eine Bar mit einem rustikalen Restaurant, wo man wohl auch übernachten kann. Aber als wir den Chef auf das B&B ansprachen, meinte er, dass das im Winter immer so eine Sache sei mit den eingefrorenen Wasserleitungen. Nebenbei erklärte er uns noch, dass B&B in Südafrika „Beer & Bed" bedeuten würde... Aha. Kein Wunder – die Südafrikaner sind auch unserer Erfahrung nach mit dem berühmten Braai nicht nur Grillweltmeister, sondern trinken gerne auch ein paar Bier zu viel, und das am liebsten, wenn die richtige Rugbymannschaft gewonnen hat.

Da ja Ferien waren, trafen wir auf einige Südafrikaner am Sani-Pass, die zum Schlittenfahren mal schnell nach Lesotho raufgefahren waren. Wir begnügten uns mit einer kurzatmigen Schneewanderung, immerhin waren wir schon wieder auf knapp 3.000 Höhenmetern, und beschlossen, dieses landschaftlich sehr schöne und kulturell noch sehr ursprüngliche Land lieber in einer anderen Jahreszeit näher zu erkunden.

Daher kehrten wir die gleiche Strecke wieder zurück und blieben noch eine Nacht in der Sani Lodge am Fuß des Bergs. Dort war es noch kalt genug, denn morgens mussten wir Eis kratzen! Wir hatten uns in der Lodge wegen unser beider „Rüsselpest" ein Zimmer genommen, natürlich ohne Heizung, so etwas gibt es in diesem Land nicht. Aber mit Wärmflaschen, drei Decken und Mütze auf dem Kopf ließ sich die Kälte ganz gut ertragen.

Nach diesen Tiefkühltemperaturen zog es uns wieder in wärmere Gefilde – an die Wildcoast, die wegen ihrer wilden Klippen und schönen Landschaft diesen Namen trägt. Auf dem Weg nach Coffee Bay kamen wir nach längerer Zeit mal wieder in ein Afrika, wie wir es im „verwestlichten" Südafrika schon vermisst hatten – mit bunt angemalten Rundhütten, frei laufenden Gänsen, Hühnern, Rindern, Ziegen und Schafen, mit winkenden Kindern, kleinen Feldern und einer Landschaft, in der sich Hügel an Hügel reiht. Wir waren begeistert. Und dann auch noch das Meer im Hintergrund, traumhaft! In der Region leben die Xhosa, teilweise noch sehr traditionell, da dieser Landstrich, die sogenannte Transkei, zu Apartheidszeiten eine eigene Verwaltung hatte. Unterwegs sahen wir weiß bemalte Jugendliche, die auch heute noch die traditionellen Riten der Initiation, also der Aufnahme als Erwachsener in den Stamm durchlaufen.

Die Wildcoast machte auf unserem spektakulären Cliff-Hike, den wir mit Guide und ein paar anderen Gästen unserer coolen Unterkunft unternahmen, ihrem Namen alle Ehre. Dieser „Spaziergang" führte uns unglaublich steil an der Küste bergauf und bergab und über so jähe Klippen, dass uns manchmal angst und bange wurde. Teilweise mussten wir abwarten, bis der Seegang ein längeres Wellental vorbeischickte, damit wir auf den nassen und rutschigen Felsen überhaupt entlanggehen konnten. Wir balancierten auf einem Grat, krabbelten durch eine Höhle und hatten dann die Möglichkeit, von sieben, zehn oder vierzehn Metern Höhe vom Kliff ins Meer zu hüpfen.

Schön, dass wir beide nicht übertrieben adrenalinsüchtig sind – also überließen wir diesen Spaß ein paar anderen, die dann auch fast alle mit mehr oder weniger kleinen Blessuren von den spitzen Felsen zurückkamen. Angeblich hatten bisher alle Touristen diese waghalsige Tour überlebt – auch wenn ganz zu Beginn des Weges ein einsames Grab an den Klippen zu sehen war.

Zum berühmten „Hole in the Wall", einer durchlöcherten Felswand, durch die die Wellen hindurchspritzen, fuhren wir anderntags. Die schöne Wanderung an der Küste entlang zu diesem kuriosen Naturdenkmal überließen wir aber anderen, denn nach dem „Cliff-Hike" mussten wir erst mal unseren Muskelkater besänftigen.

Eigentlich wollten wir danach in einem Eco-Backpackers ein paar Kilometer weiter übernachten, das uns von Rucksackreisenden in Coffee Bay empfohlen worden war – doch als wir nach ermüdend schlechter Piste ankamen, erfuhren wir, dass man dort zwar campen konnte, aber nur im Zelt und nicht im Auto. Der Parkplatz war etwa 1.000 Meter weiter im Ort, das Hostel dafür ohne direkte Verkehrsanbindung wunderschön am Meer gelegen. Aber da wir weder Hobbes eine ganze Nacht lang unbewacht alleine lassen, noch auf dem hübsch-hässlichen Parkplatz mit ihm übernachten wollten, fuhren wir weiter.

Ziel war Hogsback, ein Ort in den Bergen nordwestlich von East London, der uns ebenfalls in Coffee Bay empfohlen worden war. Das war allerdings noch eine ziemlich weite Strecke, und wir mussten unterwegs übernachten. Auch auf dieser Strecke konnten wir das Bushcampen vergessen. Überall waren Menschen und Häuser. Kurz nach Einbruch der Dunkelheit landeten wir schließlich in einem Hotel in Butterworth, einem Ort, den man nicht wirklich kennen muss und der hauptsächlich aus Verkehrschaos besteht. Aber bei Nacht wollten wir wirklich nicht die kurvige Strecke weiterfahren, vor allem bei den katastrophalen Fahrkünsten vieler Südafrikaner nicht - und dann auch noch mit einem Lenkrad auf der anderen Seite. Witzigerweise war Leonie ein paar Jahre zuvor schon einmal genau in Butterworth von der Dunkelheit überrascht worden und im selben Hotel, wahrscheinlich dem einzigen im Ort überhaupt, untergekommen.

Nach einer guten Nacht ohne Sorgen um Hobbes, der in der bewachten Tiefgarage direkt vor dem Wachhäuschen mit dem sehr aufmerksamen Nachtwächter stand, da er wegen der abnehmenden Höhe nicht weiter in die Garage hineinfahren konnte, fuhren wir am Morgen in die Berge nach Hogsback, wo wir in einem kleinen, feinen Backpackers campen konnten. Das Hostel hieß „Away with the fairies" – und das sagte eigentlich schon alles. In Hogsback fühlt man sich ein wenig wie der kleine Hobbit im Auenland: Alles rundum ist grün und irgendwie märchenhaft - als wäre die Zeit angehalten.

Natürlich unternahmen wir auch einen schönen Spaziergang durch den Urwald zu ein paar Wasserfällen und durch das Dorf zurück. Im Ort selbst wurde einem auch viel Nippes von Einheimischen angedreht. Also doch eine Touristen-Falle. Am brauchbarsten waren dabei noch die Wanderstöcke, also ließ sich Leonie mal wieder erweichen und sollte ab da nur noch mit dem schönen Hogsback-Wanderstock auf Touren sein. Ansonsten stachen noch die getöpferten Figürchen hervor – meist Warzenschweine, das Wahrzeichen von Hogsback. Die sahen zwar ganz witzig aus und da steckte sicherlich auch viel Arbeit und handwerkliches Können darin, aber da die Teile nicht gebrannt waren, wären sie wohl nur als Lehmbrösel in Deutschland angekommen.

So ein armer Tropf bot uns spät am Abend ein modelliertes Pferdchen für einen Knopf und einen Klicker an. Torsten meinte daraufhin: „Das ist sehr schön, keine Frage. Aber erstens brauchen wir es nicht und zweitens kommt es eh nicht heil in Deutschland an."

Der Händler ging daraufhin nochmals mit dem Preis herunter und meinte, dass er dann wenigstens heute mal etwas Geld verdienen könne. Torsten gab ihm dann zwei südafrikanische Rand, ohne das Teil zu kaufen. Meinte der Künstler doch glatt: „Haste nicht fünf?"

**Das Ende ist abzusehen**

In Südafrika wollte und wollte es nicht wärmer werden. Wir waren ja auch mitten im Winter dort. Daher hielt es uns nicht länger im malerischen Hogsback, sondern zog uns wieder Richtung Küste. Im Addo-Elephant-Park hatten wir uns mit Els und Jeroen verabredet, die mittlerweile für vier Wochen in Begleitung von Els' Schwester und deren Freund unterwegs waren. Gemeinsam durchquerten wir nicht nur diesen schönen Park, sondern marschierten auch durch den Küsten-Urwald des Tsitsikamma-Nationalparks. Dort beeindruckten uns vor allem die riesigen Bäume.

Noch eine Nacht in einem tollen Backpacker Hostel, in dem man auch campen konnte, erlebten wir gemeinsam im „Wild Spirit", mitten im Dschungel. Überhaupt muss man echt sagen, dass das Backpacker-Netz in Südafrika ausgesprochen gut ist. Das sind preiswerte, teilweise richtig tolle Unterkünfte mit sympathischen Leuten, kreativ gestaltet und mit interessanten Angeboten – von Yogastunden über Spazierwege, Actionurlaub (wenn man so etwas haben will), Safaris und was auch immer in der Gegend sehens- oder erlebenswert ist. Auch wir Camper waren in der Regel willkommen. Und für Leute ohne eigenes Auto gibt es sogar eine Buslinie, die gezielt die Hostels anfährt; also kann man sehr easy von Backpackers zu Backpackers reisen. So. Schluss jetzt mit Werbung für Rucksackreisen...

In Cape Agulhas, dem südlichsten Punkt Afrikas, machten wir die typischen Touri-Bilder und fuhren anschließend, weil es dort arg windig war, zu Leonies Onkel nach Hermanus. Dort nisteten wir uns drei Tage ein und wärmten uns auf. Hermanus ist ein richtig beschaulicher Ort an der Küste mit einem steilen

Kliff und natürlichem Hafen. Hermanus ist außerdem für seine Wal-Bucht berühmt. Dort bringen nämlich jährlich die riesigen Südkaper, oder auch Southern-Right-Whales, ihre Jungen im südafrikanischen Winter bis Frühling zur Welt und bleiben mehrere Monate, um den Nachwuchs so groß zu ziehen, dass dieser die weite Reise an den Südpol überleben kann. Wir hatten das Glück, auch einen dieser Meeresriesen beobachten zu können.

Danach ging es immer weiter an der schönen Küstenlinie entlang. Vorbei an den lustigen Brillenpinguinen am Boulder's Beach fuhren wir bei stürmischem Winterwetter zum Kap der Guten Hoffnung.

Leonie ließ es sich nicht ausreden, dort eine „kleine" Wanderung an den Klippen entlang zu machen. So fuhr ich mit Hobbes vom Leuchtturm runter zum Ende des Hiking-Trails. Nach etwa zwei Stunden kam Leonie an. Total durchgefroren und pitschnass vom Regen und der Meeresgischt. Aber toll war der Spaziergang trotzdem gewesen. Zum Glück waren wir auch in der Nähe des Kaps bei Leonies Verwandten untergekommen, diesmal beim anderen Cousin mit Ehefrau, und so konnten wir uns am gemütlichen Kamin im Wohnzimmer trocknen und aufwärmen. Das Wetter war echt schlecht – so stellten wir uns bestenfalls die Küste Schottlands vor, ehrlich. Weit und breit kein Baum, nur Büsche, denn der Wind weht dort zu stark, als dass etwas höher als ein, zwei Meter über dem Boden wachsen kann. Trotzdem hindert das Südafrikaner nicht daran, grundsätzlich in kurzen Hosen und T-Shirt, vielleicht maximal noch mit einem leichten Pulli darüber, draußen zu grillen. Leonies Cousin natürlich auch nicht.

In Cape-Town befuhren wir unter anderem den Signal Hill mit seiner tollen Aussicht über Stadt und Bucht, und fast wurde Hobbes dort von der Filmindustrie entdeckt. Wir sind nämlich, ohne es zu bemerken, mitten in die Aufnahmen für einen Werbefilm für Vespa-Roller gefahren. Da sie die Aufnahme mit der arg leicht bekleideten jungen Dame auf dem Rollerchen allerdings mehr als ein Dutzend Mal wiederholten, sind wir uns sicher, dass wir leider doch nicht im Trailer vorkommen werden.

Nach einem letzten Dinner verabschiedeten wir uns von Jeroen und Els, die ihren Toyota bereits Mitte August nach Antwerpen verschiffen wollten. Els hatte sich anfangs über unseren Namen für Hobbes ein wenig lustig gemacht. Für sie war ihr Fahrzeug einfach nur ein Mittel zum Zweck – und das brauchte halt keinen Namen. Sie hatten vorgehabt, ihren Toyota nach ihrer Tour wieder zu verkaufen.

Torsten hatte ihr damals gesagt, dass man auf so einer Tour wirklich mit seinem Auto zusammenwachse und ihm irgendwann einen Namen gäbe – und dann sei der Verkauf nicht mehr im Kopf. Wir haben nicht schlecht gestaunt, als sie uns entgegenkam und meinte: „Do you know? We call him Monchichi."

Und bis heute ist Monchichi noch nicht verkauft...

Uns zog es weiter nach Norden, nach Namibia, ohne jedoch die Cedarberge auf dem Weg dorthin auszulassen. Drei schöne Tage lang befuhren wir über kleine Nebenpisten die Berge mit dem schön klingenden Namen – aber von Zedern oder Kiefern war rein gar nichts zu sehen. In den unterschiedlichsten Blau-, Lila- und Rottönen blühten die heidekrautähnlichen Pflanzen – der südafrikanische Frühling war bereits ausgebrochen. Sie überzogen ganze Hügel wie mit einer Steppdecke.

Dazwischen galt es ab und zu ein ausgetrocknetes Bachbett zu überqueren, und recht selten kamen wir an Häusern oder Rooibos-Farmen vorbei, wo der mittlerweile ja auch bei uns begehrte Rotbuschtee angepflanzt wird. Zu Beginn der Besiedlung Südafrikas durch die Briten müssen auf den Cedarbergen dichte Zedernwälder gestanden haben. Leider wurde bis in die 1970er Jahre hinein alles abgeholzt, sogar die Stöcke wurden gerodet, und nichts wurde wieder angepflanzt. Durch die Beweidung mit Rindern und Schafen kam dann kein Wald mehr auf, und jetzt sieht die Gegend aus wie die schottischen Highlands. Mittlerweile sind die Cedarberge aber glücklicherweise unter Naturschutz gestellt und die außergewöhnliche Landschaft mit ihren verwitterten schroffen Felsen zwischen der großen Pflanzenvielfalt kann einfach nur begeistern.

Als das Wetter mal wieder so schlecht wurde, dass ein Regenwandertag oder die Weiterfahrt zur Auswahl standen, entschieden wir uns schnell für Letzteres. Von Clanwilliam aus fuhren wir den ganzen Tag im strömenden Regen bis nach Springbok, der letzten Stadt vor der namibischen Grenze. Und erst am nächsten Tag klarte der Himmel allmählich auf. Je näher wir der Grenze kamen, desto besser wurde das Wetter.

Irgendwie hatte die Zollbeamtin in Namibia einen schlechten Tag, war mürrisch und wollte uns schikanieren. Sie konnte aber nicht verhindern, dass wir diesen letzten Grenzübertritt richtig genossen.

Wir hatten bei Grenzübergängen ja schon eine gewisse Routine entwickelt. Normalerweise stellte sich Leonie mit unseren Pässen in die Schlange der Passkontrolle und ich erledigte derweil die Zollformalitäten mit Abarbeitung des Carnets. Das ging meistens so schnell, dass ich rechtzeitig bei Leonie war, um den Kontrolleuren mein Gesicht zu zeigen.

An diesem letzten Grenzübergang meinte die Beamtin jedoch, dass ich mich ganz hinten in der Schlange anstellen müsse und dass Leonie, da sie zum Auto gehöre, auch wieder hinten anstehen müsse, obwohl sie ja eigentlich gerade an der Reihe gewesen wäre – und dann war auch just in dem Moment, in dem wir mit ihr diskutierten, einer dieser Overland-Trucks eingelaufen und die Warteschlange dadurch innerhalb von Sekunden um ein Vielfaches angeschwollen. Glücklicherweise begann da gerade die Schicht einer weiteren Kollegin, die nur kopfschüttelnd unsere Pässe nahm und abstempelte. Weiß der Geier, was der anderen über die Leber gelaufen war...

Später haben wir erfahren, dass Addi und Corinne an eben diesem Grenzübergang Schwierigkeiten mit einer Beamtin hatten, weil sie ihr Auto nicht vorwärts, sondern, wegen der Sonne, rückwärts in die Parkbucht gestellt hatten… Irgendetwas regelrecht Deutsches haben die Namibier, egal welcher Hautfarbe, also doch...

**Namibia, das Land der grenzenlosen Weite**

Im Nachhinein gesehen hätte Namibia unser verlustreichstes Land werden können, aber wir hatten immer recht viel Glück gehabt.

Als Erstes fuhren wir auf einer sehr guten Piste über ein Cattle-Grid, einen in den Boden eingelassenen Stahlrost, der verhindern soll, dass Tiere von einer Farm auf die andere wechseln. Dummerweise war das Grid leicht beschädigt, und wir fuhren uns nach 44.723 Kilometern den allerersten Plattfuß auf unserer Reise ein. Das Loch war deutlich zu erkennen und Torsten flickte es mit dem mitgeführten Reparaturset an Ort und Stelle.

Anschließend besuchten wir den Fishriver-Canyon – Afrikas größten Canyon, der auf der weltweiten Liste direkt hinter dem Grand Canyon rangiert. Eine sagenhafte Aussicht kann man vom oberen Rand aus genießen, von wo es steil bis zu 550 Meter in die Tiefe geht – und dort zelebrierten wir zum Sonnenuntergang mit Rotwein unseren letzten Abschnitt der Reise.

Die Pisten in Namibia waren in relativ gutem, teilweise sogar perfektem Zustand – verglichen mit den Pisten, die wir auf der Tour schon hinter uns hatten. Scheinbar werden sie regelmäßig neu geschoben und gewalzt, und da der Verkehr eher spärlich ist, bildet sich so schnell auch kein Wellblech. Manchmal hatten wir das Gefühl, mit 90 km/h auf einer Autobahn unterwegs zu sein und nicht auf einer Schotterpiste. Leider gibt es aber auch in Namibia diese verdammten Minibusse, die als Taxis fungieren. Die sind extrem schnell unterwegs, schneiden die

Kurven und bremsen bei Gegenverkehr nicht ab. Und von so einem Teil wurden wir auf einer Piste in einer Kurve mit einem gehörigen Steinhagel eingedeckt – mit einem Treffer auf der Windschutzscheibe, direkt hinter dem Innenspiegel. Seitdem verzierte ein kleiner Sprung unsere Scheibe, aber sie hielt, und die Macke störte nicht weiter.

Namibia ist sehr weitläufig. Stellenweise kann man die schnurgerade Piste über 20 Kilometer bis zum Horizont überblicken. Leider ist aber alles eingezäunt! Eine Farm grenzt an die nächste, und eine Fläche von 100 Quadratkilometern ist scheinbar die Standardgröße. Wild campen ging daher nur ganz schlecht. Richtig idyllische Plätzchen findet man nur, wenn man, wie wir einmal gesehen hatten, die Drahtzäune einfach durchschneidet und irgendwo abseits der Straße das Lager aufschlägt. Wenn man das nicht praktiziert, so wie wir, bleibt einem nur der breite „Grünstreifen“ zwischen Fahrbahnrand und Drahtzaun, oder man muss die zahlreichen Campingplätze der Farmen für gehobene europäische Preise in Anspruch nehmen.

Einen Abstecher ins überwiegend deutschsprachige Lüderitz ließen wir uns nicht entgehen und besuchten dabei natürlich auch die interessante Diamanten-Geisterstadt Kolmanskuppe, die mitten in einem großen Sperrgebiet liegt, in dem auch heute noch Diamanten „abgebaut“ werden.

Weiter fuhren wir nach Norden durch die Steppe zum Sesriem-Canyon und ins Sossusvlei, ein Tal, das etwa 80 Kilometer in die Namib-Wüste hineinführt und von einem breiten Feld roter Wanderdünen begrenzt wird.

Diese Dünen sind teilweise über 300 Meter hoch und werden permanent vom Wind bewegt. Ganz langsam schieben sie sich über hunderte von Jahren über die Landschaft. Auf ihrem Weg überrollen sie Flussbetten und Akazienwälder. Und gerade diese abgestorbenen Bäume machen einen Teil der Landschaft des Sossusvlei aus. Die knorrigen Gerippe kommen nämlich dann und wann wieder hinter den Dünen zum Vorschein und bilden eine klasse Vorlage für Bildbandaufnahmen, ebenso wie die Dünen selbst bei Sonnenauf- und –untergang.

Leider waren wir zur Hauptreisezeit in Namibia und an keinem Ort vor den Heerscharen französischer, italienischer und deutscher Touristen sicher. Ständig musste man aufpassen, dass einem niemand in das Fotomotiv stolperte. Ihr wollt eine rot leuchtende Düne bei Sonnenuntergang sehen? – Unsere gibt's nur mit einer Ameisenspur von Touristen am Horizont entlang. Torsten meinte noch: „Ich muss mal sehen, wie ich das Foto vom Deadvley mit den 30 Menschen darauf so bearbeite, dass daraus noch ein paar mehr tote Baumstämme werden..."

Und dafür hatten wir uns nach dem Ende der Asphaltstraße nach zehn Kilometer durch die tiefsten Sandrillen unserer bisherigen Reise gequält, und Hobbes wäre dabei beinahe noch vom Heck eines ausscherenden Toyotas aufgeschlitzt worden! Der Fahrer stand so dämlich zwischen dem hohen Pistenrand, einem Sandfeld und einem Baum, dass es arg eng wurde, als wir da durchfahren wollten. Und dann gab der Kerl auch noch Gas und sein Heck driftete in das Tiefsandfeld, genau auf uns zu. Millimeter waren nur noch zwischen unseren Autos. Zum Glück ist nichts passiert...

Wir besuchten den Park natürlich sowohl zum Sonnenuntergang als auch am nächsten Morgen zum Sonnenaufgang – da sind die Farben der Dünen einfach am schönsten. Alleine waren wir trotzdem keineswegs... Schon vor sechs Uhr morgens, lange vor Sonnenaufgang, reihten sich die privaten Pkw und Tourenfahrzeuge vor dem Gate auf, um rechtzeitig zu dem Spektakel im Sossusvlei anzukommen und die Touristen auf die Dünen gescheucht zu haben.

Wir reihten uns an vielleicht zwanzigster Stelle ein und bretterten nach den uns voraus fahrenden Fahrzeugen los. Die Höchstgeschwindigkeit beträgt auf dieser Asphaltstraße eigentlich 60 km/h, da das ja ein Nationalpark ist, in dem auch Tiere unterwegs sind – wir mussten 90 km/h fahren, um einigermaßen mithalten zu können, und wurden gegen Ende hin von einem richtig großen Bus noch überholt!

Und dann krabbelten wir mit den Horden zum Frühsport auf die Dünen rauf. Jeden Schritt geht man mindestens zweimal, bis man im Sand an Höhe gewinnt.

Von den Touristenmassen abgeschreckt, blieben wir nicht länger in dieser ansonsten traumhaft schönen Gegend, sondern machten uns auf den Weg in den Namib-Naukluft NP, in dem unsere Schweizer Freunde Addi und Corinne bereits ihr Camp aufgeschlagen hatten. Die Landschaft in Namibia ist schon ein Kontrastprogramm: zuerst bei Lüderitz die windige Küste, dann die Wanderdünen in der sengenden Hitze, dazwischen viel Steppe und anschließend die schroffen Berge und tiefen Taleinschnitte des Naukluft. Direkt an einem kleinen, kühlen Bachlauf schlugen wir gegenüber einem steilen Berghang unser Lager auf. Das Grillfeuer brannte schon. Das war mal wieder genau nach unserem Geschmack... Die Schweizer hatten gut gewählt.

Zwei Tage lang hielten wir uns im Park auf und unternahmen eine Wanderung über den Oliv-Trail, der uns zuerst recht lange bergauf führte und dann über ein Plateau verlief, immer an der Abbruchkante einer Schlucht mit sagenhafter Aussicht entlang. Irgendwann hörten wir oben Gebell – wilde Paviane. „Wilde“ deshalb, weil es unten am Camp auch welche gab, die an Menschen gewöhnt waren und deshalb recht nah an das Camp heran kamen – wahrscheinlich inspizierten sie, während wir am Wandern waren, die Türgriffe von Hobbes.

Dann kam der Abstieg. Richtig steil kraxelten wir enorme Stufen hinab in ein Bachbett, das in der Regenzeit einen tobenden Wildwasserbach beherbergen muss. In engen Kurven hatte sich der Wasserlauf seinen Weg durch die Felsen gebahnt und mehrmals Wasserfälle von bis zu zehn Metern Höhe gebildet. Dort mussten wir nun runter. Leonie hatte anfangs noch gelacht, als ich meinte, dass gegen Ende hin Ketten gespannt seien, um einen Absturz zu verhindern. Als sie dann vor dem Abgrund stand, an dessen Seitenwand wirklich eine etwa 20 Meter lange Kette mehrfach im Felsen verankert war, wurde sie ganz still. Aber hier mussten wir runter – das war der Ausgang der Schlucht. Umkehren wollte auch keiner von uns mehr! Wir meisterten die Stelle, wenngleich bei uns allen der Adrenalinpegel gewaltig in die Höhe schnellte.

Wir verließen diesen schönen Flecken nach nur zwei Tagen, um nach Windhoek zu fahren, wo uns Torstens Mutter für eine Woche Gesellschaft leisten wollte. Gerade als wir aus dem Naukluft Park fuhren, merkte Torsten, dass Hobbes nicht mehr auf seine Bremsversuche reagierte.

Auf einer Kuppe rollten wir aus und standen dann ziemlich verunsichert um unser Vehikel. Torsten inspizierte die Bremsen und entdeckte, dass die Bremsleitung zum linken hinteren Bremssattel direkt am Halter der Achse durchgebrochen war. Das sah aus wie mit dem Seitenschneider durchgeknipst! Na toll. Wir standen mitten in der namibischen Pampa – was tun?

Laut Tracks4Afrika sollte es entgegen unserer Reiseroute in etwa 30 Kilometer Entfernung eine „Landrover-Werkstatt" geben. Schon seltsam, mitten in der Pampa... Etwas skeptisch waren wir, da wir schon etliche Male festgestellt hatten, dass die Angaben im GPS nicht mehr stimmten. Irgendwelche Wichtigtuer hatten an Tracks4Afrika Angaben geschickt, die keinen Pfifferling wert waren, wie zum Beispiel:

- „Seldom Gum-Tree-Forest" – für einen Eukalyptuswald, der in Wirklichkeit eher die Pest für die örtliche Vegetation ist. Gesehen in Uganda und Ruanda.

- „Deep-Water-Crossing-Bridge" oder „Storm-Water-Crossing-Bridge" – für winzige, kaum erkennbare Querungen von Betonröhren – in einer Gegend, wo es hunderte davon auf kleinstem Raum zu geben scheint; das GPS-Display war voll mit diesen Bezeichnungen... Gesehen im Mana Pools NP, Simbabwe.

- Gut, dass eine Tankstelle oder ein Supermarkt mittlerweile abgebrannt sein kann, dafür kann man keinem einen Vorwurf machen. Aber wenn eine Tankstelle nur saisonal in Betrieb ist – und diese Information fehlt – das kann einen schon auf die Palme bringen. Erlebt an der Skelett-Küste, Namibia.

Wie dem auch sei, wir mussten unser Glück versuchen, und irgendwie heil dort hinkommen. Kurzerhand quetschte Torsten an drei Stellen mit der Rohrzange die verbliebene Leitung so zusammen, dass wir wenigstens etwas Bremsdruck auf die restlichen drei Bremsen aufbauen konnten – wir waren ja schließlich im Hügelland unterwegs, und die Handbremse von Hobbes ist eher ein Witz.

Rasch wurde noch die Bremsflüssigkeit aufgefüllt – den Vorrat hatten wir seit Deutschland nicht gebraucht – und dann fuhren wir unseren Freunden hinterher. Diese bildeten die Vorhut und machten uns auf Gefälle und Speedbumps rechtzeitig aufmerksam, so dass wir fast gar nicht bremsen mussten.

In der „Werkstatt“ angekommen bestätigte sich unser anfänglicher Verdacht. Der Besitzer war eigentlich nur ein Tyre-Fitter, der Reifen reparierte und einen netten Campingplatz neben seinem eigentlichen Farmbetrieb bewirtschaftete. Er war selbst etwas irritiert, dass sein Platz bei Tracks4Afrika als „Landrover-Werkstatt“ angegeben wurde. Aber wir hatten unsagbares Glück! Der Chef fuhr selbst einen Landrover, allerdings eine Serie III statt einem Defender. Aber siehe da, dessen Bremsleitung sah unserer ziemlich ähnlich. Kurzerhand bauten er und sein Gehilfe sie aus dem alten Landy aus und bei Hobbes ein. Danach telefonierten wir mit „Landrover Windhoek“, bestellten die entsprechende Leitung und wir bezahlten diese plus Fracht und Montage an den Chef. So einfach kann das gehen.

Nach weiteren 300 Kilometern Piste erreichten wir wieder Asphalt und kamen abends in Windhoek an. Dort hatten wir in weiser Voraussicht zwei Übernachtungen gebucht, da wir uns nicht vorstellen konnten, dass Torstens Mutter Dagmar nach einem 14-stündigen Flug noch arg weit fahren wollte. Im Hof der Herberge stellten wir Hobbes ab und bezogen unser Zimmer.

Wir benutzten immer die Alarmanlage von Hobbes, wenn wir ihn abstellten, auch wenn er auf sicherem Gelände stand – nur hier ließ sie sich auf einmal nicht mehr scharfstellen. Dazu muss man Folgendes wissen: Die Alarmanlage verfügt über einen Bewegungsmelder im Fahrzeuginneren. Und um sicher zu gehen, dass auch keiner „unbeabsichtigt" ins Auto kommt, kontrolliert Hobbes über die Türschalter, dass auch alle Türen geschlossen sind. Sollte eine davon offen sein, hupt er drei Mal und weigert sich, die Alarmanlage scharfzustellen. Und unsere Drucklufthupe mit 130 dB, Modell „Trompete von Jericho", bringt Mauern zum Einstürzen!

Nicht schon wieder ein Problem! Hobbes, was hast du??? Alle Türen waren zu, die Heckklappe geschlossen, die Motorhaube ebenfalls eingerastet – und dennoch hupte er und die Innenraumbeleuchtung blieb an.

Kurzerhand demontierte Torsten sämtliche Türschalter, ölte sie und setzte sie wieder ein – ohne den Fehler zu finden. Und wie er so auf dem Beifahrersitz saß und sich die Kabelwege vor Augen führte, schlug er vor Frust mit der Hand von innen an die Windschutzscheibe: „Verdammt Hobbes!" Tja, dabei schepperte es gewaltig – und unsere Windschutzscheibe war in einem wunderschönen Muster zersplittert – ausgehend vom vorherigen Steinschlagschaden. Das hatten wir gerade noch gebrauchen können. Zum Glück konnte uns der Rezeptionist unserer Unterkunft weiterhelfen, und uns eine Adresse nennen, bei der wir eine neue Windschutzscheibe bekommen könnten.

Am darauf folgenden Morgen ging es also zuallererst zu „PG-Glas" in der näheren Nachbarschaft zu unserer Unterkunft. Dort bauten sie innerhalb von 15 Minuten unsere Scheibe aus und eine nagelneue ein – für keine 220 Euro!

Die Ursache für die nicht funktionierende Alarmanlage sollte Torsten übrigens später in Form eines durchgescheuerten Kabels am Türschalter der Heckklappe finden…

## Zu dritt im Zweisitzer

Hobbes ist derzeit nur für den Transport von zwei Personen ausgelegt. Zur Not kann sich jemand noch auf die Rücksitzfläche über den Wassertank und vor den Wasserfilter quetschen. Das hatten schon ein paar Guides und Anhalter getestet, aber richtig entspannt waren die nie ausgestiegen. Dennoch hatte sich Leonie bereit erklärt, den Platz zugunsten Torstens Mutter zu belegen, und mit den neu gekauften Winterdecken konnten wir ihn auch halbwegs erträglich gestalten. Wir wollten zwar nicht sehr weit fahren, aber nach der einen Woche sollte Leonie doch sehr froh sein, wieder vorne einsteigen zu können.

Wir hätten uns am Morgen von Dagmars Ankunft am Flughafen gar nicht beeilen müssen. Da die Fluglotsen in Deutschland fest von einem Warnstreik ausgegangen und nicht zum Dienst erschienen waren, kam der Flieger mit sechs Stunden Verspätung um die Mittagszeit in Namibia an. Es war ihre erste Reise nach Afrika, und wir freuten uns, sie nach all den Monaten glücklich wiederzusehen. Es ist schon ein Erlebnis zu beobachten, wie jemand zum allerersten Mal mit dem Linksverkehr in Berührung kommt – und dann gleich im ersten Kreisverkehr die Gesichtsfarbe schneller wechselt als eine Ampel.

Torsten hatte bereits im Mai versucht, für die Woche mit Dagmar Unterkünfte im Etosha-NP zu buchen, war aber damals an der „Umstellung des Buchungssystems" gescheitert. Seine erste Mail war im Junk-Mail-Ordner gelandet und die zweite Mail sechs Wochen unbeantwortet geblieben – danach war alles ausgebucht gewesen, laut Office zumindest – aber dazu später mehr. Wir verließen Windhoek also am Tag nach Dagmars Ankunft und brachen in Richtung Westen auf, nach Swakopmund an der Küste.

Unterwegs hielten wir in den Erongo-Hills, wo wir eine schöne Buschmann-Höhle mit Felszeichnungen besichtigen konnten und uns zum ersten Mal in die Lage eines Tourguides versetzt fühlten. Plötzlich hielten wir wieder für Paviane, Warzenschweine, Strauße und Giraffen an. Dagmar war hin und weg.

Wir hatten Swakopmund gewählt, weil in dieser Gegend verschiedene Sehenswürdigkeiten sehr eng zusammenliegen – wir wollten zu dritt im Auto eben keine zu langen Strecken zurücklegen. Da gibt es zum Beispiel die Welwitschia-Plains, eine Gegend, in der diese skurrilen zweiblättrigen Pflanzen inmitten der Wüste wachsen. Die großen Exemplare sind mehrere Tausend Jahre alt – echt lebende Fossile! Daneben gibt es das Tal mit dem bezeichnenden Namen „Mondlandschaft" – eine karge und verwitterte Kraterlandschaft, dann die langgezogenen Dünen parallel zur Küste, den Atlantik mit seinen verschiedenen Bewohnern sowie die Skeleton-Coast und die Sandsteinformationen der Kleinen und Großen Spitzkoppe. Jeden Tag gab es etwas anderes zu sehen.

Wir besichtigten alles. Von den Welwitschia-Pflanzen über die Buschmannzeichnungen an der Spitzkoppe bis zu der Seelöwen-Kolonie von Cape Cross an der Skelettküste – was für ein Lärm und Gestank! Wie schön ist es allerdings hinterher, sich die niedlichen Robben auf den Fotos anzusehen... Und zum Abschluss machten wir noch eine Bootstour raus auf den Atlantik, gefolgt von Pelikanen und Seelöwen, zu einigen Delphinen und sogar mehreren Buckelwalen.

Wir nutzten die Zeit auch, um unsere Unterkunft für die Zeit nach der Verschiffung von Hobbes klarzumachen, und besuchten das Office von Transworld-Cargo in Walfishbay, das Unternehmen, das Hobbes und den schweizer Landcruiser Dotschli nach Bremerhaven verschiffen sollte. Dort erfuhren wir nebenbei, dass der geplante Termin zur Übergabe der Fahrzeuge ein namibischer Feiertag sei und wir deshalb umdisponieren mussten.

In der Lodge, die wir gebucht hatten, stiegen auch regelmäßig Overland-Reisegruppen ab. So war dort immer ein Kommen und Gehen. Nur an einem Nachmittag war es noch etwas hektischer. Eine Familie stand aufgeregt vor dem Tresen und diskutierte wild mit einem Mitarbeiter: „There is water in our room!“ Leonie sprang auf und inspizierte unser Zimmer – und kam völlig aufgelöst zurück: „Es regnet von der Decke!!!“ Und anschließend machte sie dem Mitarbeiter Dampf!

Wie sich herausstellte, war der Warmwasserspeicher auf dem Dachboden geplatzt, und nun liefen 600 Liter Wasser über zwei Etagen unserem Zimmer im Erdgeschoss entgegen. Kurz darauf flackerte das Licht und blieb dann ganz aus – klar, der Sicherungskasten war auch in unserem Zimmer. Bei uns sah's aus! Alles war pitschnass. Die Betten, die Sessel, die Rucksäcke, und von der Decke tropfte es noch immer! Zum Glück hatte Torsten vormittags die Kamera ins Auto gebracht und den Computer und anderes elektronisches Gerät in unsere wasserdichte Motorradbox im Zimmer gepackt. Sonst wäre alles hinüber gewesen!

Die Woche mit Dagmar ging sehr schnell vorbei, und wir fuhren wieder zurück nach Windhoek. Nach einem Vormittag auf einer Safari- und Jagd-Farm mit vielen Zebras, Gnus, Antilopen und Giraffen verabschiedeten wir uns am Flughafen von Torstens Mutter. Wir sollten uns ja ganz bald wiedersehen.

## Letzte Tage in Afrika

Wir beide fuhren tags darauf weiter nach Norden über einen Umweg, auf dem wir einen riesigen Meteoriten bestaunen konnten, in den Etosha-NP. Wir konnten nicht glauben, dass alles ausgebucht sein sollte. Die Anfahrt verlief mit gemischten Gefühlen. Zum einen hatten wir so viel Tolles über den Park gehört, zum anderen hatten etliche gemeint, dass das viel zu weit zu fahren sei, um die kleinen Wasserlöcher zu besichtigen. Das Schöne am Etosha NP wären vor allem die Wasserlöcher an den Campsites, die die ganze Nacht hindurch beleuchtet seien

– so bekäme man viele nachtaktive Tiere zu sehen. Dann hatten wir aber auch erfahren, dass die Salzpfanne komplett unter Wasser stehen würde und man nicht jeden Weg befahren könne. Also machten wir uns selbst ein Bild.

Am östlichen Eingang wurden wir vom Ranger bereits darauf hingewiesen, dass alles „fully booked" sei. Unterwegs getroffene Reisende hatten uns aber schon gesagt, dass man trotzdem in den Park fahren könne, und wenn man dann so spät im Camp sei, dass man nicht mehr herausfahren dürfe, könne man dann trotzdem da übernachten. Das war also unser Plan.

Wir waren recht früh da und machten uns erst einmal im Namutoni-Camp ein eigenes Bild von der Lage. Da waren noch so viele Campingplätze frei – und die sollten bis in zwei Stunden alle belegt sein? Das konnten wir nicht glauben. Und siehe da, an der Rezeption verwickelten wir die Mitarbeiterin in ein Gespräch und hatten fünf Minuten später eine Campsite. Von wegen ausgebucht – da hätten noch einige Overland-Trucks Platz gefunden!

Das Namutoni-Wasserloch erlebten wir allerdings als nicht sooo berauschend – bei unseren Besuchen nachmittags, abends und morgens waren immer nur Vögel zu sehen. Dafür wurde die Fahrt anderntags durch den Park gegen Nachmittag hin richtig interessant. Strauße hatten wir ja schon etliche gesehen – aber eine Familie mit sieben ganz winzigen Jungen bisher noch nicht. Richtig sehen konnten wir sie nur, als sie vor Hobbes über die Straße liefen. Kaum waren sie im Gras, waren sie komplett getarnt. Und dann sahen wir am Horizont eine wirklich mächtige Elefantenkarawane einem Wasserloch zustreben. Die war so groß und hatte es in der Hitze des Tages so eilig, zum Wasser zu kommen, dass sie eine richtige Staubwolke hinter sich herzog – und wir waren die ersten am Wasserloch. Das ist enorm wichtig! Wir hatten nämlich bereits in Simbabwe die Erfahrung gemacht, dass es für einen Elefanten von wesentlicher Bedeutung ist, wer denn zuerst am Wasserloch steht.

Stand ein Elefant bereits da und wir näherten uns, musste man auf jede Bewegung des „Wasserloch-Besitzers“ achten – ein Kopfnicken und wir traten den Rückzug an. Waren wir jedoch vor einer Herde da, dann kamen sie ganz schüchtern zu Hobbes und störten sich nicht weiter an uns.

Spätnachmittags kamen wir in Okaukuejo, dem westlichsten Camp im Park an und konnten auch hier auf der natürlich „ausgebuchten“ Campsite unser Lager aufschlagen. Da stimmt entweder etwas mit dem Reservierungssystem nicht, oder man möchte keine Individualreisenden mehr im Park haben. Der ganze westliche Teil der Etosha ist bereits nur für Touranbieter zugänglich. Jammerschade!

Das Wasserloch an diesem Camp war traumhaft. Von zwei Seiten hatte man quasi einen Logenplatz mit freiem Blick auf die „Theaterbühne“. Es wechselten sich Zebraherden mit Gnus, anschließend Elefanten mit Giraffen ab. Dazwischen kamen ein paar Oryx-Antilopen vorbei, und permanent wurden Perlhühner von vier Schakalen in Schach gehalten. Und ganz spät am Abend kamen dann drei Nashörner zum Trinken.

Als wir mitten in der Nacht durch Löwengebrüll geweckt wurden, machten wir uns noch einmal mit dem Stativ bewaffnet auf den Weg zum Wasserloch – und da standen dann zwei Elefantenbullen und wieder drei Nashörner am beleuchteten Tümpel. Drei ausgewachsene Exemplare diesmal, also keine Familie. Tja, und das wurde richtig spannend. Denn scheinbar „gehörte“ das Wasserloch einem Nashornbullen und die beiden anderen mussten ganz höflich und unterwürfig darum bitten, dort trinken zu dürfen. Das war ein beeindruckendes Schauspiel. Ganz langsam, mit stehenden Ohren und Schwanz, aber gesenktem Kopf, ging der Bulle auf seinen Gegner los, blieb einen halben Meter vor ihm abrupt stehen und schnaufte deutlich hörbar. Der andere musste jetzt, ebenfalls mit gesenktem Kopf, aber auch gesenkten Ohren, in ganz kleinen Trippelschritten rückwärts weichen, um damit dem Bullen die Akzeptanz der Vormachtstellung zu vermitteln. Erst dann durfte er trinken. Und das Schauspiel wurde mehrmals wiederholt – bis der Bulle im Eifer des Gefechtes an einen Elefantenbullen geriet... Da war's dann aus mit Vormachtstellung, und er wurde laut trompetend verscheucht. Kurz darauf heulten die Schakale, wurden dann von den Hyänen überlacht, und anschließend brüllten drei Löwen aus dem Busch etwa 300 Meter vor uns – klasse!!! Keine Ahnung, wie lange wir am Wasserloch blieben, es war einfach zu tolles Kino!

Am kommenden Morgen ließen wir uns Zeit mit dem Aufbruch. Die Tickets für den Besuch des Parks galten auch hier immer für 24 Stunden, daher mussten wir erst nachmittags das 30 Kilometer entfernte Gate passieren. Nach einem Frühstück am Wasserloch machten wir uns gegen zehn Uhr auf. Kurz vor dem Ausgang gab es noch einen kleinen Rundweg – dorthin bogen wir ab, und Leonie sah etwa 20 Meter neben der Schotterpiste ein Nashorn im Busch stehen. Ich fuhr ganz langsam zurück und stellte den Motor ab. Da stand es und konnte uns scheinbar nicht sehen und auch nicht riechen, da der Wind vom ihm zu uns wehte. Nach kurzem Schnauben setzte es sich in Bewegung und kam tatsächlich keine fünfzehn Meter vor uns auf die Piste. Dann sah es uns und bog im 90°-Winkel zu uns ab...

Richtig neugierig und recht flotten Schrittes kam es auf unserer Seite des Weges auf uns zu. Leonie war die ganze Zeit am Filmen. Unser Adrenalinspiegel schnellte in die Höhe und als das Rhino nur noch zwei Meter entfernt war, griff ich zum Zündschlüssel – „Das holt uns im Rückwärtsgang locker ein", meinte Leonie. Das Rhino bemerkte die Bewegung in Hobbes, stoppte verdutzt und bog dann doch wieder in den Busch ab. „Puh, mir ging eben ganz schön das Zipperlein!" „Mir auch..." – Wir hatten nämlich zuvor im Park Stories über ein Mietfahrzeug von Hertz gehört, so einen kleinen Chevrolet, dessen Beifahrertür vollkommen unfachmännisch von einem Rhino mit seinem Horn „ausgebaut" worden war.

Über Twyvelfontain, das „zweifelhafte Wasserloch" mit den berühmten Felsgravuren der San, fuhren wir durch die Wüste an die Skeleton-Coast. Die hat ihren Namen durch die Skelette der Matrosen erhalten, die hier gestrandet und verdurstet waren. Weit und breit gibt es in diesen Dünen kein Trinkwasser und im Sommer ist es mörderisch heiß. Wir hatten nur ein Transit-Permit durch den Park, sind aber dennoch nach Norden abgebogen, weil es dort die schönsten Dünen geben sollte – sehr zum Glück zweier Italiener, die tatsächlich versucht hatten, mit ihrem gemieteten Daihatsu Cuore ein Sandfeld auf der Piste zu überqueren. Was haben sie gestrahlt, als sie Hobbes sahen. Ihre Kiste war nämlich bis zum Bodenblech im Sand festgefahren...

Für Hobbes war es ein Leichtes, den Kleinwagen zu bergen. Der Fahrer war aber dann doch etwas beleidigt, weil wir ihm seine Kiste nicht über die Düne auf die andere Seite gezogen hatten. Wir versicherten ihm, dass wir diesen Weg bereits gefahren seien und dass er mit seinem Autochen unweigerlich ins Verderben fahren würde! Auf dieser Nebenstrecke fuhr anscheinend selten mal jemand entlang...

Nach der Rettungsaktion bogen wir wieder nach Süden ab, dem eigentlichen Transit-Weg folgend. Kurz nach dem Gate mit den schmiedeeisernen Totenköpfen sollte es eine Tankstelle und einen Shop geben – laut Karte und GPS. Als wir die einsamen, etwas heruntergekommenen Baracken dann erreichten, wurde uns etwas klamm. Hier würde es wohl nichts geben – alles verlassen, offen stehende Ferienhäuschen mit klappernden Türen und zersprungenen Fensterscheiben.

Wir hatten nur noch zehn Liter Diesel in einem unserer Reserve-Kanister, und die Tankanzeige war schon im roten Bereich. Das würde eng werden, denn die nächste Tankstelle war erst in 93 Kilometern eingezeichnet und wir hatten verdammt viel Gegenwind.

Mit 80 km/h ging es dann über die topfebene Salzpiste Hentjesbay entgegen. Wir schafften es! Und an der Tankstelle genehmigte sich Hobbes 73 Liter – nicht schlecht dafür, dass der Tank 78 Liter Fassungsvermögen hat.

Wir deckten uns dort auch noch mit Proviant ein und bogen in die Wüste Richtung Spitzkoppe ab. Nach einer sternklaren Nacht im Bushcamp in einem traumhaft schönen trockenen Bachbett, folgte am Morgen sehr dichter Nebel. Alles war klamm beim Zusammenpacken, und der aufgewirbelte Staub auf der Piste vermischte sich mit dem Nebel zu einer zähen Schlammpackung für Hobbes.

An der Spitzkoppe trafen wir uns wieder mit Addi und Corinne und verbrachten die letzten afrikanischen Nächte in Hobbes. Das waren sonderbare Tage: Ein freudiges Wiedersehen, die Freude auf zu Hause, und doch war die Stimmung irgendwie auch wehmütig. Das letzte gemeinsame Frühstück, das letzte selbstgebackene Brot, der letzte Kaffee in der Freiheit Afrikas, der letzte spektakuläre Sonnenuntergang in der Wüste, das letzte Grillen, das letzte Lagerfeuer – und dann das letzte Mal zusammenpacken. Danach fuhren wir gemeinsam nach Swakopmund, wuschen die Autos, packten alles um und machten Hobbes und Dotschli reisefertig. Donnerstags war es dann so weit.

Wir fuhren zu Transworld Cargo, die einen Termin mit der Zollabfertigung für uns ausgemacht hatten. Nach einer oberflächlichen Inspektion durften wir Hobbes und Dotschli in einen 40-Fuß-High-Cube-Container fahren, in dem die Räder mit Holzkeilen fixiert und die Fahrzeuge mit Spanngurten gesichert wurden. Zum Schluss wurde der Container noch verplombt, und wir fuhren schweren Herzens mit dem Taxi zurück nach Swakopmund.

Nach zwei weiteren Nächten und erholsamen Schlendertagen fuhren wir mit einem sehr bequemen Bus nach Windhoek und flogen tags darauf über Johannesburg und Kairo nach Hause.

## Epilog

Es war eine traumhafte Tour durch diesen schönen Kontinent. Für mich (Torsten) kann ich sagen, dass ich es mir wesentlich schwerer und komplizierter vorgestellt hatte. Trotz unerwarteter Pannen an Hobbes haben wir die Reise sehr genossen. Und nachdem ich Leonies leuchtende Augen vor der riesigen Weltkarte im Büro von Transworld-Cargo gesehen habe, weiß ich, dass das nicht unsere letzte Fernreise war.

Ich (Leonie) kann mich dem nur anschließen und jeden dazu ermutigen, seinen persönlichen Traum nicht nur Traum bleiben zu lassen – mit den Worten Paulo Coelhos:

*„Erst die Möglichkeit, einen Traum zu verwirklichen, macht unser Leben lebenswert."*

Aus den 28.000 Bildern und 147 Gigabyte Filmmaterial haben wir einen Multivisionsvortrag zusammengestellt. Die erste Aufführung steht bereits: Auf dem legendären Fernreisetreffen vom Sahara-Willy!

## Die Autoren

**Leonie Schopbach** kam in Mainz 1976 als Leonie Heine zur Welt und hat das Reisefieber quasi schon in die Wiege gelegt bekommen.
Mit 14 Jahren war sie zum ersten Mal bei der Verwandtschaft in Südafrika und direkt nach ihrer Ausbildung zur Kinderkrankenschwester arbeitete sie für etwa 4 Jahre in der französischen Schweiz. Dort traf sie Gleichgesinnte und entschloss sich, in Antwerpen einen Diplomkurs in Tropenmedizin zu absolvieren, bevor sie mit Ärzte ohne Grenzen in drei Einsätzen in verschiedenen afrikanischen Ländern arbeitete.
Während ihres Pflegepädagogikstudiums lernte sie Torsten kennen und lieben. Der gemeinsame Traum einer Afrikadurchquerung entstand, konkretisierte sich und wurde mit Beendigung des Studiums in die Tat umgesetzt.

**Torsten Schopbach,** Jahrgang 1969, geboren und aufgewachsen in Rheinhessen, ist gelernter Forstwirt, Diplom-Wirtschaftsingenieur (FH) und Projektleiter bei einem Projektentwickler im Bereich der Nutzung regenerativer Energiequellen.
Nebenbei ist er Automechaniker, Fotograf, freier Diareferent und Schriftsteller.
Gereist ist er schon immer gerne. Ob zu Fuß, mit dem Fahrrad, Kanu, Motorrad oder Geländewagen. Zunächst in Europa unterwegs kamen nach und nach auch fernere Ziele wie Kanada und Australien hinzu.
Nach der Reise um die Welt verwirklichte er sich mit seiner Lebensgefährtin einen weiteren Traum: Ein Jahr durch Afrika, über die Ostküste bis nach Kapstadt.
Und weitere Reisen werden folgen! Versprochen... Sie haben bereits Südamerika ins Auge gefasst.

## Unser Hobbes

| | |
|---|---|
| *Landrover Tdi 300, 110, mit Hubdach und Stauboxen zur Aufbewahrung von Ausrüstung, Sonder-Kfz für Expeditionszwecke* | |
| *Baujahr:* | *05.1998 - der Letzte seiner Art! Danach kam BMW ins Spiel* |
| *Motor:* | *TDi 300, 2,5 Liter Hubraum, 113 PS, optimiert by Rainer 4x4*<br><br>*Erhöhte Luftansaugung – wasserdicht!* |
| *Getriebe:* | *Militärübersetzung im Transfergetriebe 1:1,667 dazu einen Overdrive von Rocky-Mountain* |
| *Differentialsperre:* | *Mitte Standard und hinten ARB 100%* |
| *Seilwinde:* | *WARN CE-XD 9000i, Seilwinde vorne mit 50 m Stahlseil und Umlenkrolle.* |
| *Bereifung:* | *6 x BF-Goodrich 255/85 R 16 Mud-Terrain*<br><br>*Je ein Ersatzrad auf der Motorhaube und zusätzlichem Heckträger.* |
| *Fahrwerk:* | *OME Heavy-Duty Fahrwerk mit 5 cm Höherlegung* |
| *Elektrik:* | *Doppelbatteriesystem mit zwei Trennschaltern, 2.000 Watt Wechselrichter, 120 Watt PV-Module auf dem Dach* |
| *Tankvolumen:* | *Standardtank unter dem Heck: 78 l Seitentank unter Beifahrersitz: 65 l 4 BW-Kanister auf dem Dach: 80 l*<br><br>*Reichweite zwischen 1.600 km und 2.200 km*<br><br>*Trinkwassertank ca. 80 l, plus Ersatzkanister und 2 Ortlieb-Wassersäcke.* |
| *Kilometerstand:* | *bei Abreise ca. 230.000 km* |

| | |
|---|---|
| *Gewicht:* | *Leergewicht 2.250 kg, voll beladen 3.100 kg* |
| *Sandbleche* | *Je 2 Luftlandebleche mit klappbaren Haltern über den Heckfenstern angebracht.*<br><br>*Dienen als Stehtresen, Ablage, Steinschlagschutz und natürlich zur Bergung im Sand.* |
| *Zurrschienen* | *Zwei parallele Airline-Zurrschienen auf dem Dach montiert. Ankerpunkte für Dachbox, Windabweiser, Halter für Ersatzkanister, Waschtrommel und PV-Generator.* |
| *Zusatzbeleuchtung* | *Zwei Fernscheinwerfer an Dachkante sorgen für reichlich Übersicht in der Nacht.*<br><br>*Zwei Stahlseile von den Kotflügelecken zur Dachkante rechts und links halten Äste ab und sorgen dafür, dass die Scheinwerfer auch dort oben bleiben.*<br><br>*Rundum LED Leuchten mit gelbem Licht montiert. Lassen sich vom Schlafzimmer aus bedienen. Haben den Vorteil, dass sie nicht blenden und dass das Wild nicht davon läuft.*<br><br>*Arbeitsscheinwerfer am Heck, schwenkbar.*<br><br>*Tagfahrleuchten rechts und am Heck zur Ausleuchtung des Lagerplatzes und der Küche.* |
| *Radio* | *Radio/CD-Spieler von Sony mit USB-Anschluß und Fernbedienung. Lässt sich vom Bett aus bedienen und trotzt Staub und Erschütterungen.*<br><br>*Radiokonsole ist am Dach mit Staufach* für Funkgeräte und Leuchtraketen befestigt! |

| | |
|---|---|
| *Navigation* | *Garmin GPS Map 278 mit zusätzlicher Außenantenne.* |
| *Dachbox* | *Zarges-Alubox vom Militär, „Röntgengerät", 120 cm x 60 cm x 40 cm* |
| *Kompressor* | *VIAIR 460C, 30 l Drucklufttank*<br><br>*Drucklufthorn aus dem Marineladen, 125 dB.*<br><br>*Druckluftanschluß im Motorraum, Fahrzeugmitte und Heck.*<br><br>*Ansteuerung des Klappdaches an der Heckklappe.* |
| *Schutz* | *Unterfahrschutz 8 mm Alu, Differentialschutz vorne, Spurstangenschutz (Stahl) und Differentialschutz mit Rutschplatte (Stahl) hinten.* |
| *Kühlbox* | *Engel, CF 45, mit getrenntem Kühlkompressor* |
| *Aufstelldach* | *Selfmade, stellt sich pneumatisch mit 120 kg Dachlast auf – sogar mit TÜV!* |

## Ausrüstungsliste

- 2 Sandschaufeln
- 2 Warndreiecke, 1 Feuerlöscher
- Gaskocher, 2 flammig
- Gasflasche, 5 kg
- GPS Garmin 278, Außenantenne
- 1 Laptop, 2 externe Festplatten (je 1 TB)
- 1 altes Nokia Mobiltelefon, mit Ladekabel
- Canon EOS 40 D, 2 Batterie-Packs, 2 Speicherkarten
- Canon Pocket, 2 Batterie-Packs, 2 Speicherkarten
- Panasonic TMF60, 2 Batterie-Packs, 1 Speicherkarte
- 3 Ladegeräte!!!
- 2 Stirnlampen

- 2 Taschenlampen
- 2 Leatherman
- Kompass
- 2 Handfunkgeräte Alan Multi 42
- Signalraketen, 18 Schuss, rot
- Pfefferspray
- Mehrfachsteckdose, 5-fach mit Sicherung
- Steckdosen-Adapter

**Literatur**

- Ilona Hupe, Manfred Vachal: Botswana (super!)
- Lonely Planet (Africa, East Africa, Southern Africa: können wir aber nicht weiterempfehlen...)
- Richard D. Estes: The Safari Companion (super!)
- Rainer C. Ertel: Vögel in Afrika
- Gottfried Heer: Keine Angst vor Afrika
- André Mazer: Guide de Médecine en Afrique
- Diverse Hörbücher
- Diverse unterwegs getauschte Romane
- Straßenkarten von jedem Land

**Reiseapotheke**

(**fett** wurde in Afrika nachgekauft):

- Persönliche Medikamente für 1 Jahr mitgenommen
- **Doxycyclin 100 mg**, Malariaprophylaxe, 1 Pck.
- **Lariam 250 mg**, Malariaprophylaxe, 1 Pck.
- Co-Artem 20/120 mg, Malaria-Behandlung (in Deutschland nicht erhältlich, daher in Addis Abeba gekauft), 2 Pck.
- Amoxicillin 1.000 mg, Antibiotikum, 10 Stck.
- Ciprofloxacin 250 mg, Antibiotikum, 20 Stck.
- **Metronidazol 250 mg**, Antibiotikum, 40 Stck.
- **Paracetamol 500mg**, 20 Stck.

- Ibuprofen, 200mg, 20 Stck.
- Dolormin 200 mg, Migränetabletten, 50 Stck.
- Formigran, Migränetabletten, 3 Pck.
- Buscopan 10 mg, gegen Bauchkrämpfe, 20 Stck.
- Xusal 5 mg, Antiallergikum, 20 Stck.
- Elotrans, Rehydratationslösung, 10 Beutel
- Kohletabletten 250 mg, 30 Stck.
- NaCl 0,15% Augentropfen, 15x0,35ml
- Gentamicin POS Augentropfen 5 mg/ml und Augensalbe 5 mg/ml
- Voltaren Salbe, 1 Tube
- Bepanthen Salbe, 1 Tube
- Fenistil Gel, 1 Tube
- Sonnencreme LF 50, 1 Tube
- **Sonnencreme**, LF 20, 1 Tube
- 2x Care Plus **Mückenspray**
- 2x Antibrumm Mückenspray
- Einmalhandschuhe, 100 Stck.
- Desinfektionsmittel: Sterillium, 100 ml
- Wasserentkeimungstabletten: Mikropur
- Wunddesinfektionsmittel: Oktenisept, 150 ml
- 20 sterile Kompressen
- 4x Gaze-Verband
- 4x elastischer Verband
- Pflaster, 1 Paket
- Hansaplast, 1 Rolle
- 1x Sprühverband
- Spritzen, 5x10 ml und 5x2 ml
- 10 Kanülen
- 2 Braunülen
- 1 Fieberthermometer
- 1 Blutdruckmessgerät (Handgelenk)

**Werkzeugliste**

- Ratschenkasten 5-32 mm
- Gabel/Ringschlüsselsatz 8-32 mm
- Hammer, 200 g
- Axt, 800 g
- Schraubendreher Schlitz- und Kreutz, je 4 Größen
- Eisenfeile
- Splintdurchschlag
- Körner
- Rohrzange
- Spitzzange, gekröpft
- Kombizange
- Seitenschneider
- Montiereisen
- Drehmomentschlüssel
- Dremel-Flamme
- Bohrmaschine
- Bohrersatz, Stahl 2-13 mm
- Nietzangen
- Mini-Schraubstock
- Ratschenzwinge
- Ölfilterschlüssel
- Multimeter
- Kabelschuhpresse
- Fettpresse
- ISO-Tape, selbstverschweissend
- Kit zur Reifenreparatur
- Manometer
- Spiralschlauch
- Druckluftpistole
- Hydraulischer Wagenheber, 5 t
- 15 m Verlängerungskabel

**Ersatzteile**

- Bremsflüssigkeit
- Ölfilter
- Motoröl
- Getriebeöl
- Schmiermittel WD 40
- Fettkartuschen
- Luftfilter
- Dichtungssatz Motor
- Dichtungssatz Radlager
- 15 m Elektrolitze 1,5#
- 10 m Elektrolitze 4 #
- Kabelschuhe
- Schrumpfschläuche
- Sicherungen
- Ersatzbirnen
- Schrauben und Muttern M8 Edelstahl
- Schrauben und Muttern M6 Edelstahl
- Scheiben und Federringe
- Nieten verschiedener Größen und Längen
- Gewinde-Nieten M5-M8
- Draht, 10 m, 1 mm
- Schraubschellen
- Dieselleitung, 2 m
- 2 Ersatzschläuche
- Dichtungsmasse
- Steckachse kurz und lang
- 2 Radlager

**Top-20 Lieblings-Campingplätze**
aufgeführt in der Reihenfolge unserer Reise:

1. Tim & Kim Village, Gorgora, Äthiopien
   http://www.timkimvillage.com

2. Timau River Lodge, Mount Kenya, Kenia
   http://timauriverlodge.webs.com

3. Peponi Beach, bei Tanga, Tansania
   http://www.peponiresort.com

4. Mambo View Point, Usambara Mountains, Tansania
   http://www.mamboviewpoint.org

5. Hairy Lemon, am Nil, Uganda
   http://hairylemonuganda.com

6. Chimp's Nest, am Kibale Forest, Uganda
   http://www.chimpsnest.com

7. Bunyonyi Overland Resort, Lake Bunyonyi, Uganda
   http://www.bunyonyioverland.com

8. Jacobsen Beach, Kigoma, Tansania
   http://kigomabeach.com

9. Lukwe Camp, bei Livingstonia, Malawi
   http://www.lukwe.com

10. Flatdogs Camp, beim South Luangwa NP, Sambia
    http://www.flatdogscamp.com

11. Senyati Camp, bei Kazungula/Chobe NP, Botswana
    http://www.senyatisafari.com

12. Ngepi Camp, Popa Falls/Caprivi Strip, Namibia
    http://www.ngepicamp.com

13. Old Bridge Backpackers, Maun, Botswana
    http://www.maun-backpackers.com

14. Planet Baobab, Gweta, Botswana
    http://www.planetbaobab.com

15. Limpopo River Lodge Campsite, Tuli Area, Botswana
    http://www.namibweb.com/tulisafarilodge.htm

16. Mabibi Camp, bei Sodwana Bay, Südafrika
    http://www.extremenaturetours.co.za/Mabibi/Mabibi_Camping_Sites.html

17. Away with the Fairies Backpackers, Hogsback, Südafrika
    http://awaywiththefairies.co.za

18. Wild Spirit Backpackers, Nature's Valley, Südafrika
    http://www.wildspiritlodge.co.za

19. Naukluft Park, Namibia
    http://www.namibiareservations.com/naukluftnwr.html

20. Spitzkoppe, Namibia
    http://www.natron.net/nacobta/spitzkoppe

**Nützliche Links**

| | |
|---|---|
| Navigation: | http://tracks4africa.co.za |
| Ausrüstung: | http://www.taubenreuther.de |
| | http://www.mehari-offroad.de |
| Landrover: | http://www.blacklandy.de |
| | http://www.rainer4x4.de |
| Unterkunft in Addis: | http://www.wimshollandhouseaddis.nl |
| Literatur: | http://www.hupeverlag.de |
| | http://www.world-around-verlag.de |
| Safaris in Tansania: | http://www.world-tours-safaris.com |
| Fürs Fernweh: | http://www.monster-worldtour.de |
| | http://www.dotschli-on-tour.ch |
| | http://www.world-around.de |

STOP
PLEASE remember the tree behind you when reversing
Parking at own risk

CAUTION
FLYING STONES AHEAD

World Tours & Safaris Tanzania